Lições sobre *Dom Quixote*

F☀SF☀R☀

VLADIMIR NABOKOV

Lições sobre *Dom Quixote*

Edição e prefácio
FREDSON BOWERS

Prefácio
GUY DAVENPORT

Tradução
JORIO DAUSTER

7 PREFÁCIO DO EDITOR
Fredson Bowers

13 PREFÁCIO
Guy Davenport

AS LIÇÕES
23 Introdução
38 Dois retratos: Dom Quixote e Sancho Pança
55 Questões estruturais
89 Crueldade e mistificação
118 O tema dos cronistas, Dulcineia e a morte
135 Vitórias e derrotas

164 Narrativa e comentário: primeira parte (1605)
216 Narrativa e comentário: segunda parte (1615)

283 ANEXOS
292 ÍNDICE ONOMÁSTICO

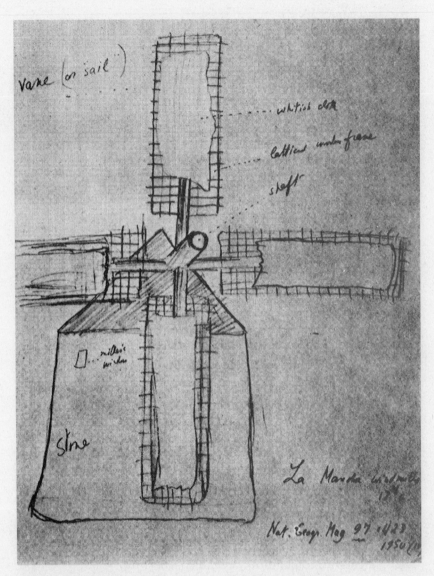

Esboço de um moinho de vento do século 17 feito por Nabokov.

Prefácio do editor

FREDSON BOWERS

Quando Vladimir Nabokov chegou aos Estados Unidos, em 1940, a fim de iniciar sua nova vida nesse país, trouxe com ele, segundo relata,* uma série de aulas para a carreira acadêmica que o aguardava. Entretanto, as aulas aqui reproduzidas sobre *Dom Quixote*, de Cervantes, foram escritas especificamente quando ele obteve uma licença de sua posição regular na Universidade Cornell para aceitar uma designação como professor visitante na Universidade Harvard no semestre de primavera do ano acadêmico 1951-2.

Entre os cursos de educação geral de Harvard, inaugurados cinco anos antes, constava o Humanidades 1 e 2, sendo o primeiro semestre dedicado aos épicos, com aulas dadas pelo classicista John H. Finley Jr., e o segundo, sobre o romance, com aulas dadas pelo professor Harry Levin. Ambos haviam tido papel importante na criação do programa de educação geral, dentro do qual o Humanidades 1 e 2 se tornara o curso mais notável. De tempos em tempos, o professor Levin era obrigado a se desincumbir de compromissos em outros departamentos que exigiam sua substituição no Humanidades 2: I. A. Richards, Thornton Wilder e Vladimir Nabokov o substituíram nessas ocasiões. Segundo as memórias do professor Levin, ele deu sua opinião, em conversas com Nabokov a respeito

---

* Vladimir Nabokov, *Strong Opinions*. Nova York: McGraw-Hill, 1973, p. 5. (Todas as notas são do editor norte-americano, salvo indicação em contrário.)

das obras a serem estudadas, de que *Dom Quixote* era o ponto de partida lógico para examinar o desenvolvimento do romance. Nabokov concordou totalmente com tal opinião e cuidou de preparar uma série de aulas sobre Cervantes especificamente para o curso, a serem seguidas pelas aulas já preparadas para uso na Universidade Cornell acerca de Dickens, Gógol, Flaubert e Tolstói. Não há qualquer indicação de que as aulas sobre Cervantes tenham sido dadas posteriormente em Cornell.[*]

Nabokov se preparou para seus deveres em Harvard e para as novas aulas sobre Cervantes com especial atenção. Aparentemente, sua primeira providência consistiu em escrever um extenso resumo, capítulo por capítulo, de toda a obra. Como seu método de ensino era fortemente baseado na citação dos trechos escritos pelo autor em questão, tal resumo continha em parte sua narrativa e, em parte, citações copiadas ou indicadas, ambas acompanhadas de diversos comentários pessoais sobre a ação, o diálogo, os personagens e os temas. O texto que ele usou foi a tradução de Samuel Putnam publicada pela Viking Press em 1949 e, subsequentemente, republicada pela Random House na Modern Library. No entanto, Nabokov sugeriu aos alunos que seria aceitável a tradução de J. M. Cohen para a edição de bolso da Penguin Books na Inglaterra (1950).

O exemplar da tradução da Putnam utilizado por Nabokov para suas anotações e aulas não foi preservado, porém a edição de bolso da Penguin está em posse da família. Esse exemplar contém linhas traçadas a lápis nas margens assinalando diversas passagens, mas, infelizmente, só uma ou outra nota, como a pergunta "Vitória? Derrota?" (na parte um, capítulo 9) ou "Começa o tema do duque" (na parte dois, capítulo 30). Não é claro se esse foi de fato o exemplar usado por Nabokov nas aulas (poderia haver problemas com as citações indicadas pelos números das páginas da Putnam); contudo, por sorte, a matéria tem pouca importância devido à quase completa falta de notas; inútil, portanto, para um editor.

---

[*] Durante seus cursos na Universidade Cornell, Nabokov deu aulas sobre Jane Austen, Dickens, Stevenson, Joyce, Flaubert, Proust, Kafka, Tolstói, Gógol, Turguêniev, Tchékhov, Dostoiévski e Górki. Para os textos dessas aulas, ver *Lições de literatura* e *Lições de literatura russa* (ambos publicados pela Fósforo, 2021). (N.T.)

A seção "Narrativa e comentário", que neste volume se segue às seis aulas formais, reproduz o resumo original do romance feito por Nabokov, redigido e datilografado numa forma passível de ser trabalhada, se necessário. Depois que Nabokov havia se familiarizado por completo com o romance, ao elaborar essa "Narrativa e comentário", fez sua primeira tentativa de preparar as aulas propriamente ditas. Aqui os manuscritos sugerem que, de início, ele concebeu uma narrativa analisando a estrutura de *Dom Quixote* com base no tema abrangente de vitórias e derrotas. Os indícios confirmam, ademais, que escreveu uma versão preliminar dessa série de aulas de modo bastante extenso.

Ao fazê-lo, retirou numerosas páginas do texto original datilografado de "Narrativa e comentário" e alterou de maneira substancial a ordem cronológica delas para se adaptar ao novo tema central. Páginas escritas à mão de elaboração, extensão e comentários mais detalhados uniram as rearrumadas páginas datilografadas a fim de se encaixarem na discussão temática de vitórias e derrotas. Apenas mais tarde, após completar esse rascunho, os temas mais variados das atuais seis aulas formaram, em sua imaginação, um conceito estrutural superior tanto ao levantamento cronológico de suas anotações originais quanto à simples oposição entre vitórias e derrotas como um gancho no qual penduraria a narrativa.

Assim, para formular em definitivo essas seis aulas como foram dadas e como estão hoje preservadas em seis pastas, Nabokov reescreveu o texto do qual retirou — por necessitar do material — várias páginas do rascunho de "Vitórias e derrotas", bem como páginas adicionais das anotações originais de "Narrativa e comentário", a fim de acrescentá-las a suas novas páginas de aulas. Cortou o material das páginas datilografadas que não seria usado e, em sua nova feição, as introduziu no manuscrito final redigido à mão. O sexto capítulo, sobre vitórias e derrotas, foi totalmente reescrito de acordo com a nova fórmula. Apenas aproximadamente quarenta páginas, cerca de um quinto das notas originais de "Narrativa e comentário", ficaram segregadas numa pasta, não sendo usadas nem no rascunho nem nas aulas. A fim de reconstituir a seção original de "Narrativa e comentário" para este volume, suas páginas datilografadas (identificáveis pela paginação) foram recuperadas dos manuscritos descartados do rascunho de "Vitórias e derrotas", e as porções escritas à mão desses manuscritos foram acrescentadas, onde adequado, às aulas ou inseridas na seção "Narrativa e comentário". Páginas adicionais foram utilizadas em parte do manuscrito das seis aulas, de modo a recuperar o material datilografado que havia sido eliminado depois que Nabokov inseriu o que desejava dessas páginas no manuscrito final das seis aulas. As páginas soltas de "Narrativa e comentário", assim reunidas e adicionadas às cerca de quarenta páginas não utilizadas do original que haviam sido postas de lado, agora compõem a seção de "Narrativa e comentário" com apenas algumas páginas faltando.

A reconstrução do original dessa seção causou certo volume de repetições, tanto dos comentários quanto das citações antes retiradas para uso nas seis aulas: tais materiais foram removidos de modo que qualquer superposição na seção "Narrativa e comentário" corresponde a uma expansão ou uma adequação daquilo que foi apresentado nas aulas. Essa tarefa necessária de manipulação do material implicou a inserção editorial de várias passagens que servem como ponte para unir citações que representaram para Nabokov meras sugestões a serem eventualmente objeto de elaboração; além disso, diversas citações foram acrescentadas devido a seu interesse intrínseco e algumas poucas adicionadas para agradar aos leitores. Com vistas a substituir as poucas folhas perdidas, um número limitado de resumos da trama foi inserido de maneira a preservar a continuidade.

Os manuscritos preservados consistem nas seis pastas originais de Nabokov, cada qual contendo uma aula e ocasionalmente páginas soltas de anotações que devem ser vistas como uma acumulação inicial de material como pano de fundo. (O maior número possível dessas anotações foi incorporado ao texto das aulas.) A extensão das aulas varia muito, dependendo em parte dos cortes opcionais que ele fez no texto por meio de parênteses ameaçadores (pois Nabokov era meticuloso com o tempo que levava para ler as aulas). Entretanto, como o tempo dedicado a cada aula era o mesmo, o número altamente variável de páginas se deveu em parte ao uso limitado que ele poderia fazer (talvez só umas poucas frases de cada página) dos materiais antes escritos que estava incorporando à forma definitiva das aulas. As aulas finais estão todas redigidas à mão, excéto as páginas datilografadas retiradas do rascunho inicial que obedecia ao tema de vitórias e derrotas. Muitas dessas folhas de rascunho tiveram origem, obviamente, como a versão datilografada de suas anotações resumidas originais quando ele pela primeira vez estudou o romance de forma sistemática. A primeira leitura consiste em mais ou menos vinte páginas, a segunda, em 35. A terceira chega a 71; a quarta foi reduzida a 29, a quinta, a 31, e a versão final da sexta, com uma conclusão, a cerca de cinquenta. Além dessas pastas, que representam principalmente as aulas tais como proferidas, o arquivo contém 175 páginas de sinopses descartadas, folhas soltas e uma pasta contendo quinze páginas de notas pouquíssimo elaboradas sobre o espúrio segundo volume de *Dom Quixote* escrito por Avellaneda.

O problema editorial foi resolvido pelo esforço em apresentar o máximo das concepções de Nabokov sobre *Dom Quixote*, com seus comentários, numa escala mais ampla que os limites arbitrários das seis aulas a que ele estava obrigado a dar. Nas próprias aulas, Nabokov eliminava os materiais efetivamente rejeitados de forma tão completa a ponto de torná-los inelegíveis. Mas também tinha o hábito de incluir material entre parênteses, que poderia ler ou não, dependendo do tempo disponível, sendo a passagem dos minutos com frequência indicada por notas nas margens. Ademais, quando utilizava páginas de sua seção inicial, "Narrativa e comentário", ele traçava uma linha diagonal cortando o material que não seria usado, fosse devido às limitações de tempo, fosse por não ter pertinência com a questão que estava examinando no momento. O editor consistentemente restaurou o texto entre parênteses, uma vez que ele fazia parte das anotações originais, era em geral pertinente e poderia ter sido utilizado caso o relógio permitisse. Material adicional eliminado das folhas datilografadas incluídas nas aulas foi aqui colocado em seu devido contexto, em particular se a citação de *Dom Quixote* comprovasse ser útil. No entanto, a maior parte desse material descartado foi restaurada na seção "Narrativa e comentário" a que pertencia originalmente.

Era comum que Nabokov copiasse as citações que tencionava ler, mas às vezes apenas indicava as páginas na tradução da Putnam. Nesse último caso, não podemos ter certeza se, caso o tempo permitisse, ele abria o livro e lia para a turma ou se apenas referia as passagens aos alunos para que as lessem mais tarde. (Todas as passagens são citadas por completo neste livro.) O editor tratou as citações com certa liberdade, no sentido de que, quando apropriado, ampliou uma passagem citada de forma mais breve por Nabokov ou adicionou citações apropriadas no texto ou em notas de rodapé a fim de melhor ilustrar suas observações em aula. Em geral, as aulas seguem a estrutura e a ordem na forma definitiva de Nabokov, exceto pelas expansões detalhadas, em especial aquelas autorizadas por seus parênteses. Todavia, o primeiro capítulo, embora longe de ser sintético em seu formato atual, tinha uma apresentação estrutural mais frouxa que os outros, sendo composto não só a partir do original como também por notas e observações inclusas em páginas separadas e distribuídas pelas várias pastas, mas não integradas em seu conteúdo.

Uma vez que as aulas se concentram em vários temas e, por isso, não tratam dos acontecimentos numa ordem cronológica fixa, a "Narrativa e comentário" pode servir para criar uma visão coerente do romance como Cervantes o escreveu, intercalada com diversas explicações e análises de Nabokov que não encontram lugar nas aulas. Em consequência, essa seção deve ser considerada parte integral deste volume, não só para que se conheça o entendimento da visão total de Nabokov sobre *Dom Quixote* como obra de arte, mas igualmente para servir ao objetivo mais comezinho de relembrar aos leitores distantes os acontecimentos a que ele pode meramente aludir nas aulas. É de esperar que seu resumo narrativo não impeça que os leitores, estimulados pelas aulas, se debrucem sobre o romance como uma nova experiência no mundo da grande literatura.

Finalmente, o breve anexo com trechos de *Le Morte d'Arthur* e *Amadis de Gaula* reproduz as páginas datilografadas usadas na preparação das folhas mimeografadas que Nabokov distribuiu aos alunos, a fim de familiarizá-los com algumas passagens típicas dos romances de cavalaria que Dom Quixote estava lendo e se esforçando para imitar.

Prefácio

GUY DAVENPORT

"Lembro com grande prazer", Vladimir Nabokov disse em 1966 para Herbert Gold, que tinha ido a Montreux entrevistá-lo, "como dissequei *Dom Quixote*, um livro cruel e grosseiro, perante seiscentos alunos no Memorial Hall, causando imenso horror e embaraço em alguns de meus colegas mais conservadores". Dissecar foi o que ele fez, por boas razões críticas, mas também o reconstituiu. A obra-prima de Cervantes não fazia parte dos cursos de Nabokov na Universidade Cornell, ele aparentemente não gostava do livro e, quando iniciou a preparação das aulas a serem dadas em Harvard (tendo a universidade insistido em que não o omitisse), sua primeira descoberta foi que ao longo dos anos os professores norte-americanos haviam amansado o velho livro rude e cruel, transformando-o num mito bem-educado e excêntrico sobre as aparências e a realidade. Por isso, antes de tudo, ele tinha de revelar para seus alunos o texto que se encontrava sob a camada de preciosismo enganador criada por uma longa tradição. A nova leitura de Nabokov é um acontecimento na crítica moderna.

A intenção de Nabokov de polir as aulas proferidas em Harvard, em 1951-2, e em Cornell, entre 1948 e 1959, nunca foi concretizada, e aqueles de nós que não estávamos entre "os seiscentos jovens desconhecidos dele" que se inscreveram no curso Humanidades 2 de Harvard, na primavera de 1951-2, somos obrigados a ler Nabokov sobre Cervantes a partir das anotações que sobreviveram em pastas de papel pardo, escrupulosa e esplendidamente editadas por Fredson Bowers, o mais ilustre dos biógrafos norte-americanos.

O Memorial Hall, onde Nabokov deu as aulas, é um local tão simbólico para elas quanto podia ser desejado pelo ironista mais meticuloso. Trata-se de um espalhafatoso prédio vitoriano que o ianque de Connecticut, concebido por Mark Twain, poderia nos assegurar ser precisamente o fajuto produto da arquitetura medieval que ele viu em seus sonhos. Foi projetado em 1878, como exemplo pioneiro do gótico universitário, por William Robert Ware e Henry Van Brunt, a fim de homenagear os soldados mortos por quixotescos confederados na Guerra Civil. Naquele edifício originado na imaginação de Sir Walter Scott e John Ruskin, naquela retórica arquitetônica totalmente quixotesca, nada seria mais apropriado do que um connoisseur de posturas ridículas e nuances agudas nos chocar no tocante ao velho e ingênuo fidalgo de La Mancha.

Certa vez, quando eu lecionava sobre *Dom Quixote* na Universidade de Kentucky, um estudante ergueu seu longo braço de batista para dizer que concluíra que o protagonista do nosso livro era louco. Isso, comentei, é o que vem sendo discutido há quatrocentos anos, e sobre o que, confortavelmente instalados naquela sala de aula numa tarde de outono, teríamos agora a oportunidade de nos pronunciar. "Bem", ele se queixou, "acho difícil acreditar que eles escreveriam um livro inteiro sobre um homem louco". O plural usado pelo aluno estava correto. O livro que Nabokov dissecou tão habilmente em Harvard evoluiu de um texto de Cervantes, razão pela qual, quando se suscita a obra em qualquer discussão, surge o problema de saber de qual Quixote estamos falando. O de Michelet? O de Miguel de Unamuno? O de Joseph Wood Krutch? Isso porque o personagem de Cervantes, tal como Hamlet, Sherlock Holmes e Robinson Crusoé, começou a se desviar de seu livro quase tão logo foi inventado.

Não só houve uma sentimentalização sistemática do Dom e de seu escudeiro, Sancho Pança — o doce, encantador e confuso Dom Quixote!, o cômico Sancho, tão pitorescamente característico de um camponês simplório! —, mas também um deslocamento do texto por seus ilustradores, em especial Gustave Doré e Honoré Daumier (e agora Picasso e Dalí), seus elogiadores, imitadores, dramatizadores e usuários da palavra "quixotesco", que significa qualquer coisa que você deseje que signifique. Deveria indicar algo como "alucinado", "auto-hipnotizado" ou "em colisão com a realidade". Como passou a significar "admiravelmente idealista" é algo que Nabokov explica nestas aulas.

A fim de repor o Dom Quixote de Cervantes no texto de Cervantes, Nabokov (encorajado pela necessidade de fazê-lo após examinar uma porção de críticos norte-americanos e seus relatos risivelmente irresponsáveis do livro) de início escreveu um resumo capítulo por capítulo — que o professor Bowers utilmente inclui. O esforço representado por tal resumo só pode envergonhar aqueles professores que ainda dedicam uma semana a *Dom Quixote* nos cursos universitários de segundo ano em todo o país sem haver lido o livro desde que foram segundanistas, sem ter jamais lido a parte dois ou (conheço um ao menos) sem nunca ter nem lido o livro. Isso porque *Dom Quixote*, como Nabokov ficou sabendo com certo pesar e irritação, não é o livro que as pessoas pensam ser. Um número demasiado de histórias interpoladas (do tipo que, com alegria esquecemos, estragando *As aventuras do sr. Pickwick*) atravanca a trama sem trama. Todos nós reescrevemos o livro em nossa mente a fim de que seja uma sucessão picaresca de acontecimentos: a apropriação da bacia do barbeiro Mambrino como elmo, o duelo com os moinhos (que se tornaram a quintessência arquetípica do livro), o ataque aos carneiros e assim por diante. Muitas pessoas que jamais leram o texto podem fornecer um resumo plausível da trama.

O que os olhos de Nabokov observaram ao preparar as aulas foi o fato, corretamente percebido, de que o livro provoca um riso cruel. O velho de Cervantes, que havia lido tanto a ponto de enlouquecer, bem como seu malcheiroso escudeiro foram criados para ser objeto de zombaria. Bem cedo os leitores e críticos começaram a contornar essa diversão espanhola e interpretar a história como outra espécie de sátira: aquela em que uma alma sadia e humana em essência pode parecer insana num mundo crasso e nada romântico.

O problema não é simples. A Espanha, que tradicionalmente rejeita estrangeiros, não tem talento algum (como a China ou os Estados Unidos, por exemplo) para acomodar tais pessoas. Durante a vida de

Cervantes houve uma expulsão histérica de judeus, mouros e convertidos de origem judaica e islâmica. A Espanha manteve a matança de gladiadores nas arenas (para diversão da plebe) por muito tempo depois que o resto do Império Romano abandonara a prática. A diversão nacional, as touradas, torna a Espanha uma exceção entre os povos civilizados mesmo nos dias de hoje. O período histórico em que *Dom Quixote* foi escrito, o reinado de Filipe II, aquele fanático paranoico que se intitulava "o mais católico dos reis", foi pintado por nós com o luar prateado do romance. Nabokov dava suas aulas no ninho da romantização da Espanha. Lowell e Longfellow inventaram uma Espanha que ficou gravada na imaginação norte-americana (como o comprova o musical *O homem de La Mancha*) e que, lamentavelmente, os turistas dos Estados Unidos correm para ver.

E, no entanto, a Espanha de Filipe II era quixotesca. Os nobres possuíam armaduras que nenhum cavaleiro ousaria tentar usar numa batalha. Filipe, um rei dado aos probleminhas práticos, costumava deixar que sua armadura vazia passasse em revista as tropas. Ele próprio estaria no palácio, em meio a seus voluptuosos Ticianos, cuidando da contabilidade, lendo e anotando todas as cartas enviadas e recebidas em sua rede de embaixadas e espiões que se estendia do Novo Mundo a Viena, de Roterdã a Gibraltar. Se é necessário encontrar algum modelo, ele é Dom Quixote, mas um anti-Quixote. Como o dom, o monarca vivia um sonho cujo tecido ilusório se esgarçava o tempo todo. Queimava os hereges, mas como saber se um herege era herege? Será que ele não se encontrava na mesma situação delicada de Dom Quixote ao ver carneiros como carneiros, mas também como mouros? Os cruéis espiões de Filipe sistematicamente entregavam ao carrasco aqueles que se diziam bons católicos devido à suspeita de que fossem (caso alguém soubesse como se certificar disso) convertidos insinceros. Humanistas, protestantes, judeus, muçulmanos, ateus, bruxas ou Deus sabe lá o quê.

A Europa estava atravessando um período em que a realidade começou a se revelar inconstante. Hamlet provocou Polônio com as formas ambíguas das nuvens. A capacidade de Dom Quixote de se autoenganar reflete as ansiedades do período. Pela primeira vez na história europeia, a identidade se tornou uma questão de opinião ou convicção. O riso de Chaucer diante dos "ossos de porcos" não era ceticismo quanto a relíquias autênticas a serem veneradas. Mas, em *Dom Quixote*, a confusão entre uma manjedoura para cavalos e uma pia batismal suscita a questão (fosse essa ou não a intenção de Cervantes) de saber se o que chamamos de pia batismal não é um bebedouro totalmente incapaz de conhecer a quixotesca mágica que lhe atribuímos.

Creio que, no curso dos anos, o significado de *Dom Quixote* foi distorcido sob os ventos do Iluminismo e velejou lindamente exibindo no mastro a bandeira falsa que todos nós lhe desejamos de muito bom grado. Foi isso que gerou tanta severidade da parte de Nabokov. Ele queria o livro pelo que era em isolamento, um conto de fadas, uma invenção imaginativa independente do mito da "vida real". De certo modo, é um tratado sobre como o significado se injeta nas coisas e ganha vida. É um livro sobre a ilusão, a inadequação da ilusão num mundo sem ilusões, a tolice em geral da ilusão. Apesar disso, ele nos ilude. Tornou-se, graças a muita leitura errônea e à nossa cooperação, aquilo de que zombava.

Nabokov, como astuto observador da psique norte-americana, sabia que todos aqueles seiscentos alunos de Harvard e alunas da Radcliffe acreditavam em cavaleiros, assim como acreditavam no Velho Oeste com seus caubóis errantes e na arquitetura gótica do Memorial Hall. Não perdeu tempo em desiludi-los: de fato, disse-lhes alegre que por meio dele nada saberiam sobre Cervantes, seu tempo e sua mão esquerda inutilizada (ferimento sofrido na Batalha de Lepanto). Em vez disso, insistiu em que soubessem o que era um moinho de vento, desenhando um na lousa, e os instruiu sobre o nome das suas partes. Disse-lhes por que um proprietário de terras poderia tomá-los por gigantes — eram uma novidade na Espanha do século 17, o último país a conhecer qualquer coisa nova em toda a Europa.

Ele é muito claro, e muito engraçado, sobre Dulcineia d'El Toboso. Mas não distrai a atenção dos alunos com digressões sobre o "amor cortês" medieval, sua estranha história metamórfica e sua curiosa sobrevivência em nossos dias. Enquanto proferia essas aulas revisionistas preparadas com cuidado, parte de sua mente estava sem dúvida no museu da universidade, a quatro minutos de distância a pé, onde tinha passado oito anos da década anterior como pesquisador na área de entomologia, estudando a anatomia das borboletas; outra parte de sua mente devia estar ocupada num projeto sobre o amor cortês, suas loucuras e devaneios, que amadureceria três anos depois como *Lolita*. Aquele diminutivo de Dolores em espanhol suscita nossa curiosidade. *Lolita* é de modo muito lógico uma progressão de temas nabokovianos (o outro como sendo o self, o poder generativo das ilusões, a interação entre os sentidos e a obsessão) para haver sido influenciado por uma meticulosa e tediosa leitura de *Quixote*. Não obstante, há uma viagem picaresca como a "intuição harmonizadora" das duas obras. E há a fadinha Lolita. Ela começa como uma criança sedutora na primeira aparição do amor romântico no Ocidente, menino ou menina, as queridinhas de Safo e os queridinhos de Anacreonte. Platão filosofou sobre aqueles amores desesperançados no que chamou de amor pela Beleza Ideal. O tema se tornou devasso e sufocante nas mãos pesadas dos romanos, quase desaparecendo no início da Idade Média e ressurgindo no século 10 como Romance. Na época de Cervantes, o amor cortês tinha saturado a literatura (ainda o faz) e, ao satirizá-lo assim como a seu novo contexto da cavalaria, o autor achou bastante óbvio transmudar o modelo tradicional de virtude e beleza numa camponesa de pés grandes e com uma verruga proeminente.

Dom Quixote não teve o menor efeito sobre a saúde do Romance; simplesmente inventou uma tradição robusta que desde então se moveu em paralelo. Um Richardson teria agora um Fielding. Manteríamos a beleza ideal, mas na casa ao lado mora Madame Bovary. Scarlet O'Hara e Molly Bloom, ambas mulheres irlandesas fogosas, ocupam espaços iguais em nossa imaginação. Mesmo nos antigos romances, desde cedo a beleza virtuosa passou a ser equilibrada por uma feiticeira, Una por Duessa em *A rainha das fadas*, de Edmund Spenser. Depois de *Dom Quixote*, a falsa beleza começou a ser interessante por si mesma, uma Eva reivindicando suas velhas prerrogativas enquanto uma tentadora. No final dos séculos 17 e 18, ela se estabelecera tanto na literatura quanto na vida real. Para chegar a um rei francês, segundo Michelet, era necessário abrir caminho, serpenteando, em meio a

uma legião de mulheres. A amante se tornou uma espécie de instituição social; a literatura dizia que ela era exigente e perigosa, porém
mais interessante e prazerosa que uma esposa: um detalhe ritual do
Romance que *Dom Quixote* supostamente cristalizou. Na Decadência
demasiado madura, a amante se transformou na apimentada Lilith,
a fêmea primitiva numa camisola rendada, com insinuações de ruí-
na, danação e morte. Lulu, chamou-a Benjamin Franklin Wedekind.
Molly, disse Joyce. Circe, disse Pound. Odette, disse Proust. E, nesse
coro, Nabokov escolheu sua Lulu, Lolita, cujo nome verdadeiro era
mais típico de Algernon Swinburne, Dolores, mesclando-a com suas
primas Alice (Nabokov é o tradutor para o russo de *Alice no país das
maravilhas*), a Rose de John Ruskin, a Annabel Lee de Edgar Allan
Poe. Mas a vovó era Dulcineia d'El Toboso. E as memórias de Humbert Humbert, lembramos bem, foram oferecidas a nós por um professor como os delírios de um louco.

É esse o motivo pelo qual as aulas não deixam de ter interesse para
os admiradores dos romances de Nabokov. Tanto Cervantes quanto
Nabokov reconhecem que as brincadeiras podem continuar após a
infância, não como sua transformação natural em devaneios (que os
psiquiatras consideram tão suspeitos e desencorajam) ou criativida-
de de qualquer tipo, mas como brincadeiras, mesmo. É o que Dom
Quixote está fazendo: brincando de ser cavaleiro andante. O lado de
Lolita em seu caso com Humbert Humbert é uma brincadeira (ela se
surpreende por adultos estarem interessados em sexo, que vê apenas
como outra brincadeira), e a psicologia de Humbert (que tem a intenção de fugir às teorias de Freud) pode consistir no fato de que ele está
simplesmente fixado na hora do recreio de sua infância. Seja como
for, sempre que um crítico considerar um romance picaresco ou o tratamento literário da ilusão e da identidade, vai se ver pensando em
Cervantes e Nabokov juntos.

Por isso, essas aulas sobre Cervantes foram um triunfo para Nabokov por surpreendê-lo com sua opinião final acerca de *Dom Quixote*.
Ele abordou sua tarefa conscienciosamente, malgrado pensasse naquele antigo clássico como um elefante branco e uma espécie de fraude. Foi a suspeita de fraude que avivou seu interesse. Então, creio eu,

ele viu que a fraude residia na reputação do livro e que era epidêmica entre seus críticos. Esse era o tipo de situação que Nabokov gostava de enfrentar com unhas e dentes. Começou a encontrar alguma simetria no material vasto e confuso. Depois suspeitou de que Cervantes não estava cônscio da "repugnante crueldade" do livro. Começou a gostar do humor seco do dom, de seu encantador pedantismo. Aceitou, como um "fenômeno interessante", o fato de que Cervantes criou um personagem maior que o livro do qual saíra — na arte, na filosofia, no simbolismo político, no folclore das pessoas cultas.

Dom Quixote continua um velho livro grosseiro, repleto da crueldade tipicamente espanhola, uma crueldade impiedosa imposta a um velho que brinca como criança ao ficar caduco. Foi escrito num período em que pessoas com nanismo e deficientes eram objeto de riso, quando o orgulho e o senso de superioridade se revelaram mais arrogantes que antes ou depois, quando os dissidentes do pensamento oficial eram queimados vivos nas praças públicas sob aplausos gerais, quando a piedade e a bondade pareciam haver sido banidas. Na verdade, os primeiros leitores riram gostosamente com suas crueldades. No entanto, o mundo encontrou bem cedo outras maneiras de lê-lo. *Dom Quixote* deu origem ao romance moderno em toda a Europa. Fielding, Smollett, Gógol, Dostoiévski, Daudet, Flaubert formataram essa fábula saída da Espanha para servir aos seus fins. Um personagem que começou nas mãos do seu criador como um bufão se transformou, ao longo dos tempos, num santo. E mesmo Nabokov, sempre pronto a identificar e expor a crueldade no cerne de toda sentimentalidade, permite que ele siga seu caminho. "Não rimos mais dele", conclui Nabokov. "Seu brasão é a piedade, seu estandarte, a beleza. Ele representa tudo que é gentil, vão, puro, altruísta e corajoso."

As lições

Lecture One

Introduction to "Don Quixote"

I shall devote to-day's talk to the following seven points:

(1) Required Reading. (2) The connection between Real Life and Fiction
(3) The "where" of Don Quixote (4) The "when" of the book
(5) What people think of the book (6) general remarks
(7) The long shadow of Don Quixote. Do not be distressed
by obscurities — I shall try to clear up as we go along; and do
not jeer at my metaphors; they have some onomastic value.
There are three ways of pronouncing that name — Kweosome, Kysoms,
and Kyuxcom. The last has a glitter of crossed swords in
the middle which compels my choice.

(1)

Required reading

In your hands has been placed or will be placed
in the list of our five novels,
"Don Quixote" — is - God bless it - a longish book consisting
of two parts in one volume, Penguin edition. Also
to those who can afford it the Viking Press edition, with
Don Quixote is almost a thousand pages long and
read in twenty-four hours. The problem is to spread

Anotações introdutórias de Nabokov para os alunos de Harvard

Introdução

"VIDA REAL" E FICÇÃO

Faremos o possível para evitar o erro fatal de procurar pela chamada "vida real" nos romances. Não devemos tentar reconciliar a ficção dos fatos com os fatos da ficção. *Dom Quixote* é um conto de fadas, tal como o são *A casa soturna* e *Almas mortas*. *Madame Bovary* e *Anna Kariênina* são contos de fadas supremos.* Mas sem esses contos de fadas o mundo não seria real. Uma obra-prima da ficção é um mundo original e, como tal, provavelmente não se enquadra no mundo dos leitores. Por outro lado, o que é essa tão alardeada "vida real", quais são seus fatos concretos? Desconfiamos deles quando vemos biólogos atacando uns aos outros com genes que se assemelham a dados viciados, ou historiadores engalfinhados a rolar no pó dos séculos. Caso seu jornal e um conjunto de sentidos reduzidos a cinco sejam ou não as principais fontes da assim chamada "vida real" para o assim chamado homem comum, uma coisa é por certo inquestionável: o próprio homem comum não passa de uma ficção, um somatório de estatísticas.

A noção de "vida real", portanto, está baseada num sistema de generalizações e é apenas como generalizações que os chamados "fatos",

---

* No final de suas anotações introdutórias para a primeira aula acerca de leituras obrigatórias e redações, VN observou: "*Dom Quixote*, entre outras coisas, é nosso local de treinamento para aprender os métodos de abordagem a Dickens, Flaubert et cetera".

da chamada "vida real", estão em contato com uma obra de ficção. Desse modo, quanto menos geral for uma obra de ficção, menos será reconhecível em termos de "vida real". Ou, para dizer o mesmo de forma oposta, quanto mais vívidos e novos forem os detalhes de uma obra de arte, mais ela se afastará da chamada "vida real", uma vez que a "vida real" é o epíteto generalizado, a emoção média, a multidão nos anúncios, o mundo do senso comum. Estou agora deliberadamente mergulhando em águas bem frias, pois isso é inevitável quando a intenção é quebrar o gelo. Assim, é inútil procurar nesses livros uma pormenorizada e factual representação da chamada "vida real". Por outro lado, existe alguma correspondência entre certas generalidades da ficção e certas generalidades da vida. É o caso, por exemplo, da dor física ou mental, dos sonhos, da loucura, de coisas como a bondade, a misericórdia e a justiça. Tenho certeza de que vocês concordam que seria uma tarefa proveitosa estudar como esses elementos gerais da vida humana são transmudados em arte pelos mestres da ficção.

O "ONDE" DE *DOM QUIXOTE*

Não nos enganemos. Cervantes não é um agrimensor. O cenário balouçante de *Dom Quixote* é ficção — e, aliás, bem insatisfatória. Com suas ridículas hospedarias repletas de personagens tardios de romances italianos e suas ridículas montanhas cheias de poetastros mal-amados sob o disfarce de pastores arcadianos, o quadro que Cervantes pinta do campo é tão autêntico e típico da Espanha do século 17 quanto o Papai Noel é autêntico e típico do polo Norte do século 20. Na verdade, Cervantes parece conhecer tão pouco a Espanha quanto Gógol conhecia a Rússia central.

No entanto, ainda é a Espanha, e aqui as generalizações da "vida real" (nesse caso, geográficas) podem ser aplicadas às generalizações da obra de arte. De modo geral, as aventuras de Dom Quixote, na primeira parte, têm lugar na vizinhança dos povoados de Argamasilla e El Toboso, em La Mancha, na planície calma de Castela, e mais para o sul, nas montanhas da Serra Morena. Sugiro que vejam esses locais

Planos de Nabokov para suas aulas sobre *Dom Quixote*

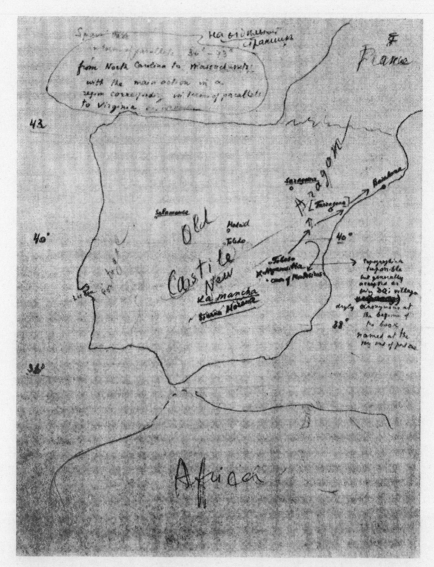
Mapa da Espanha feito por Nabokov, localizando onde *Dom Quixote* se passa

no mapa que desenhei. Como verão, a Espanha se estende em termos de latitude do grau 43 ao 36, o equivalente à distância de Massachusetts à Carolina do Norte, com quase toda a ação acontecendo numa região que corresponde ao estado da Virgínia. Vocês encontrarão a cidade universitária de Salamanca a oeste, perto da fronteira com Portugal, e admirarão Madri e Toledo no centro do país. Na segunda parte do livro, a deambulação ocorre sobretudo ao norte, na direção de Saragoça, em Aragão, mas então, por razões que examinaremos oportunamente, o autor mudou de ideia e mandou o protagonista para Barcelona, na costa oriental.

Todavia, se examinamos as excursões de Dom Quixote topograficamente, nos confrontamos com uma tremenda confusão. Vou lhes poupar os detalhes e mencionar apenas o fato de que, ao longo dessas aventuras, há um grande número de imprecisões a cada passo.[*] O autor evita descrições específicas que seriam passíveis de verificação. É impossível seguir as perambulações na Espanha central, estendendo-se por quatro ou seis províncias, durante as quais, até atingirmos Barcelona no nordeste, não encontramos uma única cidade ou rio conhecidos. A ignorância de Cervantes a respeito dos lugares é ampla e absoluta, mesmo no tocante a Argamasilla, no distrito de La Mancha, que alguns consideram o ponto de partida mais ou menos definitivo.[**]

O "QUANDO" DO LIVRO

Deixando de lado a questão do espaço, veremos o que se sabe sobre o tempo.

---

[*] Ver Paul Groussac, *Une Énigme littéraire: Le* Don Quichotte d'Avellaneda. Paris: A. Picard, 1903, pp. 77-8 e nota. (N.A.)

[**] No final dessa frase, Nabokov observa, em referência a Argamasilla: "[...] a aldeia de Dom Quixote mencionada nas últimas páginas da parte um". Que Argamasilla fosse o povoado é mais uma tradição razoável que um fato estabelecido, baseado em ser a residência dos seis acadêmicos ficcionais cujos epitáfios e outros versos fecham a parte um. A frase inicial do capítulo 1 começa assim: "Num lugarejo em La Mancha, cujo nome ora me escapa, não há muito [tempo] [...]". No texto de Cervantes, o nome nunca é dado.

De 1667, quando foi publicado o *Paraíso perdido* de Milton,* retrocedemos ao inferno ensolarado das duas primeiras décadas do século 17.

Ulisses num clarão de bronze saltando sobre as almas penadas; Dante tremendo ao lado de Virgílio quando pecadores se metamorfoseiam em serpentes; Satã atacando os anjos — esses e outros episódios existem no contexto de uma forma ou fase da arte que chamamos de épica. As grandes literaturas do passado parecem ter nascido na periferia da Europa, nas bordas do mundo conhecido. Temos consciência desses pontos situados no sudeste, no sul e no noroeste, respectivamente, como Grécia, Itália e Inglaterra. Um quarto ponto é agora a Espanha, no sudoeste.

O que vamos testemunhar a partir de então é a evolução da forma épica, o abandono de sua pele métrica, os pés da poesia se abrindo para a prosa, um cruzamento fértil entre o monstro alado do épico e a forma especializada de narrar agradavelmente, mais ou menos um mamífero domesticado. O resultado é um híbrido fecundo, uma nova espécie, o romance europeu.

Assim, o lugar é a Espanha, o tempo, de 1605 a 1615, uma década disponível e fácil de capturar. A literatura espanhola floresce. Lope de Vega escreve quinhentas peças de teatro que hoje se encontram tão mortas como as muitas de seu contemporâneo Miguel de Cervantes Saavedra. Nosso autor sai de mansinho do seu canto. Só posso devotar um breve minuto à sua vida, que, de todo modo, vocês encontrarão sem dificuldade nas diversas introduções à sua obra. Estamos interessados em livros, não em pessoas. Vocês saberão sobre a mão aleijada de Saavedra por meio de outros, não de mim.

Miguel de Cervantes Saavedra (1547-1616); William Shakespeare (1564-1616). O Império Espanhol se encontrava no auge de seu poder e fama quando Cervantes nasceu. Os maiores problemas do império e sua melhor literatura começaram no fim do século. Madri, nos tempos do aprendizado literário de Cervantes, a partir de 1583, fervilhava com

---

* VN acrescenta para seus alunos: "[...] que vocês recuperaram sob a orientação do professor Finley", aludindo ao ilustre helenista John H. Finley, que, em Humanidades 1 (primeiro semestre), dava aulas sobre épicos, entre eles *Paraíso perdido*.

poetas pobres e produtores de prosa castelhana mais ou menos bem polida. Como já disse, havia Lope de Vega, que ofuscava completamente o dramaturgo Cervantes, sendo capaz de escrever uma peça em 24 horas com todas as piadas e mortes necessárias. Havia o próprio Cervantes — um fracasso como soldado, como poeta, como escritor de peças teatrais, como funcionário (recebia sessenta centavos por dia a fim de requisitar trigo para a desafortunada Armada Espanhola) —, até que, em 1605, produz a primeira parte de *Dom Quixote*.

Vale a pena dar uma olhada no mundo das letras entre 1605 e 1615, quando foram publicadas as duas partes de *Dom Quixote*. Uma coisa atrai a atenção deste observador: a quase patológica orgia de produção de sonetos em toda a Europa, na Itália, na Espanha, na Inglaterra, na Polônia e na França. A estranha, porém não de todo desprezível, ânsia de aprisionar uma emoção, uma imagem ou uma ideia na cela de catorze linhas e atrás das grades douradas de cinco ou sete rimas, cinco nos países latinos, sete na Inglaterra.

Vejamos a Inglaterra. No tremendo brilho posterior ao período elisabetano, eram ou acabavam de ser encenadas as incomparáveis tragédias de Shakespeare — *Hamlet* (1601), *Otelo* (1604), *Macbeth* (1605) e *Rei Lear* (1606). (Na verdade, enquanto Cervantes idealizava seu cavaleiro louco, Shakespeare podia estar elaborando seu rei louco.) E, à sombra do imenso carvalho de Shakespeare, cresciam Ben Jonson, Fletcher e vários outros dramaturgos — um matagal de talentos. Os sonetos de Shakespeare, o suprassumo nesse gênero, foram publicados em 1609, e aquele influente monumento em prosa, a versão do rei Jaime da Bíblia, viu a luz do dia em 1611. Milton nasceu em 1608, entre as datas de publicação das duas partes de *Dom Quixote*. Na colônia inglesa da Virgínia, o capitão John Smith escreveu *A True Relation* [Uma relação verdadeira] em 1608 e *A Map of Virginia* [Um mapa da Virgínia] em 1612. Foi ele quem contou a história de Pocahontas, um narrador simples e robusto, o primeiro "escritor de fronteira" dos Estados Unidos.

Para a França, essa década foi um curto período de baixa entre duas grandes eras, logo após a fase admiravelmente rica de Ronsard como poeta e Montaigne como ensaísta. A poesia morria com decoro nas mãos de perfeccionistas pálidos, rimadores infalíveis mas visionários impotentes, tais como o famoso e influente Malherbe. Estavam na moda romances ineptos e sentimentais como *L'Astrée* [Astreia] de Honoré d'Urfé. O próximo grande poeta, La Fontaine, não havia nascido, nem estavam ainda em cena os grandes dramaturgos Racine e Molière.*

Na Itália, durante uma época de opressão e tirania que começara em meados do século 16, com todo o pensamento sob suspeita e todas as suas manifestações coibidas, a década de que tratamos foi de poesia inflamada, sem nada digno de menção além das metáforas e conceitos extravagantes de Giovanni Marini e seus seguidores. O poeta Torquato Tasso tinha completado sua vida tragicamente conturbada dez anos antes, enquanto Giordano Bruno, o grande pensador independente, acabara de ser queimado na fogueira (1600).

Quanto à Alemanha, nenhum grande escritor estava presente naquela década, que corresponde ao limiar da chamada Renascença Germânica (1600-1740). A literatura francesa era fortemente influenciada por diversos poetas menores, havendo numerosas sociedades literárias modeladas nas italianas.

Na Rússia, entre os ardentes panfletos de Ivã, o Terrível (fim do século 16), e o nascimento do maior de todos os escritores moscovitas (antes da Renascença do século 19), o arcipreste Avvakum (1620-81), tudo que podemos divisar numa era prolongada de opressão e isolamento são contos de fadas anônimos, poemas em versos brancos declamados por recitadores que cantavam os feitos de heróis lendários (o mais antigo texto dessas *bwilinas* foi escrito em 1620 por um inglês, Richard James). Na Rússia, como na Alemanha, a literatura se encontrava ainda em estágio fetal.

COMENTÁRIOS GERAIS DOS CRÍTICOS

Alguns críticos, uma vaga minoria há muito morta, tentaram provar que *Dom Quixote* é apenas uma farsa ultrapassada. Outros sustentam

---

* Aos alunos (inserido à mão nesse ponto do texto datilografado), VN recomenda: "Vocês devem conferir seu conhecimento desses nomes no *Webster*".

que *Dom Quixote* é o maior romance de todos os tempos. Cem anos atrás, um entusiástico crítico francês, Sainte-Beuve, o chamou de "a Bíblia da humanidade". Não nos deixemos enfeitiçar por esses magos.

O tradutor Samuel Putnam, na edição da Viking, recomenda os livros de Bell e de Krutch* sobre *Dom Quixote*. Eu me oponho fortemente a afirmações tais como "a percepção de Cervantes era tão sensível, sua mente tão ágil, sua imaginação tão ativa e seu humor tão sutil quanto os de Shakespeare". Ah, não — mesmo se limitarmos Shakespeare a suas comédias, Cervantes fica atrás em todas essas categorias. *Dom Quixote* é um fidalgo na corte do *Rei Lear* — e figura de destaque. O único aspecto em que Cervantes e Shakespeare se igualam é em matéria de influência, de irrigação espiritual — tenho em mente a longa sombra projetada numa posteridade receptiva pela imagem criada, que é capaz de continuar a viver independentemente do livro. As peças de Shakespeare, no entanto, continuarão a viver à parte da sombra que projetam.

Já se notou que ambos os escritores morreram no dia de são Jorge, em 1616, "após terem se unido a fim de exterminar o dragão das falsas aparências", tal como Bell declara curiosamente, mas de forma incorreta: longe de exterminar o dragão, Cervantes e Shakespeare, cada qual a seu modo, desfilaram com a adorável criatura, levando-a numa correia para ter suas escamas iridescentes e seus olhos melancólicos apreciados pela eternidade do mundo das letras. (Aliás, embora 23 de abril seja a data da morte dos dois autores — e a do meu aniversário —, Cervantes e Shakespeare morreram segundo calendários diferentes, havendo um espaço de dez dias entre as duas datas.)

Em torno de *Dom Quixote* ouvimos um choque plangente de opiniões — às vezes com ecos da mente robusta mas pedestre de Sancho Pança, e às vezes nos fazendo lembrar a fúria de Dom Quixote ao atacar os moinhos. Católicos e protestantes, místicos esqueléticos e gordos estadistas, críticos bem-intencionados mas verbosos e surdos do

---

* Os críticos a que VN se refere são Aubrey F. G. Bell, *Cervantes* (Norman: University of Oklahoma Press, 1947) e Joseph Wood Krutch, *Five Masters: A Study in the Mutations of the Novel* (Nova York: Cape & Smith, 1930). A citação que se segue é extraída do livro de Bell, *Cervantes*, p. 35.

tipo de Sainte-Beuve, Turguêniev ou Brandes, bem como quatrilhões de intelectuais briguentos, têm manifestado suas opiniões conflitantes acerca do livro e do homem que o escreveu. São como Aubrey Bell, que crê que nenhuma grande obra-prima pode ser redigida sem a ajuda de uma igreja universal. Ele elogia "o espírito aberto e tolerante dos censores eclesiásticos na Espanha", além de sustentar que Cervantes e seu protagonista eram bons católicos no seio da Contrarreforma. Há outros — protestantes severos — que, pelo contrário, insinuam que Cervantes podia estar em contato com os reformadores.* Bell afirma também que a lição do livro consiste na presunção de Dom Quixote — a loucura de almejar o bem comum, um campo de atuação que pertence apenas à Igreja. A mesma escola defende que Cervantes se preocupou tão pouco com a Inquisição quanto o dramaturgo Lope de Vega ou o pintor Velázquez, de tal forma que as gracinhas no livro dirigidas aos padres são bem-humoradas, brincadeiras em família, questões estritamente internas, piadinhas do claustro, jocosidades no jardim de rosas. Mas outros críticos adotam com severidade o ponto de vista contrário, tentando provar, sem grande sucesso, que Cervantes em *Dom Quixote* expressou sem medo seu desprezo pelo que um comentarista protestante, Duffield, chamou de "ritual catoliqueiro" e "tirania dos padres".** O mesmo crítico concluiu que não apenas Dom Quixote é um monoma-

* Numa nota entre parênteses, VN escreveu: "Ver Duffield, que assinala que certa citação da Bíblia em *Dom Quixote* não coincide com a linguagem do texto-padrão dos católicos (a Vulgata, de 1592, baseada na versão em latim de são Jerônimo, feita no século 4), e sim com a Bíblia dos Reformadores Espanhóis, de 1569". Alexander James Duffield traduziu *Dom Quixote*, com notas de várias pessoas, em três volumes publicados em 1881. A referência é a seu livro *Don Quixote, His Critics and Commentators* (Londres: C. K. Paul, 1881, p. 44).

** Ibid., p. 66n: "Não sustento que Cervantes estivesse se batendo contra a fé cristã, pois isso constituiria uma grave calúnia. Mas seria insensatez negar que ele destemidamente expressou seu desprezo pelos rituais catoliqueiros, bem como pela insolência, arrogância e tirania dos padres. Um dos métodos pelos quais nosso grande e iluminado satirista aboliu para sempre os falsos sábios e cavaleiros consistiu em expô-los à luz da natureza e do bom senso, fazendo com que o mito, a ficção e a mentira entrassem em contato com a realidade; e, quando faz rosários com pedaços de camisas, põe água benta em tigelas para sopa, mitras e sambenitos no lombo de burros, e os ossos de santos e a sacralidade dos frades na boca de Sancho, isso significa pôr à prova todas essas coisas".

níaco, mas toda "a Espanha no século 16 era governada por loucos do mesmo tipo patológico, homens com uma única ideia" — uma vez que "o rei, a Inquisição, os nobres, os cardeais, padres e freiras [...] eram todos dominados pela convicção superior e abrangente de que o caminho para o céu passava por uma porta cujas chaves cabia a eles guardar".*

Não vamos trilhar os caminhos poeirentos dessas generalizações devotas ou ímpias, brincalhonas ou solenes. Realmente não importa muito se Cervantes era um bom ou mau católico; nem importa se era um homem bom ou mau. Também não considero muito importante sua atitude, qualquer que fosse, com respeito às condições do seu tempo. Pessoalmente, estou mais inclinado a aceitar a opinião de que ele não se preocupava sobremaneira com essas condições. O que interessa, isso sim, é o livro em si, certo texto em espanhol traduzido para um inglês mais ou menos adequado. É claro que encontraremos determinadas implicações morais que deverão ser consideradas sob uma perspectiva que transcende o mundo da própria obra, e não recuaremos ao encontrar tais espinhos. *"L'homme n'est rien — l'oeuvre*

---

* Ibid., pp. 94-5: "Eu digo que Dom Quixote era louco.

"Sua loucura não resultava de um cérebro defeituoso ou debilitado; ele não se torna feroz como Cardenio ou débil mental como Anselmo; ele era monomaníaco, louco com respeito a uma ideia e perfeitamente são, mesmo maravilhosamente sábio, no tocante a todas as outras. Sua loucura estava localizada não tanto na cabeça quanto no estômago, e ele podia ter se curado no dia que escolhesse. Esse não é um capricho da minha parte: é uma afirmação sobre o conhecimento peculiar e distintivo do autor de O engenhoso fidalgo Dom Quixote de La Mancha.

"Na Espanha do século 16 pululavam loucos do mesmo tipo, homens de uma só ideia. O país era governado por loucos — o rei, a Inquisição, os nobres, os cardeais, padres e freiras, todos dominados pela convicção superior e abrangente de que o caminho para o céu passava por uma porta cujas chaves cabia a eles guardar. Foi essa crença, que em alguns assumia a força de violenta paixão, que inflamou, com um espírito de beligerância, a mente de homens como Carlos V, Filipe II, Inácio de Loyola, Torquemada, o duque de Ávila e Cisneros, assim como santa Teresa e quase todas as figuras de relevo nas armas, na Igreja, até na literatura, e em todos os departamentos do Estado. E, na medida em que estavam sob a influência da monomania, eles se assemelhavam a Dom Quixote. Portanto, é muito importante para nós nos assegurarmos de que Cervantes sabia o que fazia quando começou a desenhar seu mapa da mente humana. Ele foi talvez o primeiro a navegar em sua mais lúgubre região, a nos falar sobre a qualidade daquela terrível escuridão, a mostrar como ela podia ser iluminada com a bênção curativa da luz. Pode-se obter tanto prazer em provar essa afirmação quanto em seguir as aventuras de Dom Quixote na sua terra natal".

est tout", disse Flaubert. Em muitos homens que advogam a arte pela arte residem moralistas frustrados — e há alguma coisa sobre a ética do livro *Dom Quixote* que lança intensa luz de laboratório sobre a carne orgulhosa de certas passagens suas. Vamos falar de sua crueldade.

OBSERVAÇÕES GERAIS SOBRE A FORMA

Os romances podem ser divididos em duas categorias: os "monofônicos" e os "polifônicos".

No primeiro caso, há apenas uma linha principal de existência humana. No segundo caso, duas ou mais dessas linhas.

A única vida ou as múltiplas vidas podem estar presentes todo o tempo em cada capítulo, ou o autor pode se valer do que chamo de "mudança de pista", maior ou menor.

A menor é aquela em que a vida ou as vidas principais estão ativamente presentes, mas se alternam com capítulos em que personagens menores discutem as vidas dos protagonistas.

A maior ocorre quando, em romances polifônicos, o autor passa inteiramente do relato de uma vida para o de outra vida, alternando seu enfoque. As muitas vidas podem ser mantidas à parte por longos períodos, porém uma das características do romance polifônico como gênero literário consiste no fato de que as muitas vidas entrarão em contato em determinado momento.

Madame Bovary, por exemplo, é um romance monofônico, praticamente sem mudanças de pista. *Anna Kariênina* é um romance polifônico com grandes mudanças de pista. O que é *Dom Quixote*? Eu o caracterizaria como um romance monofônico e meio, com algumas mudanças de pista. Cavaleiro e escudeiro são de fato uma só pessoa e, de toda forma, o escudeiro ali está para servir o amo. Entretanto, em certo momento da segunda parte, eles se separam. As mudanças de pista são muito grosseiras quando o autor passa de forma autoconsciente da ilha de Sancho para o castelo de Dom Quixote; e constituem evidente alívio para todos — autor, personagens e leitor — quando os dois voltam a se reunir e retornam à combinação natural de cavaleiro-escudeiro.

De outra perspectiva para as questões de substância e não de forma, os romances modernos podem ser organizados em romances de família, romances psicológicos (geralmente escritos na primeira pessoa), romances de mistério e por aí vai. As obras mais importantes costumam ser uma combinação de diversos desses tipos. De todo modo, vamos tentar não ser demasiado pedantes nessa questão. Toda a coisa pode se tornar extremamente tediosa, e a questão do tipo de fato perde todo o interesse quando somos forçados a encarar obras pretensiosas com pouco ou nenhum valor artístico ou, por outro lado, a tentar enfiar a águia empalhada de determinada obra-prima num pombal.*

Dom Quixote pertence a um tipo muito primitivo de romance. Está intimamente associado ao romance picaresco — de *pícaro*, significando "velhaco", "patife" em espanhol —, um tipo de história tão antigo quanto as colinas cobertas de vinhedos, tendo como protagonista um espertalhão, um vagabundo, um charlatão ou qualquer aventureiro mais ou menos engraçado. E tal figura exerce atividades mais ou menos antissociais ou associais, mudando de emprego ou de piada numa série de episódios animados e frouxamente concatenados, em que o elemento cômico predomina de fato sobre qualquer intenção sentimental ou trágica. É também significativo que, numa época de opressão política, quando as mensagens morais são impostas pelo governo ou pela Igreja, o autor selecione um vagabundo como protagonista, porque assim astutamente evita as perigosas responsabilidades por seu comportamento social, religioso e político, uma vez que o vagabundo, o aventureiro e o louco são fundamentalmente associais e irresponsáveis.**

---

* Na passagem eliminada que se segue, VN escreveu: "Assim, não interessa nem um pouco em que categoria enquadramos os romances de... — desculpem-me, eu havia decidido não mencionar o nome de nenhum autor moderno". O pedido de desculpa depois do travessão está sobreposto a um material entre parênteses indicado como sujeito a omissão opcional: "Galsworthy ou Mannworthy, ou Upton Lewis, ou Jules Rolland". Essa mistura de nomes era um dos truques prediletos de VN. Thomas Mann, Upton Sinclair, Sinclair Lewis, Jules Romains e Romain Rolland não estavam entre seus autores preferidos.

** Numa passagem eliminada, VN continua: "Nos períodos de opressão na Rússia, sob Nicolau I ou sob Lênin e Stálin, também surgiram romances picarescos. Sustento que Cervantes, em sua época brutal e utilitária, escolheu o gênero picaresco por ser o mais seguro; e, para maior segurança, o vinculou ao primeiro gancho moral que lhe ocorreu, que na atualidade seria: algumas tiras de histórias em quadrinhos desviam um homem do bom caminho".

Obviamente, nas aventuras de nosso visionário Dom vemos muito mais que as tribulações de dois personagens grotescos, um magro e o outro gordo, porém ambos ainda pertencem em essência à forma primitiva, ao tipo picaresco desconjuntado, desordenado e variegado, sendo aceito e apreciado como tal pelo leitor primitivo.

A LONGA SOMBRA DE *DOM QUIXOTE*

Nos outros romancistas que leremos, *Dom Quixote* de certa maneira estará conosco todo o tempo. Reconheceremos seu traço mais relevante e memorável, *a nobreza estapafúrdia*, no proprietário quixotesco da casa que era tudo menos soturna — John Jarndyce, um dos personagens mais atraentes e deliciosos de toda a ficção. Quando chegarmos ao romance *Almas mortas*, de Gógol, facilmente discerniremos, em seu padrão pseudopicaresco e na estranha busca que o protagonista realiza, um eco excêntrico e uma paródia mórbida das aventuras de Dom Quixote. Com respeito ao romance *Madame Bovary*, de Flaubert, não só veremos que a própria senhora está quase tão imersa nos meandros românticos quanto nosso esquelético fidalgo, mas também descobriremos algo mais interessante, a saber, que Flaubert, ao se engajar com imensa tenacidade na lúgubre aventura de escrever o livro, pode ser caraterizado como muito semelhante a *Dom Quixote* no mais notável aspecto de todos os grandes escritores: a honestidade da arte rigorosa. E, por fim, em *Anna Kariênina*, de Tolstói, mais uma vez reconheceremos vagamente o cavaleiro sincero num dos principais personagens, Liévin.

Assim, devemos imaginar Dom Quixote e seu escudeiro como duas silhuetas que vagam à distância contra um amplo e flamejante pôr do sol, e suas duas grandes sombras negras, uma delas muito alongada, estendendo-se pelo campo aberto de séculos até nos alcançar. Em minha segunda aula, vamos observar essas duas figuras utilizando alguns microscópios que construí: e in vitro. Na terceira aula, discutiremos várias questões de estrutura — truques estruturais —, em particular o tema arcadiano, o tema do romance inserido, o tema dos livros de cavalaria. Minha quarta aula será dedicada à crueldade, às mistificações e aos encantamentos. A de número cinco tratará do tema dos falsos cronistas e espelhos, cuidando também da pequena Altisidora, e de Dulcineia e da morte. A última aula consistirá num relato pormenorizado das vitórias e derrotas de Dom Quixote.

Dois retratos: Dom Quixote e Sancho Pança

O HOMEM DOM QUIXOTE

Mesmo dando o devido desconto pelo gradual desaparecimento do espanhol no lusco-fusco da tradução, os chistes e provérbios de Sancho não provocam tanto riso por si mesmos ou pelo acúmulo de suas repetições. As piadas mais infames de hoje são mais engraçadas. Nem as cenas de traquinices em nosso livro são capazes de fazer alguém sorrir. O Cavaleiro da Triste Figura é um indivíduo único; com certas qualificações, o Sancho da barba desgrenhada e nariz de tomate é um típico palhaço.

É verdade que a tragédia é mais duradoura que a comédia. O drama é preservado no âmbar, a gargalhada se perde no espaço e no tempo. A excitação indefinível da arte está certamente mais próxima do tremor masculino de pasmo reverencial ou do sorriso manso da comparação feminina que da risadinha corriqueira. Obviamente, há algo melhor no rugido de dor que no alvoroço do riso, e esse é o supremo ronronar de prazer produzido pelo pensamento sensual — *pensamento sensual*, outra forma de designar a arte autêntica. Disso há em nosso livro um suprimento pequeno, porém infinitamente precioso.

Examinemos o homem pesaroso. Antes de se dar o nome de Dom Quixote, ele se chamava simplesmente Quijada ou Quesada. Ele é um proprietário rural, dono de um vinhedo, de uma casa principal e de dois acres de terra arável; um bom católico (que mais tarde desenvolverá uma má consciência); um cavalheiro alto e magro de cerca de cinquenta anos. No centro das costas, tem uma verruga marrom com pelos, a qual, segundo Sancho, é sinal de um homem forte, como assim também são os pelos abundantes no peito. No entanto, há pouquíssima carne cobrindo aqueles grandes ossos; e, exatamente como seu estado mental se assemelha a um tabuleiro quadriculado de lucidez e insanidade, o mesmo ocorre com sua condição corporal, verdadeira colcha de retalhos feita de vigor, fadiga, resistência e pontadas de dor aguda. Os patéticos espasmos de derrota que o coitado do Quixote sofre são talvez piores que os choques excessivamente sentimentais que costuma sentir na cabeça; mas não devemos nos esquecer do pavoroso e constante desconforto físico, que precisa ser superado, mas nunca curado, devido à sua energia nervosa e à inquebrantável paixão por dormir ao ar livre: o infeliz padece há muitos anos de uma séria doença renal.

Terei bastante a dizer mais tarde acerca da brutalidade do livro e da curiosa atitude com relação à crueldade da maior parte dos entendidos e dos leigos, que o veem como uma obra marcada pela bondade e pela comiseração.

Aqui e ali, para os fins de uma grosseira farsa medieval, Cervantes nos mostra seu protagonista usando apenas a camisa, que é descrita em pormenores como insuficientemente longa para cobrir de todo as coxas. Peço desculpas por relacionar esses detalhes horríveis, mas necessitamos deles a fim de refutar os defensores da diversão sadia, dos risinhos sem maldade. As pernas são muito compridas, magras e cabeludas, e tudo menos limpas; no entanto, sua pele seca e inóspita aparentemente não atrai os parasitas que afligem seu gordo companheiro. Tratemos agora de vestir nosso paciente. Eis aqui seu gibão, um traje de camurça com botões faltantes ou díspares, todos enferrujados por causa da chuva e do suor que impregna sua armadura cheia de furos. A gola mole, como a usada pelos estudantes de Salamanca, não é fechada com uma fita; os culotes marrons são remendados com tecido mais claro; as meias de seda verde exibem costuras que já se desfazem, os sapatos são da cor de tâmara. Por cima de tudo isso vem o fantástico sortimento de armas, que sob o luar o faz parecer um fantasma arma-

The man Don Quixote

Even if allowance be made for the fading away of the Spanish in the process of translation, even so Sancho's coarse and proverbs are not very mirth provoker either in themselves or in their accumulation. The corniest modern gag is funnier. Nor do the horseplay scenes in our book really convulse modern diaphragms. We know that mirth stays as hard as old coins. The knight of the mournful countenance is a unique individual; Sancho is the generalized clown.

Now, tragedy wears better than comedy. (Drama endures in amber; the guffaw is dispelled in space and time.) The nameless thrill of art is certainly closer to the manly shudder of sacred awe, or to the moist smile of feminine compassion than it is to the casual chuckle; and of course there is something still better than the roar of pain or the roar of laughter— and that is the supreme pure of pleasure produced by the impact of sensuous thought — sensuous thought which is another term for art.

Observações iniciais de Nabokov sobre *Dom Quixote*

do — alguém que não estaria fora do lugar nas muralhas de Elsinore, no reino da Dinamarca, caso os companheiros pressurosos de Hamlet desejassem pregar uma peça no estudante taciturno de Wittenberg.

A armadura de Dom Quixote é velha, preta e bolorenta. Nos primeiros capítulos, seu elmo improvisado está preso com fitas verdes, cujos nós levam vários capítulos para serem desfeitos. Em certo momento, o elmo é a bacia de um barbeiro: uma tigela de latão reluzente com parte circular da borda curvada para dentro, onde era encaixado o queixo dos fregueses. Com o escudo sustentado pelo braço magro e um galho de árvore como lança, ele monta seu Rocinante, que é tão magro, pescoçudo e intrinsecamente gentil quanto ele, dotado dos mesmos olhos pensativos, com o mesmo comportamento fleumático e dignidade esquelética que seu dono revela quando não está prestes a lutar. Pois quando Dom Quixote de fato entra em ação, a raiva faz seu cenho franzir e retorcer, as bochechas ficam infladas, seu olhar intenso varre as cercanias, ele bate com o pé direito no chão, representando, por assim dizer, o papel adicional de um cavalo de batalha enquanto Rocinante permanece a seu lado de cabeça baixa.

Ao levantar o visor de papelão, Dom Quixote mostra um rosto murcho e empoeirado, um nariz de águia meio torto, olhos fundos, espaços vazios entre os dentes da frente, um grande e melancólico bigode ainda preto em contraste com os ralos cabelos grisalhos na cabeça. É uma face solene, longa e descarnada, a pele de início pálida; com o tempo, o sol tórrido das planícies de Castela faz com que adquira um bronzeado de camponês. Tão magro é aquele rosto, tão encovado, tão poucos molares lhe restam que suas bochechas parecem (nas palavras de quem o criou) "que por dentro se beijavam uma à outra".

Sua maneira de ser constitui uma espécie de transição entre a aparência física e o mistério de sua dupla natureza. A compostura, a seriedade, o comportamento lindamente calmo e o autocontrole contrastam de forma estranha com seus acessos loucos de raiva beligerante. Ele ama o silêncio e o decoro. Sua escolha de expressões é extremamente cuidadosa sem ser pedante. Trata-se de um perfeccionista, um purista: não pode ver um camponês pronunciar errado alguma palavra ou usar mal determinada expressão. É casto, apaixonado pelo sonho que se esconde atrás de um véu, perseguido por feiticeiras e, acima de tudo, um cavalheiro galante, homem de infinita coragem, um herói no mais verdadeiro sentido da palavra. (Cumpre manter em mente esse ponto importante.) Embora extremamente cortês e pronto a agradar, há uma coisa que nunca suporta — qualquer sombra de crítica a Dulcineia, a dama de seus sonhos. Como observa com precisão seu escudeiro, sua atitude com respeito a Dulcineia é religiosa. Os pensamentos de Dom Quixote nunca vão além de lhe render homenagem para benefício dela própria, sem qualquer expectativa de recompensa senão ser aceito como seu defensor. "Com essa maneira de amor", comenta Sancho, "ouvi nos sermões que se deve amar a Nosso Senhor, só por ele, sem esperança de glória nem temor de pena [...]".

Estou pensando sobretudo na primeira parte da obra, pois o caráter de Dom Quixote sofre algumas mudanças curiosas na segunda parte: junto com intervalos de lucidez vêm momentos de medo. Por isso, devemos enfatizar de novo sua coragem absoluta, esquecendo, por assim dizer, certa cena na segunda parte em que ele treme de medo porque seu quarto está de repente cheio de gatos. Mas, no todo, ele é, entre os cavaleiros, o mais corajoso, o mais desesperado de todos neste mundo. Não tem um pingo de malícia, é tão fiel quanto uma criança. Na verdade, sua infantilidade é por vezes mais visível do que seu criador tencionara. Quando, no capítulo 25 da primeira parte, ele sugere fazer "loucuras" como penitência — "loucuras" adicionais e deliberadas mais além de sua loucura normal, digamos assim, Dom Quixote exibe a imaginação bastante limitada de um menino em matéria de traquinices.

"'Pelo menos, Sancho, quero, e é mister que assim seja, quero, digo, que me vejas em pelo fazendo uma ou duas dúzias de loucuras, que as farei em menos de meia hora [...]'", diz Dom Quixote quando Sancho está prestes a deixar a Serra Morena com a carta para Dulcineia, "'para que, tendo-as visto com teus olhos, possas jurar a teu salvo sobre as demais que quiseres acrescentar; e te asseguro que não dirás tu tantas quantas eu penso fazer.'" [...] "E, despojando-se a toda pressa dos calções, ficou em camisa e com as carnes à mostra e, em seguida, sem mais nem mais, deu dois pinotes e duas cabriolas de pernas para o ar, descobrindo coisas que, para não vê-las outra vez, volteou Sancho as rédeas de Rocinante e se deu por convencido e satisfeito de poder jurar que seu amo ficava louco" — assim Cervantes termina o capítulo.

Vejamos agora essa sua loucura básica. Ele tinha sido um tranquilo proprietário rural, *señor* Alonso, que cuidava de suas terras, acordava cedo e gostava de caçar. Aos cinquenta anos, mergulhou na leitura de livros de cavalaria e começou a comer coisas pesadas no jantar, inclusive aquilo a que um tradutor (Duffield) se refere como "torta da ressureição" (*duelos y quebrantos* — literalmente "dores e fraturas"), um "guisado feito com a carne de animais que tiveram morte acidental ao cair em precipícios e quebrar o pescoço". As "dores" se referem não àquela sofrida por esses animais — isso era irrelevante —, e sim aos sentimentos dos proprietários das ovelhas e pastores ao descobrirem a perda. Sem dúvida um esclarecimento interessante. Se foi devido a essa dieta de carne de porcos, vacas e carneiros heroicos e aventureiros tão catastroficamente transformados em bifes, ou se ele nunca tinha sido de todo mentalmente são, o fato é que Dom Quixote toma a nobre decisão de reviver e restaurar, num mundo insosso, a vocação brilhante dos cavaleiros andantes com suas técnicas rígidas, com todas as suas magníficas visões, emoções e ações. Revelando implacável determinação, ele escolhe como seu destino "labuta, ansiedade e armas".*

A partir de então, ele aparece como um homem louco e mentalmente são, ou um insano à beira da sanidade, um louco listrado, uma mente conturbada com períodos de lucidez. É o que os outros veem, mas para ele, também, as coisas se revelam dessa forma dupla. A realidade e a ilusão estão entrelaçadas no desenho da vida. "Será possível", comenta ele com o escudeiro, "que neste tempo que andas comigo não tenhas percebido que todas as coisas dos cavaleiros andantes parecem quimeras, necedades e desatinos, e que são todas feitas às avessas? E não porque seja isto assim, mas porque sempre anda entre nós uma caterva de encantadores que todas as nossas coisas mudam e

---

* VN acrescenta, de início entre parênteses, mas depois riscado, "ou 'sangue, suor e lágrimas', como outro cavalheiro bem mais gordo declarou em ocasião muito mais trágica".

trocam, e as tornam segundo seu prazer e segundo a vontade que têm de nos favorecer ou destruir [...]."

Na *Odisseia*, como vocês se recordam, o aventureiro tem poderosos apoiadores. Nas cenas em que é necessário ser furtivo e se disfarçar, não temos grande receio de que Ulisses, por um movimento em falso, possa revelar cedo demais sua força, enquanto, no caso de Dom Quixote, é a fraqueza intrínseca e adorável do pobre cavaleiro que receamos possa ser divulgada a seus amigos e inimigos brutais. Ulisses goza essencialmente de segurança. É como um homem saudável num sonho salutar que, aconteça o que acontecer, vai despertar. A estrela do destino do grego brilha com uma luz permanente, apesar de todas as dificuldades e perigos. Seus companheiros podem desaparecer um por um, engolidos por monstros ou caindo dos telhados — mas ele tem garantida uma serena velhice no azul longínquo do futuro. A bondosa Atena — não a imbecil Dorotea ou a diabólica duquesa de *Dom Quixote* — mantém seus cintilantes olhos (ora cinzentos, ora verdes como o mar, dependendo de cada estudioso) fixados no aventureiro; cauteloso e astuto, ele segue na esteira de seu olhar. Mas, em nosso livro, o melancólico Dom não tem quem o proteja. O Deus dos cristãos se mostra peculiarmente indiferente com respeito às suas tribulações — talvez por estar ocupado alhures, ou quem sabe perplexo, podemos presumir, pelas atividades ímpias de seus seguidores profissionais naquela época de torturas.

Quando Dom Quixote se retrata no final do livro, em sua cena mais triste, não é por gratidão a seu Deus cristão nem por alguma compulsão divina — mas porque tal atitude se conforma com o pragmatismo moral daqueles tempos sombrios. Uma capitulação abrupta, uma mísera apostasia, quando em seu leito de morte ele renuncia à glória do louco romance que o fez quem ele era. Essa capitulação não é de todo comparável com a robusta retratação do velho e rabugento Tolstói ao repudiar a admirável ilusão de Anna Kariênina no tocante aos lugares-comuns alfabéticos das lições de catecismo aos domingos. Nem estou pensando em Gógol, agachado com lágrimas de penitente nos olhos diante de um fogão onde vai queimar a segunda parte de *Almas mortas*. A situação de Dom Quixote se assemelha mais aos apuros daquele poeta francês de genialidade ímpar, Rimbaud, que na década de 1880 abandonou a poesia ao concluir que ela era sinônimo de pecado. Com sentimentos mistos, noto que o *Webster's New Collegiate Dictionary*, em geral tão sábio, em sua seção biográfica não relaciona Rimbaud, enquanto cede espaço a Radetzky (marechal austríaco), Raisuli (bandido marroquino), Henry Handel Richardson (pseudônimo de Ethel Florence Lindesay Richardson, romancista australiana), Rasputin (guru e político) e nosso caro Ramsay, James Andrew Broun, 1812-60 (décimo conde e primeiro marquês de Dalhousie, administrador colonial britânico).

Sancho Pança deve ter compilado tal lista.

O HOMEM SANCHO PANÇA (O BARRIGA DE PORCO COM PERNAS DE GARÇA)

Quem é ele? Um trabalhador braçal, que tinha sido pastor na juventude e depois sacristão numa irmandade. É um homem de família, mas no fundo do coração um vagabundo. Montado em seu burrico como um patriarca, Sancho transmite uma sensação de dignidade beócia e idade madura. Pouco depois, sua imagem e sua mente se tornam mais claras; porém nunca é tão detalhado quanto Dom Quixote — e essa diferença corresponde ao fato de que o personagem de Sancho é fruto de uma generalização, enquanto o de Dom Quixote resulta de uma abordagem individual. Sancho tem uma barba espessa e desgrenhada. Embora baixo (para maior contraste com seu amo alto e magricela), ele tem um barrigão. O corpo é curto, mas as pernas, longas — na verdade, o nome Sancho parece derivar de *zancas*, as pernas longas e finas dos pássaros. Leitores e ilustradores tendem a minimizar essas pernas finas a fim de não interferirem no contraste entre ele e Dom Quixote. Na segunda parte do romance, Sancho é ainda mais gordo que na primeira, e o sol o bronzeou tanto quanto a seu amo. Há um momento em sua vida em que o vemos com o máximo de lucidez — mas o momento é breve: quando ele parte para a ilha continental que vai governar. Está vestido agora como advogado. Seu chapéu e casaco são de pelo de camelo. Sua montaria é uma mula (um burro melho-

Observações iniciais de Nabokov sobre Sancho Pança

rado), mas o burrico cinzento, uma espécie de parte da personalidade ou da atitude de Sancho, vem atrás, coberto de brilhantes tecidos de seda. Desse modo, a pequena e gorda figura de Sancho cavalga com a mesma dignidade néscia que caracterizou sua primeira aparição.

Tem-se a impressão de que Cervantes, de início, tencionava dar a seu bravo lunático como escudeiro um covarde bobalhão, numa forma de contraste contrapontual entre a loucura sublime e a reles estupidez. No entanto, Sancho comprova ter demasiada inteligência nata para ser considerado um tolo perfeito, conquanto possa ser o chato perfeito. Ele não tem nada de bobo no capítulo 10 da primeira parte quando, após a luta com o biscainho, revela uma clara percepção da coragem de Dom Quixote: "'Na verdade', respondeu Sancho, 'nunca li história alguma, pois não sei ler nem escrever; mas o que posso apostar é que mais atrevido amo que vossa mercê não servi em todos os dias da minha vida [...]'". E demonstra profundo respeito pelo estilo literário de seu amo no capítulo 25, quando ouve a carta para Dulcineia que tem a incumbência de entregar: "'Arre! Como lhe diz aí vossa mercê tudo o que quer, e como fica bem na assinatura 'O Cavaleiro da Triste Figura'! Digo de verdade que é vossa mercê o próprio diabo e que não há coisa que não saiba'".* Isso tem uma implicação

---

* Podemos também comparar a passagem sobre os conhecimentos de Dom Quixote no capítulo 22 da segunda parte: "Ouvia Sancho tudo isso [a conversa de Dom Quixote com Basilio] e disse entre si: 'Esse meu amo, quando falo de coisas de valia e sustância, costuma dizer que eu podia tomar um púlpito nas mãos e sair pelo mundo pregando lindezas. Pois eu digo que ele, quando começa a desfiar sentenças e a dar conselhos, pode não só tomar um púlpito nas mãos, mas dois em cada dedo e andar por essas praças tratado a pedir por boca. Valha-te o diabo por cavaleiro andante, que tantas coisas sabes! Eu achava que ele só podia saber das coisas das suas cavalarias, mas não há assunto que não toque e onde não deixe de meter a sua colherada'". Ou, mais adiante, no capítulo 58, após Dom Quixote haver discursado sobre as quatro esculturas que os trabalhadores desvelam para que ele as inspecione: "Sancho ficou de novo, como se nunca tivesse conhecido o seu senhor, admirado do muito que ele sabia, parecendo-lhe que não devia de haver história no mundo nem sucesso que o não tivesse cifrado na unha e cravado na memória [...]". Nem devemos esquecer as esplêndidas palavras de Sancho sobre a coragem de Dom Quixote quando o cavaleiro está prestes a descer na gruta de Montesinos: "Deus te guie e a Penha de França, junto com a Trindade de Gaeta, flor, nata e espuma dos cavaleiros andantes! Lá vais, valentão do mundo, coração de aço, braços de bronze! Deus te guie outra vez e te faça livre, são e sem gravame à luz desta vida que deixas para te enterrares nessa escuridão que buscas!".

especial porquanto foi o próprio Sancho quem apelidou Dom Quixote de Cavaleiro da Triste Figura. Por outro lado, há um quê de feiticeiro em Sancho: ele engana seu amo ao menos três vezes; e, quando Dom Quixote está em seu leito de morte, Sancho ainda come e bebe desbragadamente, consolando-se muito com a herança que lhe caberá.

Ele é um total salafrário, mas espirituoso, composto das partes de incontáveis patifes na literatura. A única coisa que lhe confere algum tipo de personalidade é o grotesco eco de certas notas da música solene de seu amo. Para benefício de uma criadinha, ele define com precisão o que é um cavaleiro andante: um mero vagabundo e um rei, o que não está longe daquilo que podia ser dito com respeito a outra aparição fantástica, com uma barba mais longa e numa terra mais lúgubre — o rei Lear. Obviamente, não se pode dizer que o nobre coração de Kent — assim como a curiosa veia sentimental no tolo rei Lear — esteja representado em Sancho Pança, que, malgrado todas as suas vagas virtudes, é afinal uma criatura farsesca de traseiro grande. É porém um companheiro leal, e Cervantes usa o epíteto "nobre" com toda a seriedade ao falar da determinação do escudeiro de ficar ao lado do seu amo num momento de especial perigo. Esse amor pelo cavaleiro e por seu burrico são seus traços mais humanos. E, quando o de outro modo rude e egoísta Sancho bondosamente dá dinheiro a um escravo que é remador nas galés, sentimos uma pequena emoção pelo fato de que o galeriano, como o amo de Sancho, é um velho que sofre de uma doença na bexiga. E Sancho não é um tolo nem um típico covarde. Embora tenha um temperamento pacífico, aprecia uma briga ao ser realmente espicaçado e, quando bêbado, considera as aventuras perigosas e fantásticas um excelente esporte.

Isso me leva aos pontos vulneráveis (falando artisticamente) da disposição mental de Sancho. Há, por exemplo, sua atitude no tocante às alucinações de Dom Quixote. De início, Cervantes enfatiza o bom senso lúcido do gordo escudeiro, mas em breve descobrimos, no capítulo 26, que Sancho é curiosamente distraído, ele próprio um sonhador: basta lembrar que esqueceu determinada carta que lhe teria valido três jumentos. Ele tenta persistentemente corrigir as alucinações de Dom Quixote, mas, de repente, no começo da segunda parte, faz ele mesmo o papel de feiticeiro e, de forma muito cruel e grotesca, contribui para aprofundar a principal alucinação de seu amo — a que se refere a Dulcineia. No entanto, depois se mostra confuso sobre sua responsabilidade por aquela alucinação.

Muitos comentaristas chamaram a atenção para a circunstância de que a loucura de Dom Quixote e o bom senso de Sancho são mutuamente contagiantes e que, embora na segunda parte do livro o cavaleiro desenvolva uma veia sanchista, o escudeiro, por sua vez, se torna tão louco quanto seu amo. Por exemplo, Sancho tenta converter a esposa à crença nas ilhas e em títulos de nobreza exatamente como Dom Quixote se esforça para convencê-lo de que os moinhos de vento são gigantes e as hospedarias, castelos. Enquanto certo crítico famoso, mas bastante medíocre, Rudolph Schevill,[*] enfatiza o contraste entre o fidalgo altruísta e antiquado e o escudeiro pragmático e nada romântico, o sutil e inspirado crítico espanhol Salvador de Madariaga[**]

---

[*] "Dom Quixote e Sancho foram agora lançados juntos no mundo, todas as estradas pertencem a eles e, somente na pessoa de Dom Quixote, levam todos os elementos essenciais que lhes permitirão sair vitoriosos de qualquer aventura que surja. As obrigações e leis da sociedade já não existem, as limitações impostas por concepções estreitas e costumes pervertidos são definitivamente postas de lado. Daí em diante, todas as decisões sobre o bem e o mal, sobre o certo e o errado, serão tomadas pelo herói visionário. Porque, como diz o próprio Dom Quixote: 'Quem o que ignorou que são isentos os cavaleiros andantes de todo judicial foro e que sua lei é sua espada, seus foros os seus brios, sua pragmática a sua vontade?'. Mas, como a vida invariavelmente restaura o equilíbrio entre os extremos, o idealismo do novo cavaleiro, sem que ele queira, encontra uma lente corretora no escudeiro, que carece de imaginação ou visão. Como veremos, esse contraste é explicitado em inúmeros pormenores. O contraste está naturalmente fadado a durar ao longo de toda a associação entre os dois devido à contradição irreconciliável que existe não apenas entre as mentes de Dom Quixote e Sancho, mas, graças à essência da própria vida, entre nosso corpo e nossa alma, nossos deméritos e nossas virtudes, nossas ilusões e nossas conquistas." Rudolph Schevill, *Cervantes: Master Spirits of Literature Series*. Nova York: Duffield, 1919, pp. 215-6.

[**] "A tradição superficial reduziu seu maravilhoso tecido psicológico a uma simplíssima linha melódica. Dom Quixote, um bravo cavaleiro e idealista; Sancho, um rústico materialista e covarde. O que a tradição não vê é que tal configuração, à primeira vista baseada no contraste, resulta num paralelo delicado e complexo, cujo desenvolvimento é um dos feitos sutis desse livro genial. Sancho, até certo ponto, é uma transposição de Dom Quixote para um tom diferente. Tais casos de paralelismo são frequentes em grandes obras de arte. Como Laerte e Fortimbrás com relação a Hamlet, ou Gloucester com relação ao rei Lear, Sancho é um paralelo com relação a Dom Quixote, acentuando a figura principal e enriquecendo o desenho do todo.

vê Sancho como uma espécie de transposição de Dom Quixote para um tom diferente. De fato, os dois parecem intercambiar sonhos e destinos quando se chega ao fim do livro, pois é Sancho quem retorna à aldeia como um extasiado aventureiro, sua mente repleta de esplendores, e é Dom Quixote que secamente observa: "Deixa dessas sandices". Vigoroso e viril por temperamento, facilmente irritável, tornado prudente pela experiência, pode-se dizer que Sancho evita o combate desigual e inútil não por ser poltrão, e sim porque é um guerreiro mais cauteloso que Dom Quixote. Infantil e simples por natureza e ignorância (enquanto Dom Quixote permanece infantil a despeito de todo o seu conhecimento), Sancho treme diante do desconhecido e do sobrenatural, porém tal tremor está bem próximo daquele que sente seu amo pelo prazer galante — sendo assim um irmão digno do cavaleiro que acompanha. Na segunda parte, enquanto o ânimo de Sancho se eleva da realidade para a ilusão, o de Dom Quixote decai da ilusão para a realidade. E as duas curvas se cruzam na mais triste aventura, uma das mais brutais no livro, quando Sancho faz um feitiço para apresentar Dulcineia, levando o mais nobre dos cavaleiros, pelo amor da mais pura ilusão, a ajoelhar-se diante da mais repugnante das realidades: uma Dulcineia grosseira, tosca e cheirando a alho.* Outro crítico fala piamente sobre a "simpatia pelo camponês" do autor; e, a fim de explicar o burlesco em Sancho Pança, faz a extraordinária declaração de que Cervantes tinha consciência de que seus leitores mais sofisticados esperariam que, caso fossem introduzidas figuras

→ Ambos são homens dotados de bastante juízo, intelectual em Dom Quixote, empírico em Sancho, que em certo momento foram possuídos por uma autoalucinação que desequilibra suas mentes e suas vidas. Mas, enquanto em Dom Quixote essa autoalucinação se concentra em torno de um núcleo de glória simbolizado por Dulcineia, em Sancho ela gradualmente se consolida na ambição material, simbolizada por uma ilha. As palavras do pároco não são vazias: veremos um deslocamento na máquina de absurdos daquele cavaleiro e daquele escudeiro que, seria razoável considerar, eram feitos a partir do mesmo molde: na verdade, a loucura do amo, sem as doidices do escudeiro, não valeria um centavo. Porque de fato Dom Quixote e Sancho são verdadeiros irmãos, e seu criador os projetou com o mesmo desenho." Salvador de Madariaga, *Don Quixote: An Introductory Essay in Psychology*. Oxford: Clarendon Press, 1935, pp. 96-7.

* Ibid., p. 120.

de baixa classe, elas deveriam ser tratadas satiricamente. (Não fica claro por que isso é sofisticação e por que Cervantes deveria se curvar diante dela.) O mesmo crítico continua: o "sábio e adorável" Sancho (que não é nem muito sábio nem muito adorável), como era secretamente sabido por Cervantes (e pelo crítico em tela), precisava ser parcialmente sacrificado às exigências da literatura, uma vez que devia servir para realçar a seriedade e as altas aspirações de Dom Quixote.* Outro engraçado comentarista acha que, no desenvolvimento da mente e do caráter de Sancho Pança (bem mais que na delineação de Dom Quixote), Cervantes expressou um tipo de sabedoria e eloquência, assim como uma sagaz análise da vida, que constituía a essência do humanismo.** Grandes palavras, pouco sentido.

A explicação da curiosa diferença de posturas críticas com relação aos dois personagens reside, eu suspeito, no fato de que todos os leitores podem ser separados em Dom Quixotes e em Sancho Panças. Quando encontro numa biblioteca algum exemplar do livro de Schevill com passagens marcadas em azul, em traços fortes e desleixados, nas quais se diz que "Cervantes oferece um retrato realista da classe média" ou coisa do gênero, então sei com certeza se o leitor é um Sancho ou um Quixote.

Como nos afastamos um pouco do corpo do livro na direção do espírito do reino da leitura, tratemos de retornar à obra.

A principal característica de Sancho Pança está em ser um saco repleto de provérbios, um monte de meias verdades que chocalham dentro dele como pedregulhos. Acho que há estranhos e sutis ecos cruzados entre o cavaleiro e o escudeiro, mas também sustento que o assim chamado humor escrachado predomina no caso de Sancho, qualquer que seja, em última análise, a personalidade que possamos lhe atribuir. Os estudiosos que falam dos episódios extremamente cômicos no livro não dão sinais de que tenham se esbaldado de rir. Que nesse livro o humor contenha, como afirma certo crítico, "uma pro-

---

* A referência é a Aubrey F. G. Bell, *Cervantes*, op. cit., pp. 138-9.

** Nabokov refere-se a "Miguel de Cervantes" em Joseph Wood Krutch, *Five Masters*, op. cit., pp. 86-101.

fundidade de percepção filosófica e genuíno calor humano em cujas qualidades nenhum outro autor o superou"* me parece um imenso exagero. O Dom certamente não é engraçado. O escudeiro, apesar de toda a sua prodigiosa memória de velhos ditados, é ainda menos engraçado que seu amo.

Assim, aqui estão nossos dois heróis, suas sombras se fundindo numa única e se sobrepondo, formando determinada unidade que devemos aceitar.

Durante a primeira investida de Dom Quixote, durante suas primeiras quatro aventuras (contando como quarta o sonho que coroa as três primeiras batalhas), Sancho está ausente. Sua entrada em cena, o momento em que se torna o escudeiro de Dom Quixote, é a quinta aventura do cavaleiro.

Os dois personagens principais estão prontos. Proponho agora examinar os meios que Cervantes cria a fim de dar seguimento à história. Tenciono estudar os ingredientes do livro, seus dez recursos estruturais.

---

* Aubrey F. G. Bell, *Cervantes*, op. cit., p. 200: "Assim, Cervantes nunca é irresponsável e se defende de antemão da acusação de ser um mero brincalhão, um 'lustiger Geselle'. Poderia ter sido tão sério quanto Tasso e Racine, poderia ter sido tão temerário quanto Rabelais ou Ariosto; preferiu, com sua costumeira discrição, tomar o caminho do meio e, no humor que resultou dessa acomodação, foi recompensado com uma profundidade de percepção filosófica e genuíno calor humano em cujas qualidades nenhum outro autor o superou".

Miguel Cervantes Saavedra, 1547-1615.

1547   Birth at Alcalá de Henares, Castille.

1568   Elegies and other verses on the death of the Queen.

1569-75 In Italy

1571   At Battle of Lepanto

1575   Captured by the Turks

1575-80 Ransom and return to Spain.

1584   Marriage.

1587-94 Commissionary in Andalusia

1590   Application for post in the West Indies

1592   Arrested for debt

1597   Jailed at Seville

1603   Again arrested.

1605   Don Quixote I

1615   Don Quixote II

1616   (23.IV New Style) Death at Madrid (10 days after Shakespeare)

Cronologia da vida de Cervantes feita por Nabokov

Começo da aula de Nabokov sobre estrutura

Questões estruturais

Relacionei os traços físicos de Dom Quixote, tais como os ossos grandes, a verruga nas costas, os fortes tendões e os rins enfermos, os membros magros, o rosto melancólico, descarnado e queimado de sol, seu sortimento fantástico de armas enferrujadas sob o pálido luar. Listei as características espirituais — tais como a severidade, o jeito digno, a coragem infinita, a loucura, o estado mental similar a um tabuleiro quadriculado com casas de lucidez e casas de insanidade. Executando movimentos parecidos com os do cavalo no xadrez ao saltar da lógica tresloucada para a lógica sadia e vice-versa.[*] Mencionei sua vulnerabilidade gentil e patética, sobre a qual falarei mais quando chegar à beleza do livro. Relacionei igualmente os traços de Sancho, as magras pernas quixotescas, o barrigão e o rosto de palhaço de circo. Indiquei alguns pontos em que sua personalidade, em geral farsesca, está conectada à sombra dramática do amo. Terei mais a dizer acerca de Sancho no papel de mago.

Agora vou destacar e examinar alguns dos ganchos estruturais nos quais está frouxamente pendurado nosso livro — a obra-prima mais semelhante a um espantalho entre todas as obras-primas, mas que forma,

---

[*] No tocante ao uso por VN da expressão "movimento do cavalo", ver sua aula sobre o livro *Mansfield Park*, de Jane Austen, em *Lições de literatura* (Fósforo, 2021). "Austen utiliza um recurso, em especial ao lidar com as reações de Fanny, que chamo de *movimento do cavalo*, termo derivado do jogo de xadrez que descreve uma guinada para um lado ou outro no tabuleiro das emoções variegadas dela."

contra o pano de fundo do tempo, uma maravilhosa *photopia* (processo de adaptação dos olhos à luz) de dobras, d — o — b — r — a — s.

Antes, porém, umas poucas considerações gerais. *Dom Quixote* foi reputado como o maior romance até hoje escrito. Isso, obviamente, é uma bobagem. Na verdade, nem é um dos maiores romances do mundo, mas seu protagonista, cuja personalidade constitui um golpe de gênio da parte de Cervantes, projeta-se tão maravilhosamente acima do horizonte da literatura, um gigante esquelético montado num magro pangaré, que o livro vive e viverá devido à vitalidade que o autor injetou no mais destacado personagem de uma narrativa muito desorganizada e fragmentária. Essa narrativa se salva de cair aos pedaços apenas pela excepcional intuição artística do escritor, que faz seu Dom Quixote entrar em ação nos momentos certos da história.

Penso não haver a menor dúvida quanto ao fato de que Cervantes originalmente tencionava fazer de *Dom Quixote* um longo conto, oferecendo distração por uma ou duas horas. A primeira investida, da qual Sancho ainda não participa, foi evidentemente concebida como tal à vista da unidade de propósito e realização, coroada com uma moral.* Mas então o livro cresceu, se expandiu e passou a incluir matérias de todo tipo. A primeira parte se divide em quatro seções — oito capítulos, depois seis, treze e 25. A segunda parte não está dividida em seções. Madariaga comenta que a rápida e atordoante sucessão de episódios e relatos inseridos que de repente penetra na narrativa principal lá pelo final da primeira parte, muito antes que a segunda fosse concebida, revela um autor cansado que dispersa em tarefas menores o esforço não mais suficiente para sua principal criação. Na segunda parte (sem seções), Cervantes retoma o controle sobre o tema central.

A fim de dar à obra certa unidade, Sancho aqui e ali recorda incidentes passados. Mas, na evolução da literatura, o romance do século 17 — em especial o do gênero picaresco — não tinha ainda desenvol-

---

* "*Ce petit pavillon isolé existait par lui-même, et rien ne faisait prévoir qu'il déviendrait le vestibule d'un château*" [Esse pequeno pavilhão existia isolado e nada indicava que seria o vestíbulo de um castelo]. Paul Groussac, *Une Énigme littéraire*, op. cit., p. 61. (N.A.)

vido a consciência, a memória consciente que permeia todo o livro, quando sentimos que os personagens relembram e conhecem acontecimentos que relembramos e conhecemos. Esse é um desenvolvimento que ocorreu no século 19. Mas, em nosso livro, mesmo as recordações artificiais são irregulares e pouco convincentes.

Cervantes, ao escrevê-lo, parece ter tido fases alternadas de lucidez e vagueza, planejamento deliberado e concepção desleixada, assim como seu protagonista ocasionalmente louco. A intuição salvou Cervantes. Como observa Groussac, ele nunca viu o livro diante de si como uma composição perfeita, de pé por si só, completamente separado do caos em meio ao qual tinha se originado. Não apenas isso, ele não só jamais previu as coisas, como também nunca olhou para trás. Tem-se a impressão de que, ao escrever a segunda parte, Cervantes não possuía um exemplar da primeira em sua mesa de trabalho; nunca a folheou, parece se lembrar da primeira parte como um leitor médio lembraria, não um estudioso. De outra forma é impossível explicar por exemplo como conseguiu, enquanto criticava os enganos do autor da continuação espúria de *Dom Quixote*, cometer erros ainda mais graves com respeito aos mesmos assuntos e personagens. Mas, repito, a intuição digna de um gênio o salvou.

RECURSOS ESTRUTURAIS

Relacionarei e descreverei brevemente a seguir dez recursos estruturais, alguns dos ingredientes do nosso empadão.

1. Trechos de velhas baladas que ecoam nos cantos e desvãos do romance, acrescentando aqui e ali um antiquado encanto melódico a matérias insossas. A maioria dessas baladas populares, ou referências a elas, inevitavelmente perde o brilho na tradução. Por acidente, as primeiras palavras do livro, "Num lugarejo em La Mancha", são de uma velha balada. Não posso entrar em detalhes sobre essa questão das baladas por falta de tempo.

2. Provérbios: Sancho, em especial na segunda parte, é um saco prestes a arrebentar de velhos ditados populares. Para quem lê as

traduções, esse lado, que lembra o pintor Bruegel, perde a graça. Por isso, aqui também não vou avançar nessa linha de pesquisa.

3. Jogos de palavras, aliterações, trocadilhos, palavras mal pronunciadas. Tudo isso também se perde na tradução.

4. Diálogo dramático: é bom ter em mente que Cervantes era um dramaturgo frustrado que encontrou seu meio de expressão num romance. O tom e o ritmo naturais das conversas no livro são maravilhosos mesmo depois de traduzidos. O tema é óbvio. Na solidão e no silêncio de seus dormitórios, vocês apreciarão as diversas conversas da família de Sancho.*

---

* Primeira parte, capítulo 52: "Às novas dessa chegada de Dom Quixote, acudiu a mulher de Sancho Pança, que já sabia que o marido fora com aquele servindo-o de escudeiro, e, assim como viu Sancho, a primeira coisa que lhe perguntou foi se o asno estava bom. Sancho respondeu que estava melhor que seu amo.

"'Graças sejam dadas a Deus', devolveu ela, 'que tanto bem me fez, mas contai-me agora, amigo, que bem ganhastes das vossas escuderias? Que vestidos me trazeis? Que sapatinhos para os vossos filhos?'

"'Não trago nada disso, mulher minha', respondeu Sancho, 'mas trago outras coisas de mais mérito e consideração.'

"'Muito gosto isso me dá', respondeu a mulher. 'Mostrai-me essas coisas de mais consideração e mérito, amigo meu, que as quero ver, para que se alegre este meu coração, que tão triste e descontente tem estado em todos os séculos da vossa ausência.'

"'Em casa vo-las mostrarei, mulher', disse Pança, 'mas ficai contente por ora, pois, sendo Deus servido de que outra vez saiamos em busca de aventuras, vós logo me vereis conde, ou governador de uma ínsula, e não das que há por aí, mas da melhor que se pode achar.'

"'Queira o céu que assim seja, marido meu, pois bem havemos mister. Mas dizei-me que é isso de ínsulas, que o não entendo.'

"'Não é o mel para a boca do asno', respondeu Sancho; 'no seu tempo verás o que é, mulher, e até te admirarás de te ouvires chamar de senhoria por todos os teus vassalos.'

"'Que é o que dizeis, Sancho, de senhorias, ínsulas e vassalos?', respondeu Juana Pança, que assim se chamava a mulher de Sancho, não porque fossem parentes, mas porque em La Mancha é uso tomarem as mulheres a alcunha do marido.

"'Não te afanes, Juana, por saber tudo tão à pressa: basta saberes que te digo verdade, e prega teus lábios. Só te sei dizer, assim de passagem, que não há melhor coisa no mundo que ser um homem honrado escudeiro de um cavaleiro andante buscador de aventuras. Bem é verdade que as mais que se acham não saem tão a contento como o homem gostaria, pois, de cem que se encontram, noventa e nove saem avessas e erradas. Isto eu sei por experiência, pois de umas saí manteado e de outras moído; mas, ainda assim, é linda coisa esperar os sucessos atravessando montes, esquadrinhando selvas, batendo penhas, visitando castelos, hospedando-se em estalagens a toda discrição, sem pagar, oferecido seja ao diabo, um maravedi.'"

5. A convencional descrição poética da natureza, ou, mais correta-mente, pseudopoética, inserida num parágrafo e nunca se mesclando organicamente com a narrativa ou o diálogo.

6. O historiador inventado: devotarei meia aula ao exame desse recurso mágico.

7. O conto longo, a história inserida no estilo do *Decameron* (dez por dia), uma coletânea de cem contos de Boccaccio, do século 14. Voltarei a esse assunto em breve.

8. O tema árcade (ou pastoril) está intimamente ligado aos contos longos italianos e ao romance de cavalaria, fundindo-se com eles em vários pontos. Esse viés arcádico deriva da estranha combinação de no-ções que se segue: Arcádia, uma região montanhosa da Grécia lendária habitada por pessoas simples e felizes; assim, vamos nos fantasiar de pastores e passar os verões do século 16 vagando num estado de idílica beatitude ou angústia romântica pelas apaziguadas montanhas da Es-panha. O tema especial da angústia se referia às narrativas de cavalaria acerca de cavaleiros penitentes, infelizes ou mentalmente insanos que se retiravam para locais longínquos a fim de viver como falsos pastores. Essas atividades arcádicas (eliminada a angústia especial) foram mais tarde transferidas para outras partes montanhosas da Europa pelos escritores do século 17 da chamada escola sentimental, numa espécie de movimento de retorno à natureza, embora de fato nada pudesse ser mais artificial que a tímida e domesticada natureza visualizada pelos autores árcades. Na verdade, carneiros e cabras fedem.

9. O tema da cavalaria, alusões a livros de cavalaria, paródias das diversas situações e recursos desses livros; em suma, a contínua consciência dos romances de cavaleiros andantes. Depositarei em suas mãos ansiosas alguns espécimes — cópias de passagens de dois livros do gênero, os melhores.* Depois de ler essas passagens, vocês não correrão em busca de uma armadura enferrujada e velhos pôneis, mas poderão sentir um ligeiro gostinho do encanto que Dom Quixote encontrou nesses relatos. Notarão de igual maneira a similaridade de certas situações.

* Ver em "Anexos" o material mimeografado que VN distribuiu aos alunos.

Sendo por natureza um contador de histórias e um mago, mas não um pregador, Cervantes nada tem de adversário ardente dos males sociais. De fato, pouco lhe importa se os livros de cavalaria são ou não populares na Espanha e, se populares, se a influência deles é ou não perniciosa; e, se perniciosa, se pode ou não efetivamente levar à loucura um senhor virgem de cinquenta anos. Embora faça um grande espetáculo em torno das preocupações morais com respeito a tais questões, a única coisa que interessa a Cervantes sobre esse tema da cavalaria ou da anticavalaria é, em primeiro lugar, seu uso mais conveniente como um recurso literário para impulsionar, mudar o rumo e, de todas as formas, dirigir sua história; e, em segundo lugar, seu uso não menos conveniente como uma postura moralista, um propósito, um toque de indignação que um escritor fazia bem em demonstrar naqueles tempos utilitários e perigosos de intensa religiosidade. Seria uma perda de meus esforços e da atenção de vocês caso fôssemos tapeados por esse embuste e examinássemos com seriedade a moralidade perfeitamente artificial e decerto ilusória, se é que existe alguma, de *Dom Quixote*; porém o emprego estrutural que Cervantes faz do tema da cavalaria como recurso literário é uma questão fascinante e importante, que analisarei amplamente.

10. Por fim, o tema da mistificação, a brincadeira cruel e burlesca (a assim chamada *burla*), que pode ser definida como uma flor renascentista de pétalas cortantes suportada por uma peluda haste medieval. A mistificação praticada no digno louco e em seu simplório escudeiro pelo casal ducal, na segunda parte da obra, oferece um bom exemplo disso. Vou examinar o digno louco e seu simplório escudeiro na segunda parte do livro. Analisarei o tema da mistificação mais tarde, em conexão com a crueldade geral de *Dom Quixote*.

Vou aprofundar agora a compreensão de alguns desses dez pontos com detalhes e exemplos adicionais.

DIÁLOGO E PAISAGEM

Se seguirmos a evolução dos gêneros e recursos literários da remota Antiguidade até nossa época, observaremos que a arte do diálogo foi desenvolvida e aperfeiçoada muito antes da arte da descrição ou, melhor dizendo, da natureza. Por volta de 1600, o diálogo nas mãos de grandes escritores em todos os países é excelente — natural, flexível, variado, vivo. Mas a descrição verbal de paisagens terá de esperar até, grosso modo, o começo do século 19 para atingir o mesmo nível que o diálogo alcançara duzentos anos antes; e só na segunda metade do século 19 as passagens descritivas, que se referem à natureza, vieram a ser integradas e fundidas com a história, deixando de constar de parágrafos separados e se tornando partes orgânicas da totalidade da composição.

Não surpreende que em nosso livro o diálogo seja tão vívido e as paisagens, tão mortas. Chamo a atenção de vocês em particular para a conversa encantadoramente ágil que Sancho tem com sua mulher no capítulo 5 da segunda parte.

"'Que trazeis, Sancho amigo, que tão alegre chegais?'

"Ao que ele respondeu:

"'Mulher minha, se Deus quisesse, bem folgara eu de não estar assim tão contente quanto mostro.'

"'Não vos entendo, marido', replicou ela, 'e não sei o que quereis dizer com isso de que folgaríeis, se Deus quisesse, de não estar contente, pois, apesar de tola, não sei quem possa ter gosto em não o ter.'

"'Olhai, Teresa', respondeu Sancho, 'eu estou alegre porque tenho determinado de voltar a servir ao meu amo Dom Quixote, o qual quer pela vez terceira sair em busca das aventuras, e eu volto a sair com ele, porque assim o quer minha necessidade, junto com a esperança que me alegra de pensar que poderei achar outros cem escudos como aqueles já gastos, por mais que me entristeça ter de me afastar de ti e dos meus filhos, e se Deus quisesse me dar de comer a pé enxuto e em minha casa, sem me levar por brenhas e encruzilhadas, coisa que poderia fazer sem muito custo por sua única vontade, claro que minha alegria seria mais firme e valedia, pois a que tenho vem de mistura com a tristeza de te deixar. Por isso eu disse que folgaria, se Deus quisesse, de não estar contente.'

"'Olhai, Sancho', replicou Teresa, 'depois que vos fizestes membro de cavaleiro andante, falais de maneira tão complicada que não há quem vos entenda.'

"'Basta que Deus me entenda, mulher', respondeu Sancho, 'pois é Ele o entendedor de todas as coisas, e fique o caso por aqui. E atentai, irmã, que nestes três dias vos convém ter grande cuidado do ruço, de maneira que esteja pronto a tomar armas: dobrai-lhe a ração, preparai a albarda e os demais arreios, pois não vamos a festas, mas a rodear o mundo e a ter dares e tomares com gigantes, com endríagos e avejões, e a ouvir silvos, rugidos, urros e bramidos, e ainda tudo isso seriam flores se não nos tivéssemos que haver com brutos arreeiros e mouros encantados.'

"'Bem creio eu, marido', replicou Teresa, 'que os escudeiros andantes não comem o pão sem trabalhos, e assim ficarei rogando a Nosso Senhor que vos tire logo de tanta má ventura.'

"'Eu vos digo, mulher', respondeu Sancho, 'que se não pensasse em logo me ver governador de uma ínsula, cairia morto aqui mesmo.'

"'Isso não, marido meu', disse Teresa, 'pois viva a galinha com sua pevide, vivei vós, e dou ao demo quantos governos há no mundo. Sem governo saístes do ventre de vossa mãe, sem governo vivestes até agora e sem governo ireis, ou vos levarão, à sepultura quando Deus for servido. Está o mundo assim de quem vive sem governo, e nem por isso deixam todos de viver e de ser contados no número das gentes. O melhor tempero do mundo é a fome, e como esta não falta aos pobres, sempre comemos com gosto. Mas olhai, Sancho, se porventura vos virdes com algum governo, não vos esqueçais de mim nem de vossos filhos. Lembrai que Sanchico já tem quinze anos completos, e é razão que vá à escola, se é que seu tio o vigário cumpre e o encarreira para a Igreja. Olhai também que Mari Sancha, vossa filha, não morrerá se a casarmos, pois me vai dando a entender que tanto ela deseja ter marido como vós desejais ter governo, e enfim, enfim, mais vale filha malcasada que bem amancebada.'

"'À boa-fé, mulher minha', respondeu Sancho, 'que se Deus me der algum governo, hei de casar Mari Sancha tão altamente que só a poderão alcançar se a tratarem de "senhoria".'

"'Isso não, Sancho', respondeu Teresa. 'Casai-a com seu igual, que é o mais certo, pois se de tamancos a levantardes a chapins, e de saial pardo a sedas e crinolinas, e de "Marica" e "tu" a "dona tal" e "senhoria", não se há de achar a menina e a cada passo cairá em mil tropeços, mostrando a pobre estofa do seu pano grosso.'

"'Cala-te, boba', disse Sancho, 'pois assim há de ser por dois ou três anos, que depois o senhorio e a gravidade lhe cairão como luva, e quando não, que importa? Que seja ela senhoria, e venha o que vier.'

"'Contentai-vos, Sancho, com vosso estado', respondeu Teresa, 'não queirais subir a mais altos e ouvi o ditado que diz "casa tua filha com o filho do teu vizinho". E seria porventura boa coisa casar nossa Maria com um condaço ou um cavaleirão que, quando lhe desse a tineta, a ensaboasse desde os pés até a cabeça, chamando-a de vilã, filha do ganhão e da remendona? Não enquanto eu for viva, marido! Acaso para isso criei minha filha? Vós, Sancho, trazei dinheiros e deixai o casamento dela comigo, que aí mesmo está Lope Tocho, o filho de Juan Tocho, moço taludo e são, que conhecemos bem e sei que não tem maus olhos pela menina, e com este, que é nosso igual, estará ela bem casada e a teremos sempre perto, e seremos todos uns, pais e filhos, netos e genros, e andará a paz e a bênção de Deus entre todos nós, e não queirais agora casá-la nessas cortes e nesses grandes palácios, onde nem a entenderão a ela, nem ela se entenderá.'

"'Vem cá, besta e mulher de Barrabás', replicou Sancho, 'por que queres tu agora, sem quê nem para quê, estorvar-me que eu case minha filha com quem me dê netos que se tratem de "senhoria"? Olha, Teresa, sempre ouvi os meus maiores dizerem que quem não sabe gozar da ventura quando lhe chega, não se deve queixar quando lhe passa. E não seria bem lhe fecharmos a porta agora que ela vem chamar à nossa; deixemo-nos levar deste vento favorável que nos sopra.' [...]

"'Não te parece, animália', prosseguiu Sancho, 'que seria bem pôr as mãos nalgum governo de proveito que nos tire o pé da lama? Mari Sancha se casará com quem eu quiser, e verás como então te chamam "Dona Teresa Pança" e te sentas na igreja sobre alcatifas, almofadas e alambéis, a despeito e pesar das fidalgas do lugar. Senão, ficai sempre no mesmo ser, sem medrar nem minguar, feita imagem de paramento! E não falemos mais: Sanchica há de ser condessa, por mais que tu digas.'

"'Vedes o que dizeis, marido?', respondeu Teresa. 'Pois eu ainda temo que esse condado da minha filha há de ser sua perdição. Fazei dela o que quiserdes, duquesa ou princesa, mas sabei que não será com o gosto nem o consentimento meu. Sempre, irmão, fui amiga da igualdade, e não posso ver inchação sem fundamento. "Teresa" me puseram no batismo, nome liso e enxuto, sem ensanchas, nem pendericalhos, nem arrebiques de dons nem donas; "Cascalho" se chamou meu pai, e a mim, por ser vossa mulher, me chamam "Teresa Pança", por mais que, segundo a boa razão, me houvera de chamar "Teresa Cascalho". Mas lá vão reis onde querem leis, e com este nome me contento, sem a carga de um dom tão pesado que o não possa levar, e não quero dar que dizer aos que me virem andar vestida à condessa ou à governadora, pois logo dirão: "Olhai como vai inchada a porqueira! Ainda ontem só fazia puxar do froco de estopa e ia à missa cobrindo a cabeça com as fraldas do saial em vez da mantilha, e hoje ela já vem com o vestido armado, com broches e muita inchação, como se a gente a não conhecesse". Se Deus me guardar meus sete sentidos, ou meus cinco, ou quantos eu tiver, não penso em dar azo de me ver em tal aperto. Vós, irmão, ide ser governo ou ínsulo e inchai-vos à vossa vontade, que, por alma da minha mãe, nem minha filha nem eu havemos de pôr os pés fora de nossa aldeia: mulher honrada, em casa e de perna quebrada; donzela honesta, ter o que fazer é sua festa. Ide com vosso Dom Quixote às vossas aventuras e deixai-nos aqui com nossas más venturas, as quais, se formos boas, Deus há de as melhorar. E eu não sei, aliás, quem lhe deu esse *don* que não tiveram seus pais nem seus avós.'

"'Agora digo', replicou Sancho, 'que deves de ter o inimigo metido nesse corpo. Valha-te Deus por mulher! Que enfiada despejaste de coisas sem pé nem cabeça! Que tem que ver o cascalho, os broches, os ditados e a inchação com as coisas que estou dizendo? Vem cá, mentecapta e ignorante, que assim te posso chamar, pois não entendes minhas razões e vais fugindo da bonança: se eu pedisse que minha filha se atirasse do alto de uma torre, ou que saísse por esses mundos como quis a infanta dona Urraca, terias razão em não seguir a minha vontade; mas se em duas palhetadas e em menos de um abrir de olhos eu lhe puser nos costados "senhoria" e *don* e a tirar dos restolhos e a colocar sob toldo em pedestal, num estrado com mais almofadas de veludo que tiveram os mouros na sua linhagem dos Almofades do Marrocos, por que não hás de consentir e querer o que eu quero?'

"'Sabeis por quê, marido?', respondeu Teresa. 'Pelo ditado que diz: "Quem te cobre te descobre". No pobre todos correm os olhos por alto, mas no rico os fitam, e, se o tal rico foi noutro tempo pobre, aí começa o murmurar e o maldizer e o pior perseverar dos maledicentes, que os há por essas ruas às pancadas, como enxames de abelhas.'

"'Olha, Teresa', respondeu Sancho, 'e escuta o que agora te quero dizer: talvez não o tenhas ouvido em todos os dias da tua vida, e eu agora não falo por mim, pois tudo o que penso dizer são sentenças do padre pregador que na Quaresma passada fez sermão neste lugar, o qual, se mal não me lembro, disse que todas as coisas presentes que os olhos estão vendo se apresentam, estão e assistem a nossa memória muito melhor e com mais veemência que as coisas passadas. [...] Donde nasce que, quando vemos alguma pessoa bem adereçada e com ricos vestidos composta e com pompa de criados, parece que por força nos move e convida a que lhe tenhamos respeito, ainda que a memória naquele instante nos represente alguma baixeza em que vimos a tal pessoa, a qual ignomínia, quer seja de pobreza, quer de linhagem, como já passou, não o é mais, pois só o é o que vemos presente. E se aquele que a fortuna tirou do rascunho de sua baixeza (que nestas mesmas razões o disse o padre) e levantou à alteza de sua prosperidade for bem criado, liberal e cortês com todos, e não entrar em pleitos com aqueles que são nobres por antiguidade, tem por certo, Teresa, que não haverá quem se lembre daquilo que ele foi, mas só quem reverencie o que agora é, tirando os invejosos, de quem nenhuma próspera fortuna está a salvo.'

"'Não vos entendo, marido', replicou Teresa. 'Fazei o que quiserdes e não me quebreis mais a cabeça com vossas arengas e retóricas. E se estais revolvido em fazer o que dizeis...'

"'*Resolvido* hás de dizer, mulher', disse Sancho, 'e não "revolvido"...'

"'Não vos ponhais a disputar comigo, marido', respondeu Teresa. 'Eu falo como Deus é servido e não me meto em garabulhas. E já que teimais em ter governo, levai junto o vosso filho Sancho, para que desde agora lhe ensineis a ter governo, pois é bem que os filhos herdem e aprendam os ofícios de seus pais.'

"'Em tendo governo', disse Sancho, 'logo mandarei a posta chamando por ele e enviando-te dinheiros, que não me faltarão, pois nunca falta quem os empreste aos governadores quando os não têm, e tu veste-o de maneira que disfarce o que é e pareça o que há de ser.'

"'Mandai vós dinheiro', disse Teresa, 'que eu o vestirei como um palmito.'

"'Então ficamos de acordo', disse Sancho, 'em que há de ser condessa a nossa filha.'

"'No dia em que a vir condessa', respondeu Teresa, 'farei conta que a enterro. Mas outra vez vos digo que façais o que vos der gosto, pois com esta sina nascemos as mulheres, de devermos obediência ao marido, ainda que ele seja um zote.'

"E então começou a chorar com tantas veras como se já visse Sanchica morta e enterrada."

O amor pela natureza de Cervantes é típico da chamada renascença italiana nas letras — um mundo domesticado de riachos convencionais, campinas sempre verdejantes e bosques agradáveis. Todos feitos sob medida para os homens ou por eles aperfeiçoados. Isso ficará conosco ao longo do século 18, como pode ser visto na Inglaterra de Jane Austen. Um bom exemplo das descrições da natureza sem vida, artificiais e banais em nosso livro é aquela que se refere ao amanhecer no capítulo 14 da segunda parte, com milhares de pássaros e seus alegres cantos saudando o sol nascente, e as pérolas líquidas, as fontes sorridentes, os riachos murmurantes e o resto dessa deplorável concepção.* Esses riachos e rios murmuraram

---

* É a seguinte a passagem a que VN se refere: "Nisto já começavam a gorjear nas árvores mil sortes de pintalgados passarinhos, e em seus diversos e alegres cantos parecia que davam as boas-vindas e saudavam a fresca aurora, que já pelas portas e balcões do Oriente ia descobrindo a formosura de seu rosto, sacudindo de seus cabelos um infinito número de líquidas pérolas, em cujo suave licor banhando-se as ervas, parecia outrossim que delas brotasse e chovesse branco e miúdo aljôfar; os salgueiros destilavam maná saboroso, riam as fontes, murmuravam os regatos, alegravam-se as selvas e enriqueciam-se os prados com sua vinda". Uma passagem menos elaborada, mas também convencional, pode ser encontrada no capítulo 25 da primeira parte: "Chegaram nessas conversas ao pé de uma alta montanha, que quase como penha talhada se erguia acima das outras muitas que a rodeavam. Corria por seu sopé um manso riacho, e medrava por todo o seu contorno um prado tão verde e viçoso que dava contento aos olhos que o fitavam".

contra o homem e se rebelaram no pesadelo que foi a revolução ripária de *Finnegans Wake*.

Deus meu, pensar nas montanhas da Espanha — inóspitas, amargas, calcinadas pelo sol, gélidas, áridas, pardacentas, escurecidas pelos pinheiros — e ler sobre aquelas pérolas de orvalho e passarinhos! É como se, depois de conhecer os planaltos cobertos de artemísias de nosso Oeste ou as montanhas de Utah e do Colorado, com seus álamos e pinheiros, granito, ravinas, pântanos, geleiras e lúgubres picos, o visitante os descrevesse em termos dos jardins de pedras da Nova Inglaterra, com arbustos importados esculpidos no formato de poodles e uma mangueira de borracha pintada mimeticamente de verde.

A HISTÓRIA INSERIDA

No capítulo 44 da segunda parte, Cervantes faz uma defesa irônica da inserção, no estilo do *Decameron*, das histórias que se acumulam lá pelo final da primeira parte.

"Dizem que no próprio original desta história se lê que, chegando Cide Hamete a escrever este capítulo, seu intérprete não o traduziu como o escrevera,* que foi um modo de queixa que o mouro teve de si mesmo por ter tomado entre mãos uma história tão seca e tão limitada como esta de Dom Quixote, parecendo-lhe que sempre havia de falar dele e de Sancho, sem ousar estender-se a outras digressões e episódios mais graves e mais ligeiros; e dizia que levar o entendimento, a mão e a pena cingidos a sempre escrever de um só assunto e a falar pela boca de poucas pessoas era um trabalho incomportável, cujo fruto não redundava no de seu autor, e que por fugir desse inconveniente usara na primeira parte do artifício de algumas novelas, como foram a do *Curioso impertinente* e a do *Capitão cativo*, que estão

---

* No tocante à ficção de que o mouro, Cide Hamete Benengeli, era o autor de *Dom Quixote*, ver capítulo 9 da primeira parte.

como que separadas da história, já que as demais que lá se contam são casos acontecidos ao próprio Dom Quixote, que não se podiam deixar de escrever. Também pensou, como ele diz, que muitos, levados da atenção que pedem as façanhas de Dom Quixote, não a prestariam às novelas e por elas passariam, ou com pressa, ou com enfado, sem advertirem a gala e o artifício que elas em si contêm, o qual se mostraria bem ao descoberto quando por si sós, sem se arrimarem às loucuras de Dom Quixote nem às sandices de Sancho, saíssem à luz."

Em suas notas com referência a essa passagem, o tradutor Samuel Putnam de início observa o comentário rabugento de um tradutor anterior, John Ormsby, no sentido de que "o original, trazendo uma acusação de interpretação errônea contra seu tradutor, constitui uma confusão de ideias que não seria fácil igualar". Ele então acrescenta: "Cervantes alude aqui àqueles que o criticaram pela inserção dessas histórias na primeira parte. E, de certa maneira, está justificando a presença delas lá. O fato de que levou a sério tais histórias é indicado pelo comentário relativo à habilidade profissional na frase seguinte. Na introdução à sua tradução de *Dom Quixote*, Ormsby observa: 'Ele [Cervantes] tinha tais histórias já prontas e lhe pareceu um modo de aproveitá-las; não é improvável que desconfiasse de seus poderes em extrair de Dom Quixote e Sancho suficiente material para encher um livro; mas, acima de tudo, é provável que tenha sentido alguma dúvida quanto ao risco que tomava. Tratava-se de um experimento em matéria de literatura [...] ele não podia dizer como seria recebido; e, portanto, era bom fornecer aos leitores alguma coisa do tipo a que estavam acostumados como uma espécie de seguro contra o fracasso total. O evento não justificava sua desconfiança. O público [...] correu os olhos pelas histórias de forma rápida e impaciente, ansioso para retomar as aventuras de Dom Quixote, e desde então continua a fazer o mesmo'".* Os críticos espanhóis têm sido mais francos: Cervantes pode haver sim-

---

* vn acrescenta num comentário entre as linhas: "Estudantes de Harvard, obviamente, não correm os olhos por texto nenhum".

plesmente esgotado suas aventuras de Quixote no final da primeira parte, dizem eles. Daí as histórias inseridas.*

Exceto pela história do rebanho de cabras, um episódio insípido que introduz o tema arcádico em várias conversas e versos nos capítulos 12-4, as outras histórias inseridas têm a ver com as pessoas que formam um grupo de personagens no episódio final do romance, antes do retorno à casa de Dom Quixote num carro de bois. Pondo de lado a história d'*O curioso impertinente*, que é lida pelo padre em papéis fornecidos pelo estalajadeiro, a história d'*O capitão cativo*** e seus relatos de Zoraida-Maria justifica a presença das inserções, assim como — com mais justificativa devido à ação — a narrativa de dom Luis e dona Clara. Mas a mais conectada a alguma forma de desfecho é a história de Dorotea completada por Cardenio. Esse longo episódio envolve dois conjuntos de amantes (Luscinda, a noiva de Cardenio, é sequestrada por dom Fernando, o amante de Dorotea). Cardenio conta sua história e Dorotea a dela, mais tarde encontrando-se todos na verdadeiramente encantada *venta* (estalagem de beira de estrada), onde são embaralhados numa chamada *cena de reconhecimento* (uma descendente degenerada da *Odisseia*) a fim de formar os casais felizes do início — um negócio ridículo e entediante, sobretudo porque mais um casal de amantes (dom Luis e dona Clara) chega à mesma estalagem, junto com vários outros personagens, de modo que a *venta* fica tão entulhada de gente como algum camarote de navio num velho filme dos Irmãos Marx. O episódio começa no capítulo 23 com uma valise de ouro e al-

---

* Num fragmento à parte, VN observa que, no capítulo 3 da segunda parte, quando se discute a publicação da primeira parte, "Carrasco, o bacharel, diz que um dos defeitos que encontrou no livro foi que o autor nele inseriu uma novela (*O curioso impertinente*) que nada tem a ver com a história de Dom Quixote. E o cavaleiro então declara 'que não foi sábio o autor de minha história, senão algum ignorante falador que às tontas e sem nenhum discurso se pôs a escrevê-la, não importando o que saísse [...]'. E menciona a seguir um pintor que, à pergunta sobre o que estava pintando, respondia: 'O que sair'. É curioso notar que, mais tarde no livro, no capítulo 65, Cervantes repete essa anedota, esquecendo-se de que já a contou. Isso confirma de uma maneira bem engraçada que realmente não há muito 'método' no livro".

** Num comentário à margem, VN diz: "O próprio Cervantes tinha sido prisioneiro em Argel, mas a história não é melhor que as outras inseridas, e seu cenário convencional e artificial não foi pintado em cores vivas como seria de esperar".

guns poemas de Cardenio descobertos por Dom Quixote e Sancho na Serra Morena, e só é resolvido no capítulo 36, quando os quatro amantes se encontram na estalagem, tiram as máscaras e se reúnem na *cena de reconhecimento*. Mas então Dorotea e os demais, sob a direção do padre e do barbeiro, organizam um embuste a fim de que Dom Quixote siga viagem para casa, enquanto os personagens continuam a zanzar por ali até o capítulo 47, quando tomam os próprios caminhos depois de deixar Dom Quixote em sua jaula ambulante.

GRUPOS DE PERSONAGENS

Essa grande cena antes que o livro termine ocorre numa estalagem onde, muito antes, Sancho foi jogado numa manta, e envolve o estalajadeiro, sua mulher, a filha e a criada, Maritornes. Os personagens que chegam à hospedaria são os seguintes:

Primeiro grupo: Dom Quixote, Sancho Pança, o padre, o primeiro barbeiro, Cardenio, Dorotea (capítulo 32).

Segundo grupo: dom Fernando, sequestrador de Luscinda, com ela além de três assistentes a cavalo e dois criados a pé (capítulo 36).

Terceiro grupo: capitão Pérez de Viedma, da África, e Zoraida-Maria. Nesse ponto (capítulo 37), com Dom Quixote presidindo, o cavaleiro e mais doze pessoas se sentam para jantar. Última ceia de Dom Quixote na primeira parte. Após a refeição, chegam os que se seguem.

Quarto grupo: a caminho da América, de todos os lugares possíveis, um ouvidor (que se vem a saber ser irmão do capitão) e sua filha Clara, acompanhados de vários (digamos quatro) criados (capítulo 42).

Quinto grupo: pelo menos dois moços de mulas, que se acomodam no estábulo, sendo um deles o jovem dom Luis disfarçado, admirador de Clara (capítulo 62).

Sexto grupo: quatro homens a cavalo chegam no meio da noite, criados de dom Luis, que vieram pegá-lo a fim de levá-lo para casa (capítulo 63).

Sétimo grupo: saem dois viajantes que tinham passado a noite lá, mas não haviam participado do jantar. Tentam agora sair às escondidas sem pagar,[*] porém são interceptados pelo estalajadeiro (capítulo 44).

Oitavo grupo: o barbeiro número dois, de quem (no capítulo 21) Dom Quixote e Sancho tinham tomado uma bacia de latão ("o elmo de Mambrino") e os arreios (capítulo 44).

Nono grupo: três quadrilheiros da Santa Irmandade, policiais que patrulhavam as estradas (capítulo 65).

Décimo grupo: o dono de um carro de bois para na estalagem e é contratado pelo padre a fim de levar Dom Quixote para casa (capítulo 46).

Ao todo umas 35 pessoas.

Tendo esses grupos sido apresentados, é hora de esmiuçar o principal fio condutor das histórias inseridas: o caso Cardenio-Luscinda-Fernando-Dorotea, que ameaça se confundir totalmente na cabeça do leitor. Não esqueçamos que, nessa altura, temos três níveis de narração: a) as aventuras de Dom Quixote; b) a novela em estilo italiano lida pelo padre, que encontra um súbito fim; e c) o caso de Cardenio e os outros, que, numa escala de realidade artística aceitável, se situa entre os personagens da reles história inserida de Anselmo-Lotario e a obra-prima *Dom Quixote* — muito mais próximo da primeira que da segunda. De fato, Cardenio reconhece Luscinda enquanto Dorotea reconhece Fernando. Vejam a pressa que tem o autor em resolver essa infeliz questão.

"Acudiu logo o padre a lhe tirar o embuço, para lhe jogar água no rosto, e assim como a descobriu foi conhecida por dom Fernando, que era quem estava abraçado à outra e ficou como morto ao vê-la; mas nem por isso deixou de segurar Luscinda, que era quem forcejava por se safar dos seus braços, tendo conhecido Cardenio em seu suspiro, e ele conhecido a ela. Ouviu também Cardenio o 'ai!' que deu Dorotea ao cair desmaiada, e, pensando ser a voz de sua Luscinda, saiu do aposento espavorido, e o primeiro com quem topou foi dom Fernando, que segurava Luscinda. Também dom Fernando logo conheceu Cardenio; e todos os três, Luscinda, Cardenio e Dorotea, ficaram mudos e suspensos, quase sem saber o que lhes acontecera" (capítulo 36).

---

[*] VN acrescenta um comentário a lápis: "O leitor tende a querer seguir o exemplo deles e também ir embora".

Esse é um capítulo muito fraco. Malgrado a perícia do autor, ele infelizmente se mescla à interpolação em estilo italiano. E ainda temos de lidar com a "princesa Micomicona" (tal como vista por Dom Quixote) e seu gigante.

Os dois amigos de Dom Quixote, um padre e um barbeiro, com a ajuda de Dorotea como a "princesa" que evita a iniciativa do cavaleiro de restaurá-la em seu trono, tinham planejado enganar o cavaleiro para que voltasse à sua aldeia natal na companhia deles; mas, tendo sido resolvidos os amores de Luscinda e Dorotea, enquanto dom Luis e dona Clara se acertavam, ainda havia tempo para algumas alegres brincadeiras. Conhecendo bem as peculiaridades de sua natureza, eles encorajam a loucura do Dom e, ao levar adiante algumas piadas, propiciam boas risadas aos numerosos hóspedes da estalagem. Em certo momento, no capítulo 45, as aventuras dos diversos personagens secundários geram um terrível nó, e o clímax é o seguinte: quando Dom Quixote ouve um dos quadrilheiros da Santa Irmandade afirmar que aquilo que ele, o dom, considerava serem os arreios de um nobre corcel era de fato a albarda de um burro, o cavaleiro empunhou sua lança e "ia dando-lhe tamanho golpe na cabeça que, se não se desviasse o quadrilheiro, o teria deixado ali estirado. [Incidentalmente, essa é uma frase tediosamente frequente no livro durante os vários embates.] O chuço se fez em pedaços no chão, e os demais quadrilheiros, ao verem o trato dado ao companheiro, deram vozes em nome da Santa Irmandade. O estalajadeiro, que também pertencia à Irmandade, foi no ato buscar sua vareta e sua espada, e voltou para o lado dos companheiros; os criados de dom Luis trataram logo de rodear seu amo, para que não fugisse no meio do alvoroço; o barbeiro, vendo a casa em tumulto, tornou a agarrar de sua albarda, e o mesmo fez Sancho [...].

"Dom Quixote arrancou sua espada e arremeteu contra os quadrilheiros; dom Luis dava vozes aos seus criados para que o deixassem e socorressem Dom Quixote, e Cardenio e dom Fernando, que ambos favoreciam Dom Quixote;* o padre dava vozes; a estalajadeira gritava; sua filha se afligia; Maritornes chorava; Dorotea estava confusa;

---

* Comentário nas entrelinhas de VN nesse ponto: "Alguém está seguindo? Eu não".

Luscinda, suspensa, e Dona Clara, desmaiada. O barbeiro aporrea-va Sancho; Sancho moía o barbeiro; dom Luis, que um criado seu se atrevera a segurar pelo braço para que não fugisse, lhe acertou uma punhada que lhe banhou os dentes em sangue; o ouvidor o defendia; dom Fernando tinha a seus pés um quadrilheiro, cujo corpo moía a pontapés muito a seu sabor; o estalajadeiro tornou a reforçar a voz, pedindo favor para a Santa Irmandade... De modo que a estalagem toda era choros, vozes, gritos, confusões, temores, sobressaltos, des-graças, cutiladas, bofetadas, pauladas, pontapés e efusão de sangue." Um caos de dor, infligida ou recebida.

Deixem-me chamar a atenção de vocês para uma questão de esti-lo. Vemos aqui — tal como em outros trechos semelhantes de partici-pação geral nesse ou naquele conflito — uma tentativa desesperada do autor de agrupar os personagens de acordo com suas naturezas e emoções — de uni-los num grupo, mas mantendo-os como indivíduos diante dos olhos do leitor, a fim de relembrá-lo todo o tempo de suas peculiaridades e fazê-los agir juntos sem deixar ninguém de fora. Tudo isso é bem canhestro e pouco artístico, em especial porque, dentro de um minuto, todos esquecem suas brigas. (Ao chegarmos a *Madame Bo-vary* veremos, dois séculos e meio mais tarde, como graças à evolução do romance o método simplista de Cervantes é elevado a um ponto de delicada perfeição quando Flaubert deseja agrupar ou passar em revista seus personagens num ou noutro momento crucial do livro.)

O TEMA DOS LIVROS DE CAVALARIA

A moda dos livros de cavalaria na Espanha foi descrita como uma es-pécie de praga social que necessitava ser combatida e que, segundo também se diz, Cervantes de fato combateu e eliminou para sempre. Minha impressão é que tudo isso constitui um terrível exagero e que Cervantes não eliminou coisa alguma; na verdade, hoje em dia don-zelas em perigo são salvas e monstros são dizimados em nossos livros e filmes de consumo popular com a mesma luxúria com que eram sé-culos atrás. E, obviamente, os grandes romances do continente europeu no século 19, repletos de adultérios, duelos e loucas empreitadas, também são os descendentes diretos dos livros de cavalaria.

No entanto, se tomarmos os livros de cavalaria em seu sentido literal, acho que descobriremos que, por volta de 1605, a época de *Dom Quixote*, a moda dos romances de cavalaria quase havia desaparecido, sendo seu declínio visível nos últimos vinte ou trinta anos. Cervantes, de fato, estava pensando nos livros que lera na juventude e não voltara a ver nem de relance mais tarde (há inúmeros enganos em suas referências), de tal modo que, a fim de traçar um paralelo moderno, ele foi como um autor atual que atacasse Foxy Grandpa ou Buster Brown* em vez de lutar contra Ferdinando Buscapé ou os sujeitos que usam roupas colantes infravermelhas. Em outras palavras, escrever um livro de mil páginas a fim de dar um empurrão adicional num assunto que nem valia a pena nem era urgente (sendo resolvido pelo próprio correr do tempo) teria sido, da parte de Cervantes, uma ação tão tresloucada quanto qualquer investida de Dom Quixote contra moinhos de vento. As massas eram analfabetas, e a imagem criada por alguns comentaristas de um pastor alfabetizado lendo em voz alta o romance de Lançarote para um grupo de muleteiros ignorantes e encantados é simplesmente uma tolice. Entre as pessoas educadas e os estudiosos a moda havia passado, embora vez por outra arcebispos, reis e santos ainda pudessem ler tais livros com prazer. Por volta de 1600, alguns volumes, bem usados e poeirentos, talvez pudessem ser encontrados no sótão de proprietários rurais, mas isso era tudo.

A atitude crítica de Cervantes com respeito aos romances fantásticos se baseia — tanto quanto ele mesmo afirma — no que julgava ser a falta de verdade daqueles relatos, e por verdade ele parece ter considerado não mais que as informações obtidas pelo bom senso, o que sem dúvida constitui um tipo bem rastaquera de verdade. Por meio de seus diversos representantes no próprio livro, ele deplora a falta de verdade histórica nos romances porque, segundo sustenta, as obras enganam as almas simples que acreditam serem verdadeiras tais narrativas. No entanto, Cervantes confunde totalmente a questão ao fazer três coisas estranhas

---

* *Foxy Grandpa* e *Buster Brown* foram tiras de histórias em quadrinhos cômicas muito famosas nos Estados Unidos no começo do século 20. (N.T.)

no livro. Em primeiro lugar, inventa um cronista, um historiador árabe que supostamente registrou a vida de um Dom Quixote real — copiando justamente o tipo de recurso que os autores dos mais ridículos romances empregaram a fim de reforçar seus relatos com uma verdade respeitável, com linhagens aceitáveis. Em segundo lugar, complica o assunto quando faz com que o padre, o homem de bom senso, ou suposto bom senso, louve ou livre de destruição meia dúzia de livros de cavalaria — entre os quais o próprio *Amadis de Gaula*, que está constantemente refletido ao longo das aventuras de Dom Quixote e parece ser a principal fonte de sua loucura. E, em terceiro lugar, como assinalou Madariaga,[*] confunde as coisas ao cometer os mesmos erros contra o bom gosto e a verdade de que ele, o crítico Cervantes, zomba ao examinar os livros de cavalaria. Pois, justamente como as pessoas naqueles livros, seus próprios loucos e donzelas, numerosos pastores et cetera vagam sem léu pela Serra Morena e compõem poemas naquele estilo de todo artificial e ornado que dá engulhos nos leitores. A impressão final que se tem ao analisar de perto

---

[*] Madariaga, *Dom Quixote*, op. cit., pp. 51-3: "Assim, o autor Cervantes cometeu os mesmos erros ridicularizados nos livros de cavalaria pelo crítico Cervantes, porque, na verdade, parece ser um traço constante de sua crítica a incapacidade de generalizar as opiniões num princípio, bem como o fato de que, na prática, com frequência apresente, embora de forma ligeiramente diferente, os mesmos defeitos que condena em teoria. Isso é verdade tanto na substância quanto no estilo. Ele se fez responsável por uma boa meia dúzia das donzelas errantes que ridicularizou quando as encontrava com chicote e palafrém nas montanhas e vales dos livros de cavalaria ['daquelas que andavam com seus açoites e palafréns e com toda a sua virgindade às costas, de ermo em ermo e de vale em vale; pois donzelas houve nos passados tempos que, não sendo forçadas por algum velhaco ou vilão de machado e capelina ou por algum descomunal gigante, ao cabo de oitenta anos sem dormir uma só noite sob teto, desceram à sepultura tão inteiras como a mãe que as pariu', primeira parte, capítulo 9], mas que parecem bastante aceitáveis por ele quando, vestidas como camponesas, lamentam sua sorte aos ventos nos descaminhos solitários da Serra Morena, ou quando, após muitas perigosas aventuras, são apanhadas em flagrante disfarçadas de piratas no comando de um bergantim turco. Desse modo, as duas forças que se opõem nesse livro — imaginação irrefreável e o peso da realidade — não atingem um estado de equilíbrio. Mas com que frequência, imitando Dom Quixote, ele efetivamente galopa pelos campos da imaginação e perde de vista a terra! Cenas pastoris, em especial as do rei Carlos, estavam em sua cabeça assim como os livros de cavalaria na cabeça de Dom Quixote [...]. Há de fato bons motivos para sustentar-se a opinião de que muito da popularidade que Dom Quixote conquistou de imediato se deveu precisamente ao espírito dos romances arrebatadores que ele trouxe das terras encantadas da cavalaria e dos livros pastoris onde teve origem".

essa questão dos livros de cavalaria é que, se Cervantes selecionou um determinado assunto para ser ridicularizado de diversas maneiras, ele o fez não porque sentia alguma ânsia de aperfeiçoar o clima moral de seu tempo, mas em parte porque, naquela época de moral utilitária, era necessário ter, sob o olhar severo da Igreja, uma visão moral. E sobretudo porque uma sátira a respeito dos romances que lidavam com cavaleiros andantes era um recurso conveniente e inocente para sustentar seu romance picaresco — um tipo de plataforma que permitiu que o cavalo alado Cravilenho voasse para reinos distantes.

Vejamos agora como o recurso dos livros de cavalaria afeta a estrutura do romance.

O livro parece começar como um esquete sobre as histórias de cavalaria e sobre os leitores de tais narrativas que se embrenhavam tanto na leitura, como Dom Quixote, que "lendo passava as noites de claro em claro e os dias de sombra a sombra; e assim, do pouco dormir e muito ler se lhe secaram os miolos, de modo que veio a perder o juízo". Cervantes distingue o cérebro, órgão da razão, da alma, região da imaginação, que tais pessoas enchiam com tudo aquilo que liam nos livros, "tanto de encantamentos como de contendas, batalhas, desafios, ferimentos, galantarias, amores, borrascas e disparates impossíveis"; e como resultado acreditavam "que era verdade toda aquela máquina daquelas soadas sonhadas invenções [...]". Ou, mais exatamente, que elas representavam uma realidade superior à da vida cotidiana. Nosso louco proprietário rural, Quijada ou Quesada, porém mais provavelmente Quejana ou Quijano, a) poliu uma velha armadura; b) prendeu um visor de papelão e barras de ferro num morrião; c) encontrou um nome imponente para seu pangaré, "Rocinante"; d) achou um nome para si mesmo, "Dom Quixote de La Mancha"; e e) um nome para sua senhora, "Dulcineia d'El Toboso", que na vaga realidade era uma jovem camponesa chamada Aldonza Lorenzo na aldeia de El Toboso.

Então, sem mais delongas, num dia quente de verão, ele se lança na busca de aventuras. Confunde uma humilde estalagem com um castelo, duas prostitutas com donzelas nascidas em berço de ouro, um guardador de porcos com um trompetista, o estalajadeiro com o alcaide do castelo, bacalhau com truta. A única coisa que o perturba é não ter sido armado cavaleiro de modo formal e legítimo. O sonho de Dom Quixote só se realiza porque o estalajadeiro é um patife e tem um senso de humor brutal que o faz brincar com o sonhador Quixote: "[...] trouxe logo um livro onde levava a conta da palha e da cevada que dava aos arreeiros, e com um coto de vela que lhe trazia um rapaz, e com as duas já ditas donzelas, foi aonde Dom Quixote estava, a quem mandou ajoelhar; e lendo do seu manual como se dissesse alguma devota oração, em meio à fabulosa leitura ergueu a mão e lhe deu um bom golpe no pescoço e, em seguida, com sua mesma espada, uma gentil espaldeirada, sempre murmurando entre dentes, como se rezasse. Isto feito, mandou uma daquelas damas cingir-lhe a espada, a qual o fez com muita desenvoltura e discrição [...]" (capítulo 3). E durante a vigília cerimonial, nosso personagem, "com sossegado jeito, ora rondava, ora, escorado em sua lança, fitava os olhos nas armas, sem delas os afastar por um bom espaço. Acabou de cair a noite, mas era tanta a claridade da lua que podia competir com aquele que lha emprestava, de tal maneira que tudo quanto o novel cavaleiro fazia era bem visto por todos". *

Após levar uma boa surra ao brigar com os criados de alguns mercadores, Dom Quixote é socorrido por um vizinho que o leva para casa. O padre se propõe condenar às chamas os livros que enlouqueceram o protagonista. Somos atormentados pelo sentimento crescente de que a

---

* Nas aulas de VN, essa última frase seria assim traduzida: "Já era noite, mas o brilho do luar, que podia muito bem rivalizar com o brilho Daquele que o emprestava, era tal que tudo que o futuro cavaleiro fazia era visto claramente por todos". A sugestão, portanto, é que Deus emprestava o brilho ao luar, enquanto na versão que estamos usando era o sol que emprestava à lua seu fulgor. Influenciado pela versão para o inglês com que trabalhava, VN então acrescenta: "É aqui que a paródia da cavalaria se perde pela primeira vez no livro ao se transformar no elemento patético, comovente e divino que Dom Quixote irradia. É interessante notar em conexão com a frase 'Daquele que o emprestava', nesse ponto da vigília cerimonial, que Inácio de Loyola, na véspera de fundar a ordem da Companhia de Jesus em 1534, passou a noite diante do altar da Virgem, como tinha lido nos livros de cavalaria que faziam os cavaleiros durante a vigília". (N.E.)

Ocorre que, no original em espanhol, o texto lê: "Acabó de cerrar la noche, pero con tanta claridad de la luna, que podía competir con el que se la prestaba, de manera que cuanto el novel caballero hacía era bien visto de todos" (Madri: Ediciones Castilla — Edición IV Centenário). Como "el" está grafado em letras minúsculas, é óbvio que não se refere a Deus, e sim ao sol, parecendo desse modo que VN foi induzido a erro ao sugerir que esse trecho constituía a primeira manifestação no livro de algum poder transcendental. (N.T.)

maré está mudando lentamente, e que aqueles livros, aqueles sonhos e aquela loucura têm uma qualidade mais fina — em outras palavras, são eticamente melhores — que o bom senso do padre e da criada.

É um comentário costumeiro dizer que Cervantes atacou — se é que atacou alguma coisa — todos os romances de cavalaria de segunda categoria, e não a instituição da cavalaria propriamente dita. Comparando por um momento as generalidades da vida às generalidades da ficção, podemos ir mais longe e dizer que há um vínculo entre as mais sutis e sofisticadas regras dos cavaleiros andantes e as regras do que chamamos de democracia. O verdadeiro vínculo reside no elemento do espírito esportivo, do jogo limpo e da irmandade encontrada na genuína cavalaria. E isso era enfatizado nos livros que Dom Quixote havia lido, apesar de serem ruins.

O tema da cavalaria e o tema arcádico se mesclam com frequência na mente de Dom Quixote, assim como o fazem nos livros que leu. No capítulo 11, Dom Quixote esboça sua concepção da Idade de Ouro, o pano de fundo dos tempos antigos. *Comida e bebida*: enormes bolotas de azinheira, mel, água de fontes naturais; *habitação*: as cascas dos carvalhos-corticeiros (*quercus suber*) serviam como telhado das cabanas; *criação animal*: a agricultura anda não existia porque "'ainda não se atrevera a pesada relha do curvo arado a lanhar nem visitar as piedosas entranhas de nossa mãe primeira [...]'". (Como se aqueles carneiros infernais, com seus dentes afiados, não destruíssem até as raízes dos capinzais.) Notem também com muito cuidado que as pastorinhas se tornaram os ornamentos inevitáveis dos romances no século 18, no período do assim chamado sentimentalismo, ou Romantismo ainda em botão, do qual foi um expoente típico o filósofo francês Rousseau (1712-78). E nunca ocorreu àqueles defensores da vida simples que, às vezes, o trabalho de um pastor — ou pastora — pode ser mais estressante que o de um executivo na cidade. Continuemos com nossa lista. *Vestes para mulheres*: umas poucas folhas de bardana ou de hera. E, *no domínio moral*: a) todas as coisas eram comuns; b) paz e amizade universais; c) verdade, franqueza e honestidade; d) castas donzelas; e) justiça absoluta. E, obviamente, como uma espécie de força policial inspirada e inspiradora, f) a instituição da cavalaria andante.

Depois que Dom Quixote havia comido uma lauta refeição de carne e queijo, acompanhada de bastante vinho, Cervantes relata no capítulo 11 que ele "tomou um punhado de bolotas na mão e, olhando-as atentamente, soltou a voz nas seguintes razões:

"'Ditosa idade e séculos ditosos aqueles a que os antigos chamaram de ouro, e não porque neles o áureo elemento (que nesta nossa idade de ferro tanto se estima) se conseguisse naquela venturosa sem fadiga alguma, mas porque então os que nela viviam ignoravam estas duas palavras de 'teu' e 'meu'. Eram naquela santa idade todas as coisas comuns: a ninguém era necessário para obter o seu diário sustento dar-se a outro trabalho que estender a mão e colher dos robustos carvalhos, que liberalmente lhes presenteavam seu doce e sazonado fruto. As claras fontes e correntes rios, em magnífica abundância, saborosas e transparentes águas lhes ofereciam. Nas brechas das fragas e no oco das árvores formavam sua república as laboriosas e discretas abelhas, oferecendo a qualquer mão, sem interesse algum, a fértil colheita de seu dulcíssimo trabalho. Os valentes sobreiros desprendiam de si, sem outro artifício que o de sua cortesia, suas grossas e leves cortiças, com que se começaram a cobrir as casas, sobre rústicas estacas sustentadas, somente para a defesa das inclemências do céu. Tudo era paz então, tudo amizade, tudo concórdia: ainda não se atrevera a pesada relha do curvo arado a lanhar nem visitar as piedosas entranhas de nossa mãe primeira, pois ela, sem ser forçada, oferecia por todas as partes do seu fértil e espaçoso seio tudo quanto pudesse fartar, sustentar e deleitar os filhos que então a possuíam. Então sim que andavam as cândidas e formosas zagaletas de vale em vale e de outeiro em outeiro, em trança e em cabelo, sem mais vestidos que os que haviam mister para cobrir honestamente o que a honestidade quer e sempre quis que se cubra, e não eram os seus adornos desses que agora se usam, que a púrpura de Tiro e a tão martirizada seda encarecem, mas de algumas folhas verdes de bardana e hera entrelaçadas, com o que talvez andassem elas tão pomposas e bem-compostas como andam agora as nossas cortesãs cobertas com os raros e peregrinos disfarces que a curiosidade ociosa lhes mostrou. Então se declaravam os conceitos amorosos da alma simples e singelamente, ao mesmo jeito e maneira que ela os concebia, sem buscar artificioso rodeio de palavras para os encarecer. Não existia a fraude, o engano nem a malícia misturados à verdade e à lisura. A justiça estava nos seus próprios termos, sem que a ousassem perturbar nem ofender os do favor e do interesse, que tanto agora a menoscabam, perturbam e perseguem. O arbítrio ainda não se assentara no entendimento do juiz, pois à época não havia o quê nem a quem julgar. As donzelas e a honestidade andavam, como tenho dito, por toda parte, sozinhas e altaneiras, sem temor de que a alheia desenvoltura e a lasciva tenção as desgraçassem, e a sua perdição nascia de seu gosto e própria vontade. E agora, nestes nossos detestáveis séculos, nenhuma está segura, nem mesmo oculta e enclausurada noutro novo labirinto como o de Creta; porque lá, pelos resquícios ou pelo ar, com o estro da maldita requesta, entra-lhes a amorosa pestilência que põe a perder todo o seu recolhimento. Para cuja segurança, andando mais os tempos e crescendo mais a malícia, instituiu-se a ordem dos cavaleiros andantes, a fim de defender as donzelas, amparar as viúvas e socorrer os órfãos e os necessitados. Desta ordem sou eu, irmãos cabreiros, a quem agradeço o regalo e bom acolhimento que dais a mim e ao meu escudeiro. Pois ainda que pela lei divina e natural todos sejam obrigados a favorecer os cavaleiros andantes, por saber que sem saberdes vós de tal obrigação me acolhestes e regalastes, é razão que com a melhor vontade a mim possível eu agradeça à vossa.'"

Encontramos Dom Quixote, no capítulo 13, falando a um grupo de pastores e fidalgos, perguntando-lhes se não tinham lido os anais e histórias da Inglaterra sobre os famosos feitos do rei Artur (um rei lendário e seus cavaleiros, que supostamente teriam florescido na metade dos primeiros mil anos de nossa era): "'Pois no tempo desse bom rei foi instituída aquela famosa ordem de cavalaria dos cavaleiros da Távola Redonda, e se deram pontualmente os amores que lá se contam de dom Lançarote do Lago com a rainha Ginevra, sendo medianeira e sabedora deles aquela tão honrada duenha Quintañona, donde nasceu aquele tão conhecido romance, e tão cantado nesta nossa Espanha, que diz:

Nunca fora um cavaleiro
de damas tão bem servido
como fora Lançarote
quando da Bretanha vindo,

com aquele prosseguimento tão doce e tão suave dos seus amorosos e fortes feitos'" — e, podemos acrescentar, sua loucura e renúncia final da cavalaria andante (ele morreu como santo). E é exatamente isso o que vai acontecer com Dom Quixote.

Notem que esses discursos não contêm nenhum elemento cômico. Nosso personagem *é* um cavaleiro andante. Imediatamente depois de falar de Lançarote, ele se refere a outra figura de sua predileção: "'Pois desde então de mão em mão foi aquela ordem de cavalaria se estendendo e dilatando por muitas e diversas partes do mundo, e nela foram famosos e conhecidos por seus feitos o valente Amadis de Gaula, com todos os seus filhos e netos, até a quinta geração [...]'". Cervantes e seu padre rejeitam como coisa menor esses filhos e netos, porém mantêm Amadis; e nisso a posteridade crítica os segue. Dom Quixote conclui: "'É isto, senhores, ser cavaleiro andante, e a ordem que tenho dito é a da sua cavalaria, na qual (como também tenho dito) eu, ainda que pecador, fiz profissão, e o mesmo que professaram os referidos cavaleiros professo eu. E assim vou por estas solidões e despovoados em busca de aventuras, com ânimo deliberado de oferecer o meu braço e a minha pessoa à mais perigosa que a sorte me deparar, em socorro dos fracos e desvalidos'".

Tracemos agora alguns paralelos significativos entre o grotesco nos livros de cavalaria[*] e o grotesco em *Dom Quixote*. No romance

---

[*] Nesse ponto, VN disse aos alunos: "Façam o favor de ler esses trechos mimeografados de romances de cavalaria que distribuí — passagens de dois livros: a) *Le Morte d'Arthur*, de Sir Thomas Malory, sobre o rei Artur e seus nobres, os Cavaleiros da Távola Redonda, tais como Sir Tristão e Sir Lançarote, escrito por volta de 1470; as versões espanholas dessa obra, além de velhas baladas que se referiam ao mesmo corpo de romances, tinham sido devoradas por Dom Quixote; e b) *Amadis de Gaula*, de Vasco Lobeira, autor português da segunda metade do século 14; a versão em inglês é de Robert Southey, um poeta inglês, e foi feita na primeira metade do século 19. *Amadis*, sem dúvida, é o grande favorito de Dom Quixote. Os exemplos selecionados servem apenas para mostrar o tipo de coisa que atraía Dom Quixote e se refletia em suas próprias aventuras". Ver "Anexos".

de Malory, *Le Morte d'Arthur*, livro 9, capítulo 17, Sir Tristão se retirou para regiões desabitadas depois que pensou que sua senhora, Iseult la Belle, não havia sido muito fiel a ele.* De início, tocou harpa, mais tarde passou a andar nu, tornando-se magro e convivendo com boiadeiros e pastores, que lhe davam diariamente alguma carne e algo para beber. Batiam nele com varas quando cometia algum ato louco e maldoso, e cortaram seu cabelo com tesoura para tosar carneiros, dando-lhe a aparência de um bobo. Senhoras e senhores, não há diferença real entre essas ocorrências e a atmosfera dos episódios nas montanhas da Espanha — começando com o capítulo 24 da primeira parte das aventuras de Dom Quixote e a história do louco e esfarrapado Cardenio.

Em *Le Morte d'Arthur*, no final do livro 11, Lançarote é enfeitiçado e levado a dormir com a loura Elaine, sendo tapeado para acreditar que se tratava da rainha Ginevra, seu único amor. No quarto ao lado, ouve-se Ginevra pigarreando: Lançarote reconhece a autora desse som, entende que está com senhora errada e, num acesso de insana agonia, pula pela janela como um louco. No livro 12, capítulo 1, ele vaga pelo mato só com a roupa de baixo, sobrevivendo à base de pequenas frutas e água do ribeirão. No entanto, ainda tem sua espada. Durante grotesca batalha com um cavaleiro, cai por acaso na cama de uma senhora, que sai correndo assustada, enquanto ele adormece como um idiota. A cama de penas é posta em cima de uma carroça puxada por cavalos que o leva, de pés e mãos atados, a um castelo onde, acorrentado como louco, é não obstante alimentado e bem tratado. Em *Dom Quixote*, vocês facilmente descobrirão cenas semelhantes e a mesma atmosfera de coragem aturdida ou ridículo cruel.

Se recuamos de Malory, no século 15, para o século 13, encontramos os primeiros textos que tratam de Lançarote do Lago e Ginevra,

---

* Em folha à parte, vn escreveu: "Notem que, n'*A divina comédia*, Dante Alighieri colocou Tristão entre os pecadores carnais no segundo círculo do Inferno (que ele visitou, guiado pelo fantasma de Virgílio, em 1300). Como vocês se recordam, Francesca de Rimini e o amante Paolo (irmão de seu marido, o lorde de Rimini) também estão lá. Eles haviam se beijado pela primeira vez enquanto liam as aventuras de Lançarote do Lago. Nesse romance, foi Ginevra, a mulher do rei Artur, que beijou Lançarote".

um livro francês em prosa intitulado *Roman de la Charrette* [Romance da charrete] da autoria de Chrétien de Troyes. (Sob nomes diferentes, o tema tinha sido usado na Irlanda séculos antes.) Nesse romance do século 18, um anão diz a Lançarote que, caso ele suba na sua carroça, será levado à rainha Ginevra. O cavaleiro aceita e enfrenta a desonra. (O elemento da desonra decorre do fato de que as carroças eram usadas para exibir os criminosos ao público.) O mesmo modelo é seguido quando Dom Quixote se submete à desonra do carro de bois porque os feiticeiros lhe dizem que será levado à presença de Dulcineia. Estou pronto a sustentar que a única diferença entre sir Lançarote ou sir Tristão, ou qualquer outro cavaleiro, e Dom Quixote é que este último não encontrou nenhum cavaleiro de verdade para lutar numa era em que a pólvora substituíra as poções mágicas.

Quero ressaltar a circunstância de, nos romances de cavalaria, nem tudo serem damas, rosas e brasões, mas haver cenas em que coisas vergonhosas e grotescas aconteciam àqueles cavaleiros, fazendo com que sofressem as mesmas humilhações e feitiços que Dom Quixote. Em suma, *Dom Quixote* não pode ser considerado uma distorção de tais romances, e sim sua continuação lógica, com os elementos de loucura, vergonha e mistificação incrementados.

O cônego que, no capítulo 47 da primeira parte, conversa com o padre expressa as opiniões do autor — ou ao menos as opiniões que o autor podia divulgar sem arriscar a pele em seu tempo. Muito razoável, muito recatada aquela visão. Na verdade, é bem curioso como, entre aqueles religiosos e autores ligados à Igreja, a razão — a razão dos homens — desempenhava o papel principal, enquanto a fantasia e a intuição eram proscritas: curioso paradoxo, porque para onde iriam nossos deuses se déssemos total prioridade ao bom senso pedestre, ou ao bom senso manifestado enquanto os cavalos trotavam? "E que dizer da facilidade com que uma rainha ou imperatriz herdeira se lança aos braços de um andante e desconhecido cavaleiro?", indaga o cônego. "'Que engenho, se não for de todo bárbaro e inculto, poderá contentar-se lendo que uma grande torre cheia de cavaleiros vai pelo mar afora, como nau com próspero vento, e hoje anoitece na Lombardia e amanhã amanhece nas terras do

Preste João das Índias, ou em outras que nem descobriu Ptomoleu nem viu Marco Polo?'" (Onde estaria a ciência se seguíssemos os ditados da razão?) Obras de ficção, diz o cônego, devem ser escritas "'de sorte que, facilitando os impossíveis, aplainando as grandezas e suspendendo os ânimos, admirem, suspendam, alvorocem e entretenham, de modo que andem parelhas e compassadas a admiração e a alegria [...]'".

No entanto, Dom Quixote pode ser eloquente em sua descrição da cavalaria andante, como no capítulo 50: "Senão, diga-me: há maior contentamento que ver, digamos, que aqui agora se mostra diante de nós um grande lago de pez fervente e borbulhante, e que vão nadando e passando por ele muitas serpentes, cobras e lagartos, e outros muitos gêneros de animais ferozes e medonhos, e que do meio do lago sai uma voz tristíssima que diz: "Tu, cavaleiro, quem quer que sejas, que o temeroso lago estás fitando, se queres alcançar o bem que debaixo destas negras águas se encobre, mostra o valor do teu forte peito e lança-te em meio ao seu negro e candente licor, porque, se assim o não fizeres, não serás digno de ver as altas maravilhas que em si encerram e contêm os sete castelos das sete fadas que debaixo desta negregura jazem?". E que, apenas o cavaleiro acabou de ouvir a voz temível, quando, sem cuidar em si nem pôr-se a considerar o perigo a que se expõe, e até sem se despojar do peso de sua forte armadura, encomendando-se a Deus e a sua senhora, se lança no meio do borbulhante lago, e quando menos espera, e não sabe onde há de parar, se acha entre uns floridos campos, com os quais nem os Elísios se igualam em coisa alguma? Ali lhe parece que o céu é mais transparente e que o sol reluz com claridade mais nova. Aos olhos se lhe oferece uma aprazível floresta de tão verdes e frondosas árvores composta, que alegra à vista sua verdura, e entretém os ouvidos o doce e não aprendido canto dos pequenos, infinitos e pintados passarinhos que pelos intricados ramos vão passando. Aqui descobre um regato, cujas frescas águas, que líquidos cristais parecem, correm sobre miúdas areias e brancas pedrinhas, que ouro crivado e puras pérolas semelham; acolá vê uma artística fonte de jaspe variegado e de liso mármore composta; aqui vê outra ao grutesco jeito adornada, onde as miúdas conchas das amêijoas com as torcidas casas brancas e amarelas do caracol, postas com ordem desordenada, mesclados entre elas pedaços de cristal luzente e de contrafeitas esmeraldas, fazem um variado lavor, de maneira que a arte, imitando a natureza, parece que ali a vence. Acolá de improviso se lhe apresenta um forte castelo ou vistoso alcácer, cujas muralhas são de maciço ouro, as ameias de diamantes, as portas de topázios: enfim, ele é de tão admirável compostura que, sendo a matéria de que está formado não menos que de diamantes, de carbúnculos, de rubis, de pérolas, de ouro e de esmeraldas, é de mais estimação a sua feitura. E há algo mais para ver, depois de ter visto isso, que ver surgir pela porta do castelo um bom número de donzelas, cujos elegantes e vistosos trajes, se eu me pusesse agora a descrevê-los como as histórias no-los contam, seria um nunca acabar, e a que parece mais principal de todas tomar logo pela mão o atrevido cavaleiro que se lançou no fervente lago, e levá-lo, sem dizer-lhe palavra, dentro do rico alcácer ou castelo, e fazê-lo desnudar como sua mãe o pariu, e banhá-lo em tépidas águas, e depois untá-lo inteiro com perfumosos unguentos e vestir-lhe uma camisa de seda finíssima, toda olorosa e perfumada, e acudir outra donzela e pôr-lhe um manto sobre os ombros, que, pelo menos, dizem que sói valer uma cidade, e ainda mais. Não é coisa para ver quando nos contam que, depois de tudo isso, o levam a outra sala, onde encontra as mesas postas com tanto concerto, que fica absorto e admirado? E quando vemos deitarem-lhe água nas mãos, toda de âmbar e de perfumosas flores filtrada? E quando o fazem sentar numa cadeira de marfim? E o vemos ser servido por todas as donzelas, guardando um maravilhoso silêncio? E lhe trazem tanta variedade de manjares, tão saborosamente preparados, que não sabe o apetite para qual estender a mão? Que será ouvir a música que enquanto ele come soa sem que se saiba quem a canta nem onde soa? E, finda a refeição e alçadas as mesas, ficar o cavaleiro recostado na cadeira, e quiçá limpando os dentes, como é costume, de improviso entrar pela porta da sala outra muito mais formosa donzela que todas as primeiras, e sentar-se ao lado do cavaleiro e começar a dar-lhe conta de que castelo é aquele e de como ela está nele encantada, mais outras coisas que absorvem o cavaleiro e admiram os ledores que estão lendo sua história?'"*

Apesar da eloquência de Dom Quixote, a conversa no capítulo 47 entre o cônego e o padre é uma espécie de resumo do que, no início de *Dom Quixote*, o padre expressara no capítulo 6 acerca da queima dos livros. Estamos agora de volta à situação inicial. Certos livros de cavalaria são perniciosos porque se revelam demasiado fantasiosos e medíocres em matéria de estilo. Conclui o cônego: "'Nunca vi nenhum livro de cavalarias que fizesse um corpo de fábula inteiro com todos os seus membros, de modo que o meio correspondesse ao começo, e o fim ao começo e ao meio, sendo eles compostos com tantos membros, que mais parece terem a intenção de formar uma quimera ou um monstro que de fazer uma figura proporcionada. Além disso, são no estilo duros; nas façanhas, inacreditáveis; nos amores, lascivos; nas cortesias, malvistos; longos nas batalhas, néscios nas razões, disparatados nas viagens, e, finalmente, alheios de todo discreto artifício e por isso dignos de serem desterrados da república cristã, como gente inútil'". Todavia, repito, não valia a pena atacar tais livros com um romance de mil páginas. Mas, lá pelo fim da primeira parte, um astuto Cervantes tem não um, e sim dois religiosos tomando seu partido.

Tomaria muito tempo seguir em tediosos detalhes todos os meandros do tema da cavalaria — a flexível coluna vertebral do livro. Ao examinar as vitórias e derrotas de Dom Quixote, o recurso ficará absolutamente claro. Vou encerrar meu exame dos livros de cavalaria indicando uma de suas mais encantadoras variantes, lá para o final das aventuras de Dom Quixote. No capítulo 58 da segunda parte, o cavaleiro e seu escudeiro encontram uns doze homens numa campina, comendo sentados sobre suas capas. Ao redor deles há quatro grandes objetos cobertos com lençóis brancos. Dom Quixote pergunta o

---

* VN acrescenta: "Veremos na segunda parte a realização desse delicado sonho quando o casal ducal recebe Dom Quixote precisamente dessa forma (exceto que a modéstia o faz se recusar a ser despido). Mas que realização! Tenho dificuldade em nomear qualquer outro livro em que a crueldade imotivada seja tão diabolicamente aguçada como nas cenas passadas no castelo do duque na segunda parte da obra, onde um crítico chamado Krutch diz incrivelmente que Dom Quixote foi acolhido por uma amável duquesa". A referência é ao livro de Joseph Wood Krutch, *Five Masters*, op. cit., p. 97.

que são, e um dos homens revela as imagens entalhadas em madeira que transportam de uma paróquia para outra. A primeira é de um cavaleiro, num clarão dourado, que enfia a lança na boca de um dragão. Dom Quixote o identifica de imediato: "'Este cavaleiro foi um dos melhores andantes que teve a milícia divina; chamou-se dom São Jorge e foi além disso defendedor de donzelas'". (São Jorge matou o dragão a fim de proteger a filha de um rei.)

A seguinte comprova ser de São Martinho dividindo a capa com um pobre. E mais uma vez Dom Quixote, com suave dignidade, comenta: "'Este cavaleiro também foi dos aventureiros cristãos, e acho que ele foi mais liberal do que valente, como podes ver, Sancho, pois está partilhando a capa com o pobre e lhe dá metade dela; e sem dúvida então devia de ser inverno, que se não lha teria dado inteira, tão caridoso ele era'" — uma dedução bem patética da parte de Dom Quixote. Uma terceira imagem mostra são Tiago pisoteando mouros. "'Este sim que é cavaleiro', exclama o protagonista, 'e das esquadras de Cristo; ele se chama dom são Diego Mata-Mouros [Santiago de Compostela], um dos mais valentes santos e cavaleiros que teve o mundo e tem agora o céu.'" Uma quarta mostra são Paulo caindo do cavalo, com todos os detalhes com que costuma ser descrita sua conversão, e Dom Quixote diz: "'Este foi o maior inimigo que teve a Igreja de Deus Nosso Senhor em seu tempo e o maior defensor que jamais terá: cavaleiro andante pela vida e santo a pé quedo pela morte, trabalhador incansável na vinha do Senhor e doutor das gentes, que teve os céus por escola e o próprio Jesus Cristo por catedrático e mestre ensinador'".

Como não há outras imagens, Dom Quixote pede que as recubram e, mantendo o tom geral evangélico da cena, diz: "'Tenho por bom agouro, irmãos, ter visto o que vi, porque estes santos e cavaleiros professaram o mesmo que eu professo, que é o exercício das armas, e a diferença que há entre mim e eles é que eles foram santos e pelejaram ao modo divino e eu sou pecador e pelejo ao modo humano. Eles conquistaram o céu à força de braços, porque o céu padece força, e eu até agora não sei o que conquisto à força dos meus trabalhos. Mas se minha Dulcineia d'El Toboso sair dos que tem padecido'", murmura ele, num vago vislumbre da condição de seu pobre cérebro, "'melhorando-se a minha ventura e clareando-se o meu juízo, poderia ser que encaminhasse meus passos por melhor caminho que o que levo'". Ao retomarem a jornada, Sancho comenta: "'Em verdade, senhor nosso amo, que, se isto que nos aconteceu hoje se pode chamar aventura, foi das mais suaves e doces que em todo o discurso da nossa peregrinação nos aconteceu [...]'". De fato, essa cena resume de forma excepcionalmente artística o caso de nosso gentil cavaleiro andante e prenuncia seu fim iminente.

É maravilhoso notar como a entonação de Dom Quixote nessa cena se assemelha à de outro louco criado no mesmo ano em que ele foi idealizado.

Sou um velho tolo e caduco

....

E, para ser sincero,
Receio ter a mente avariada.

Rei Lear, IV. VII

Crueldade e mistificação

Planejo agora examinar os temas da mistificação e da crueldade.

Vou proceder da seguinte forma. Em primeiro lugar, passarei em revista exemplos de alegre crueldade física na primeira parte do livro. Lembrem-se de que meu relato completo das vitórias e derrotas de Dom Quixote será apresentado bem depois. Como quero que vocês mantenham a expectativa com respeito ao relato minucioso, tudo que farei agora será iluminar um canto da casa de torturas usando minha pequena lanterna, o que vou fazer inicialmente. Em segundo lugar, analisarei as crueldades mentais na segunda parte e, como elas consistem basicamente em mistificações, terei de falar sobre vários encantamentos e magos. Nosso primeiro feiticeiro será Sancho — e isso introduzirá o tema de Dulcineia. Outro caso interessante será o de Dom Quixote num ato de autoenfeitiçamento — o episódio da gruta de Montesinos. Depois disso, estarei pronto a cuidar dos principais magos da segunda parte, a duquesa e seu duque.

Sinto que há alguma coisa sobre a ética de nosso livro que projeta uma intensa luz de laboratório sobre a carne orgulhosa de algumas passagens mais escabrosas. Vamos falar de crueldade.

O autor parece planejar o seguinte: venha comigo, desalmado leitor, que aprecia ver um cachorro vivo cheio de ar e chutado como uma bola de futebol, você que, numa manhã de domingo indo ou vindo da igreja, gosta de cutucar com a bengala ou ter como alvo de sua cuspara da algum pobre malfeitor no pelourinho; venha comigo, desalmado leitor, e veja em que mãos engenhosas e cruéis vou pôr meu protagonista ridículo e vulnerável. E espero que você se divirta com o que irei apresentar.

Simplesmente não é verdade, como sustentam alguns de nossos comentaristas de coração mais mole — Aubrey Bell, por exemplo —, que o traço geral que emerge do pano de fundo nacional do livro é de gente sensível, espirituosa e compassiva. Que compaixão! Que dizer da pavorosa crueldade — fruto ou não das intenções do autor, por ele sancionada ou não — que impregna toda a obra e conspurca seu senso de humor? Mas não arrastemos para essa discussão o elemento nacional. Os espanhóis nos dias de Dom Quixote não eram mais cruéis em seu comportamento com respeito aos loucos e animais, aos subordinados e rebeldes, que qualquer outra nação daquela era brutal e brilhante. Ou, aliás, mais brutal e menos brilhante que outras eras posteriores em que a crueldade continua a mostrar suas garras. Menciona-se com naturalidade que tenha sido torturado na roda o ladrão de gado visto por Dom Quixote na estrada acorrentado a outros malfeitores. E isso porque, na velha Espanha e na velha Itália, a tortura era tão generosamente aplicada — embora de maneira mais aberta — quanto em Estados totalitários nos nossos tempos. Na época de Dom Quixote, os espanhóis achavam a insanidade mental cômica, mas (como Krutch ressalta) assim também pensavam os ingleses de épocas posteriores que faziam visitas de prazer ao hospício de Bedlam.

Ambas as partes de *Dom Quixote* constituem uma verdadeira enciclopédia de crueldade. Sob essa perspectiva, é um dos livros mais amargos e bárbaros jamais escritos. E sua crueldade é artística. Os incríveis comentaristas que se valem de sua posição acadêmica a fim de falar sobre a humorística e piedosa atmosfera cristã do livro, sobre um mundo feliz onde "tudo é adoçado pelas delicadezas humanas do amor e do bem",* em especial os que se referem a certa "bondosa

---

* VN cita Aubrey F. G. Bell, *Cervantes*, op. cit., p. 12. Uma citação típica pode ser extraída das páginas 12-3: "Essa vastidão é de fato a nota característica da Espanha e, a esse respeito como em outros, Cervantes foi um genuíno representante de seu país no século 16 e em todos os tempos. Havelock Ellis, ao descrever Cervantes ('tão docemente humano quanto Chaucer'), acrescentou que ele era 'o mais típico dos espanhóis'. Em sua

duquesa" que "acolhe" o Dom na segunda parte — esses borbulhantes peritos provavelmente andaram lendo algum outro livro ou enxergaram através de uma gaze cor-de-rosa o mundo brutal do romance de Cervantes. Conta-se que, numa manhã ensolarada, o rei Filipe III da Espanha (ele mesmo uma aberração, tendo subido ao trono em 1598 após a morte do pai, o lúgubre e frio Filipe II), ao olhar da varanda do palácio, ficou impressionado com o comportamento de um jovem estudante que, sentado à sombra de um carvalho-cortisqueiro (*quercus suber*), lia um livro e dava tapas frenéticos na coxa enquanto gargalhava. O rei observou que ele era louco ou estava lendo *Dom Quixote*. Um cortesão correu para descobrir a resposta. O sujeito, como vocês terão adivinhado, lia *Dom Quixote*.

O que exatamente provocou essa explosão de excepcional alegria no mundo sombrio dos Filipes? Relacionei todo um conjunto de gracinhas para que o jovem e alegre estudante possa escolher. Lembrem-se de que hoje estou analisando o livro apenas sob esse ponto de vista especial; há muitas outras coisas nas aventuras de nosso cavaleiro de que falarei mais tarde. Por isso, iniciamos no capítulo 3 com o estalajadeiro que permite que um louco fatigado permaneça na hospedaria simplesmente a fim de rir dele e deixar que os seus hóspedes também riam. Seguimos com um gritinho de hilaridade rumo ao rapaz, nu da cintura para cima, sendo espancado com o cinto por um fazendeiro de bom tamanho (capítulo 4). Voltamos a ficar convulsionados de tanto rir no próprio capítulo 4, quando um muleteiro espanca o indefeso Dom Quixote. No capítulo 8, nos é proporcionada outra gargalhada quando os empregados de alguns fra-

---

→ moderação tolerante, sua veia espirituosa, seu amplo senso de calor humano, seu orgulho sensível e dignidade cortês, bem como em sua coragem, energia e resistência, ele era um verdadeiro espanhol, um verdadeiro homem de Castela. Em quase todas as cenas e capítulos de seus escritos há uma nota de alegre sinceridade e riso franco, com a presença nessas páginas, podemos acrescentar, de inúmeros espanhóis de boa índole e de todos os tipos, uma multidão de figuras muito vívidas. Mas o traço geral que emerge do pano de fundo nacional do livro é de gente sensível, perspicaz, espirituosa e compassiva".

VN refere-se a "sir Herbert J. C. Grierson, que é uma graça, num artigo desprezível", "Don Quixote: Some War-time Reflections on Its Character and Influence" (Londres: The English Association, panfleto n. 48, p. 4, 1921).

des que viajavam arrancam os pelos da barba de Sancho e o cobrem impiedosamente de pontapés. Que espetáculo, que farra! Alguns tropeiros, no capítulo 15, batem tanto em Rocinante que ele cai ao chão, semimorto — mas, não se preocupem, num minuto o titereiro vai reanimar seus bonecos gemebundos.

Se Dom Quixote não chega a receber um enema de neve derretida e areia, como ocorre com um dos personagens de determinado livro de cavalaria, fica perto disso. Reações de dor lancinante, como a de Sancho Pança no mesmo capítulo 15,* provocam outra manifestação de hilaridade. A essa altura, Dom Quixote perdeu meia orelha — e nada pode ser mais engraçado que perder meia orelha senão, obviamente, perder três quartos da orelha. E agora, por favor, reparem nas pancadas que ele tomou durante um dia e uma noite: a) bordoadas com um bastão, b) soco no queixo na estalagem, c) diversos sopapos no escuro,** d) uma pancada no topo da cabeça com um candeeiro de ferro. E o dia seguinte começa tranquilamente quando ele perde a maior parte dos dentes devido às pedradas dadas por alguns pastores. A diversão torna-se realmente impagável no capítulo 17, na famosa cena em que Sancho é posto numa manta e jogado para o alto, como

---

* "E soltando trinta ais e sessenta suspiros e cento e vinte tesconjuros e tarrenegos contra quem ali o levara, se levantou, ficando derreado no meio do caminho, como um arco turquesco, sem conseguir se endireitar de todo; e com esses trabalhos arreou seu asno, que também andara algum tanto desencaminhado com a demasiada liberdade daquele dia. Depois levantou Rocinante, o qual, se tivesse língua para se queixar, decerto que nem Sancho nem seu amo lhe seriam páreo."

** "[...] mas, como [o arreeiro] viu que a moça forcejava por safar-se e Dom Quixote pelejava por retê-la, não levou a burla a bem e, erguendo o braço em alto, descarregou tão terrível punhada sobre as magras queixadas do enamorado cavaleiro que lhe banhou a boca inteira em sangue; e não contente com isto, montou sobre suas costelas e com os pés a trote tripudiou sobre cada uma de cabo a cabo. O leito, que era um tanto frágil e de não bem firmes fundamentos, não podendo suportar a crescença do arreeiro, desabou e com seu grande ruído acordou o estalajadeiro [...]. [Sancho], vendo-se tratar daquela maneira, e sem saber por quem, ergueu-se como pôde, agarrou Maritornes, e começaram os dois a mais renhida e engraçada escaramuça do mundo. [...] dava o arreeiro em Sancho, Sancho na criada, a criada nele, o estalajadeiro na criada, e todos amiudavam seus golpes com tanta pressa que não se davam lugar a trégua; e para completar o quadro, apagou-se o candeeiro do estalajadeiro, e como ficaram às escuras se davam tão sem dó e todos à uma, que onde punham as mãos não deixavam nada são" (capítulo 16).

homens costumam fazer com cachorros na época do Natal — uma alusão de passagem a costumes compassivos e cômicos. Os artesãos que praticaram tal ato — cardadores e fabricantes de agulhas — são "gente alegre, bem-intencionada, maliciosa e brincalhona". O jovem estudante visto pelo rei Filipe mais uma vez se contorce de tanto rir quando lê, no capítulo 18, que Dom Quixote e Sancho vomitam um em cima do outro. E é gozadíssima a cena que envolve os escravos da galé no capítulo 22, em outro famoso episódio do livro. Dom Quixote pergunta a um dos homens por que pecados ele se encontra naquela terrível situação. Outro responde por ele: "'Este, senhor, vai por canário, digo, por músico e cantor.'

"'Mas como?', replicou Dom Quixote. 'Por músicos e cantores vão também às galés?'

"'Sim, senhor', respondeu o galeote, 'pois não há coisa pior que cantar no horto.'

"'Eu sempre ouvi dizer', disse Dom Quixote, 'que quem canta seus males espanta.'

"'Pois aqui se dá o contrário', disse o galeote: 'quem canta uma vez chora a vida toda.'

"'Não entendo', disse Dom Quixote.

"Um dos guardas então lhe disse:

"'Senhor cavaleiro, "cantar no horto" quer dizer entre esta gente *non sancta* confessar em tormento. Esse pecador recebeu tormento e confessou o seu delito, que era ser quatreiro, que é ser ladrão de gado, e por confessar o condenaram a seis anos nas galés, além dos duzentos açoites que já leva às costas; e vai sempre pensativo e triste porque os demais ladrões que lá ficaram e os que aqui vão o maltratam e menoscabam e escarnecem e têm em pouco, porque confessou e não teve ânimo de manter a nega. Porque dizem eles que tantas letras tem um "não" como um "sim" e que muita ventura tem todo delinquente, por ter sua vida ou sua morte na própria língua, e não na das testemunhas nem nas provas; e eu tenho cá para mim que não estão muito errados.'" Esse é o mundo cômico e benevolente de nossos mais joviais especialistas em Cervantes.

Prossigamos em nossa pesquisa sobre o júbilo do jovem estudante. A crueldade física é certamente engraçada, mas a crueldade mental pode ser ainda mais divertida. No capítulo 30, há uma encantadora moça, Dorotea, grande favorita entre os estudiosos de Cervantes; e, como sem dúvida ela era inteligente demais para não entender as deliciosas possibilidades propiciadas pela loucura de Dom Quixote, estava preocupada em não ficar de fora ao ver que todos zombavam dele. Preocupada em não ficar de fora. Ah, Dorotea, tão esperta, adorável e cativante!

No capítulo 43, estamos de volta na estalagem encantada, ou *venta*, e ocorre outra cena que supostamente deve fazer com que o leitor role no chão de tanto rir. Dom Quixote fica de pé sobre a sela de seu cavalo a fim de alcançar a janela com grades atrás das quais imagina que se encontra uma donzela sofredora — e a criada, que a personifica, prende sua mão com o cabresto do burro de Sancho de tal forma que, quando Rocinante se afasta, Dom Quixote fica suspenso por duas horas, desesperado, pasmo e urrando qual bezerro desmamado, enquanto a criada e a filha do estalajadeiro, presumivelmente acompanhadas de milhões de leitores, estão às gargalhadas como muitos da multidão, dezesseis séculos antes, quando ao Deus martirizado daquela gente foi dado vinagre em vez de água.

Os episódios na estalagem terminam com Dom Quixote sendo amarrado e posto numa jaula sobre um carro de bois por seus amigos, o padre e o barbeiro, que desejam levá-lo de volta para casa e curá-lo da loucura. Chegamos então à última luta da primeira parte, no capítulo 52. No caminho, o padre conversa com um cônego erudito e amigável. Sentando-se para fazer um piquenique à beira da estrada, soltam Dom Quixote da jaula a fim de que se una a eles e os divirta. Durante tal conversa, Dom Quixote se envolve numa discussão com um pastor de cabras que passava pelo local, a quem atinge na cara com um pedaço de pão. O pastor tenta esganá-lo, mas Sancho socorre seu amo atirando o pastor em cima da toalha e derrubando ou despedaçando tudo que havia sobre ela. Dom Quixote esforça-se para ficar por cima do pastor, que, com o rosto coberto de sangue devido aos pontapés de Sancho, tenta alcançar uma faca sobre a toalha.

Agora prestem atenção no bom cônego, no bom padre e no bom barbeiro, lembrando que o cônego é o próprio Cervantes disfarçado de membro do clero, enquanto o padre e o barbeiro são os amigos mais íntimos de Dom Quixote, ansiosos para curá-lo da loucura. O cônego e o padre impedem que o pastor use a faca, mas o barbeiro o ajuda a derrubar Dom Quixote de novo, quando o pastor lhe aplica uma profusão de murros que faz com que o rosto de ambos se cubra de sangue. O barbeiro assim procede, suponho, para divertir-se. Mas vejamos os demais. "Rebentavam de rir o cônego e o padre, pulavam de gosto os quadrilheiros, açulavam uns e outros, como fazem com os cães quando travados em briga [...]." É com essa nota bem conhecida sobre os cachorros — não há nada mais engraçado que um cão sendo torturado numa rua ensolarada — que termina a primeira parte de *Dom Quixote*. Nosso jovem estudante, com o corpo amolecido de tanto gargalhar, caiu do banco. Vamos deixá-lo deitado no chão, embora ainda haja uma segunda parte para ser lida com mais gritinhos e expressões de alegria.

Que ninguém pense, contudo, que a sinfonia de dor mental e física apresentada em *Dom Quixote* é uma composição que só poderia ser tocada em instrumentos musicais do passado remoto. Nem se deve supor que tais cordas de dor são dedilhadas hoje em dia apenas em remotas tiranias atrás de cortinas de ferro. A dor ainda está conosco, à nossa volta, em nosso meio. Não me refiro às trivialidades — conquanto tenham seu lugar na história da dor — tais como pancadas na cabeça, pontapés nos testículos e socos no nariz que constituem a deliciosa característica de nossos filmes e histórias em quadrinhos. O que tenho em mente são coisas mais comuns sob os melhores governos. Aqui e ali, crianças com deficiências ainda são tão meticulosamente torturadas por seus colegas em nossas escolas quanto o infantilizado Quixote foi torturado por seus feiticeiros, aqui e ali vagabundos pretos ou brancos recebem pontapés nos tornozelos de parrudos policiais, tal como o vagabundo na armadura e seu escudeiro foram agredidos nas estradas da Espanha.

Mas tratemos de nos debruçar sobre a segunda parte de nosso compassivo e espirituoso livro.* Comparada com a diversão da primeira parte, a crueldade cômica da segunda atinge um nível mais elevado e mais diabólico no que tange às formas mentais de que se reveste e cai para um nível ainda mais baixo de incrível grosseria no aspecto físico. O tema da mistificação se torna mais proeminente, pululam os feitiços e os magos. É carregando as flâmulas deles que tenciono vagar através da segunda parte. Obviamente, eles tinham estado presentes na primeira parte — o próprio Sancho havia enganado seu amo ao levar uma mensagem truncada para a inexistente Dulcineia. Na verdade, o embuste foi bastante sutil porque ele mentiu e tapeou o amo não por lhe dizer que tinha visto a princesa Dulcineia, e sim por dizer que vira uma moça de El Toboso chamada Aldonza, a quem de fato não se dera ao trabalho de encontrar. Nessas condições, cumpre ter em mente que é Sancho, na primeira parte, quem dá início à tendência, no feitiço de Dulcineia, de transformá-la de princesa numa rapariga do campo, particular ou generalizada.

A segunda parte se abre com Sancho tentando realizar um segundo ato de feitiço nas mesmas linhas. Consegue persuadir o amo — já agora sua vítima — de que uma das três camponesas que encontram (nenhuma das quais chamada Aldonza) é Dulcineia transformada.

---

* Logo depois dessa frase há uma página inteira que VN indicou que devia ser omitida, possivelmente devido às limitações de tempo. Ali se lê: "'Havia em Sevilha um louco que caiu no mais engraçado disparate e teima já visto em louco no mundo', afirma Cervantes no prólogo da segunda parte. Ele estava trabalhando no capítulo 59, por volta de 1612, quando descobriu — ou fingiu ter descoberto — a assim chamada continuação espúria de seu *Dom Quixote* pelo misterioso e possivelmente também espúrio Alonso Fernández de Avellaneda, que nasceu em Tordesilhas e publicou seu *Segundo volume do engenhoso cavaleiro Dom Quixote de La Mancha* em Tarragona. A passagem sobre o louco vai evoluir para uma parábola em que se enfatizam as dificuldades de escrever um livro tão bom quanto o autêntico *Dom Quixote* — tarefa que Avellaneda, segundo o autor, não tinha condições de executar.

"'Havia em Sevilha um louco que caiu no mais engraçado disparate e teima já visto em louco no mundo.' Agora, leitores, preparem-se para uma explosão de alegria que vai catapultá-los rumo às brincadeiras da segunda parte. Esse louco, prossegue Cervantes, possuía 'um canudo de cana rematado em ponta e, apanhando algum cachorro na rua, ou em qualquer outro lugar, com um pé lhe prendia uma pata e levantava a outra com a mão, e como melhor podia lhe encaixava o canudo na parte em que, soprando, ficava o cachorro redondo feito uma bola'."

No final do capítulo 8 da segunda parte, eles chegam a El Toboso. O propósito de Dom Quixote é lá encontrar Dulcineia. Tanto o cavaleiro quanto o escudeiro estão secretamente preocupados com ela. O Dom porque uma dúvida muito vaga e secreta está se formando qual uma nuvem nos céus de outra forma limpos de sua loucura; e o escudeiro porque, sem jamais tê-la visto, tinha tapeado o amo, na primeira parte, fazendo-o pensar que entregara uma carta dirigida a ela. No capítulo seguinte, há uma busca atabalhoada no escuro por um palácio numa travessa afastada do centro. Sancho sugere que Dom Quixote se oculte num bosque enquanto ele sai à procura de Dulcineia. Foi um toque de gênio deixar Dulcineia de fora na primeira parte. Será que Cervantes agora irá mostrá-la?

Como na primeira parte, Dom Quixote agora manda Sancho levar uma mensagem a Dulcineia, que ele mais uma vez não entrega. No capítulo 10 há um encantador parágrafo: "'Anda, filho', replicou Dom Quixote, 'e não te ofusques quando te vires ante a luz do sol da formosura que vais buscar. Ditoso tu sobre todos os escudeiros do mundo! Guarda memória e que dela não te escape como te recebe: se mudam suas cores no tempo em que lhe estiveres dando a minha embaixada; se se desassossega e embaraça ouvindo meu nome; se não cabe na almofada, se acaso a encontrares sentada no rico estrado da sua autoridade; e se estiver em pé, olha bem se para ora sobre um, ora sobre o outro pé; se te repete duas ou três vezes a resposta que te der; se a muda de branda em áspera, de azeda em amorosa; se leva a mão ao cabelo para o ajeitar, ainda quando não está desarrumado'". (Este último é um belo detalhe.)

Sancho volta montado no burrico. Vê três jovens camponesas também montadas e decide o que fazer. Retornando às pressas para a companhia de Dom Quixote, vê o cavaleiro a suspirar e pronunciar lamentos amorosos.

"'Que há, Sancho amigo? Poderei sinalar este dia com pedra branca ou com preta?'

"'Melhor será', respondeu Sancho, 'que vossa mercê o sinale com almagre, como rótulo de cátedra, para que bem o veja quem o vir.'

"'Então', replicou Dom Quixote, 'boas-novas me trazes.'

"'Tão boas', respondeu Sancho, 'que basta a vossa mercê picar Rocinante e sair a campo aberto para ver a senhora Dulcineia d'El Toboso, que com outras duas donzelas suas vem ver vossa mercê.' [...] 'Suas donzelas e ela são todas um ouro em brasa, todas maçarocas de pérolas, todas são diamantes, todas rubis, todas panos de brocado de mais de dez altos; os cabelos, soltos às costas, são outros tantos raios do sol que andam brincando com o vento [...].'"

Dom Quixote saiu correndo do bosque, mas, no momento do encontro, uma curiosa tristeza, uma tristeza bem real, se abateu sobre ele como se, de repente, naquele instante crucial, uma terrível dúvida o assaltasse: será que Dulcineia existe? "'Eu não vejo, Sancho', disse Dom Quixote, 'senão três lavradoras sobre três burricos.'" Não obstante, juntamente com o escudeiro, ele se ajoelha diante dela, "fitando os olhos arregalados e a vista turvada naquela que Sancho chamava rainha e senhora, e como nela não descobria senão uma moça aldeã, e não de muito bom rosto, antes muito redondo e chato, estava suspenso e admirado, sem ousar despregar os lábios". No entanto, instado por Sancho, ele passa a crer que aquela moça, cheirando a alho cru, de cabelos ruivos sem brilho, com uma verruga cabeluda no canto dos lábios, é Dulcineia sob o feitiço de algum mago perverso. Dirige-se a ela: "'E tu, oh extremo do valor que se pode desejar, termo da humana gentileza, único remédio deste aflito coração que te adora, já que o maligno encantador me persegue e pôs nuvens e cataratas nos meus olhos, e só para eles e não para outros mudou e transformou tua sem igual formosura e teu rosto no de uma lavradora pobre, se é que também não mudou o meu no de algum monstro para o fazer detestável aos teus olhos, não me deixes de olhar branda e amorosamente, notando nesta submissão e ajoelhamento que à tua contrafeita formosura faço a humildade com que a minha alma te adora'".

Achando que estava sendo alvo de zombaria, a rapariga que havia sido chamada de Dulcineia cutucou com um aguilhão a burrica, que começou a corcovear e a atirou ao chão. Vendo isso, Dom Quixote "acudiu a levantá-la, e Sancho a compor e cinchar a albarda, que também desceu à barriga da jerica. Ajeitada a albarda, e querendo Dom Quixote erguer sua encantada senhora nos braços sobre a jumenta, a senhora, levantando-se do chão, escusou-lhe aquele trabalho, pois, recuando algum tanto, tomou uma carreirinha e, postas ambas as mãos nas ancas da jerica, mais ligeira que um falcão deu com seu corpo sobre a albarda e se encavalgou como homem.

"E então disse Sancho: 'Vive Roque que a senhora nossa ama é mais ligeira que um tagarote e pode ensinar a montar à gineta até o mais destro cordovês ou mexicano! O arção traseiro da sela passou de um salto, e sem esporas botou a hacaneia a correr feito uma zebra. E suas donzelas não lhe ficam atrás, que todas correm como o vento'."*

A partir de então e ao longo da segunda parte, Dom Quixote se preocupará em desfazer o feitiço de Dulcineia: como transformar a feia rapariga de volta na bela Dulcineia, de quem ele se recorda vagamente como outra camponesa, uma moça bonita, de El Toboso.

Outro tipo de embuste: O padre e o barbeiro concordam com a sugestão do bacharel de que ele, Sansón Carrasco, deveria ir para a estrada como cavaleiro andante, arranjar uma briga qualquer com Dom Quixote e dominá-lo na luta. Ele então o aconselharia a ir para casa — e lá permanecer por um ou dois anos, até mais. Infelizmente, o bacharel acaba sendo derrotado e seriamente machucado.** Dom Quixote retira-se bem satisfeito.

---

* "Seguiu-as Dom Quixote com a vista e, quando viu que não mais apareciam, tornando-se para Sancho, lhe disse: 'Sancho, vês quão malquisto sou de encantadores? E olha até onde se estende a malícia e a ojeriza que eles têm por mim, pois me quiseram privar do contentamento que me pudera dar a visão da minha senhora no seu ser. Com efeito, eu nasci para exemplo de infelizes e para ser alvo e terreiro onde se mirem e assestem as setas da má fortuna. E também hás de notar, Sancho, que não se contentaram esses traidores em mudar e transformar a minha Dulcineia, senão que a transformaram e mudaram numa figura tão baixa e tão feia como a daquela aldeã, e juntamente lhe tiraram o que é tão próprio das principais senhoras, que é o bom cheiro, por andarem sempre entre âmbares e flores. Porque te faço saber, Sancho, que quando me acheguei para subir Dulcineia sobre sua hacaneia, como tu dizes, que a mim me pareceu burrica, senti um cheiro de alho cru que me sufocou e envenenou até a alma. [...] Mas diz-me, Sancho, aquela que a mim me pareceu albarda e que tu endireitaste, era sela rasa ou silhão?' 'Não era', respondeu Sancho, 'senão sela à gineta, com um xairel que, de tão rico, vale meio reino.' 'Ai de mim, Sancho, que não vi nada disso!', disse Dom Quixote. 'Agora torno a dizer e direi mil vezes que sou o mais desditoso dos homens'."

** O bacharel tomou suficiente distância, fez o cavalo dar meia-volta e avançou na direção de Dom Quixote num trotezinho mediano que era tudo que seu pangaré conseguia fazer. Mas, quando viu que Dom Quixote não o defrontava, pois se ocupava em

Do ponto de vista estrutural, os dois engodos — Sancho tapeando Dom Quixote para que este pense que Dulcineia está enfeitiçada e o bacharel disfarçando-se de cavaleiro andante para encontrá-lo em seus próprios termos sonhadores — são os dois pés em que toda a segunda parte precisa sustentar-se para não tropeçar. A partir desse ponto, a trama se desdobra contra o pano de fundo da ânsia de Dom Quixote de desfazer o feitiço de Dulcineia; enquanto, por outro lado, espera-se que o infeliz Cavaleiro dos Espelhos volte à liça tão logo consiga sentar-se numa sela. Nessas condições, ao observar os diversos meandros da história e os vários personagens que aparecem, o leitor supostamente depende de que Dulcineia surja e o bacharel volte a se disfarçar quando o autor julgar isso necessário. O bacharel lutará de novo e sairá vencedor. Dulcineia se livrará do feitiço — mas nunca será vista.

Chegamos agora ao episódio da gruta de Montesinos na segunda parte, que tenciono analisar. Depois examinarei os feitiços ducais, uma série de mistificações no castelo do duque. Por fim, chamarei a atenção de vocês para duas grandes passagens do livro que o redimem artisticamente.

Montesinos é um personagem vindo da literatura da cavalaria, o protagonista das chamadas "Baladas de Montesinos". (Um mago galês, Merlim, tinha agido sobre outros personagens dessas baladas.) O curioso episódio consta dos capítulos 22, 23 e primeiras páginas do capítulo 24; numerosas referências a ele são encontradas nos capí-

---

→ ajudar Sancho a subir num sobreiro, ele "colheu as rédeas e parou em plena carreira, do que o cavalo ficou gratíssimo, pois já mal conseguia se mover. Dom Quixote, a quem pareceu que seu inimigo já vinha voando, meteu rijo as esporas nos coitados costados de Rocinante e o picou de maneira que, segundo conta a história, foi esta a única vez que se soube ter corrido algum tanto, pois todas as demais não passara do mero trote, e com essa nunca vista fúria chegou aonde o [Cavaleiro] dos Espelhos estava calcando as esporas até a pua em seu cavalo, sem conseguir movê-lo um dedo do lugar onde estacara sua carreira.

"Nessa boa ocasião e conjuntura achou Dom Quixote o seu contrário embaraçado com seu cavalo e ocupado com sua lança, que nunca acertou ou não teve ocasião de enristar. Dom Quixote, sem fazer caso de tais inconvenientes, a salvo e sem perigo algum encontrou o dos Espelhos com tanta força que, malgrado seu, o fez vir ao chão pelas ancas do cavalo, levando tal queda que, sem mover pé nem mão, parecia estar morto."

tulos posteriores, com uma espécie de continuação nos capítulos 34 e 35, quando a duquesa e o duque usam a aventura da caverna, que Dom Quixote lhes contou, como base para uma das mistificações que impingem à sua vítima.

O episódio da gruta de Montesinos tem sido visto como uma concessão à realidade. Em matéria de aventura, é único no livro, uma vez que constitui uma instância não apenas de autoenfeitiçamento, mas daquilo que parece ser um deliberado autoenfeitiçamento da parte de nosso louco ocasional. Nunca estamos seguros de que Dom Quixote está ou não cônscio de que inventou todo o episódio,[*] e as várias alusões à sua condição mental com respeito ao assunto são muito interessantes.

Dom Quixote decide investigar uma caverna vertical, possivelmente uma velha mina, se desejamos ser realistas. Como a entrada está obstruída por espinhos-de-são-joão e figueiras selvagens, ele abre caminho com a espada depois de amarrar cem braças de corda em torno da cintura. Sancho e certo jovem intelectual lhe dão corda, e ele desce uns trinta metros até se fazer silêncio. Por fim,

---

[*] A insinuação mais clara, embora ainda ambígua, surge no final do capítulo 41. Sancho vinha relatando suas experiências com o cavalo mágico Cravilenho quando olhou por baixo da venda que lhe cobria a vista. Mas, ao dizer que chegou à constelação de Capricórnio e brincou com as sete cabritinhas enquanto o cavalo esperava, Dom Quixote nega tal possibilidade por não terem passado pela esfera de fogo a fim de atingir o céu das cabras [ou estrelas]. Sancho afirma indignado ser verdadeira sua história, o que diverte o duque e a duquesa, mas o capítulo termina assim: "E chegando-se Dom Quixote a Sancho, ao ouvido lhe disse: 'Como quereis, Sancho, que se acredite por verdadeiro o que vistes no céu, assim quero que acrediteis no que eu vi na gruta de Montesinos. E não digo mais'". No capítulo 23, Sancho, ao ouvir a narrativa do dom, de início tinha declarado peremptoriamente: "Mas vossa mercê me perdoe, meu senhor, se eu lhe disser que, de tudo quanto tem dito aqui, Deus me leve, e já ia dizendo o diabo, se eu creio em coisa alguma". Entretanto, ele defende fielmente o amo da acusação de que mentia, afirmando que "aquele Merlim ou aqueles encantadores que encantaram toda a chusma que vossa mercê diz ter visto e tratado lá embaixo lhe meteram na imaginação ou na memória toda essa cena que nos contou e tudo aquilo que ainda tem para contar". Dom Quixote negou vigorosamente tal coisa, porém, ao contar que reconheceu Dulcineia e as outras duas moças em meio às senhoras, Sancho Pança "pensou perder o juízo ou morrer de rir, pois, como ele sabia a verdade do fingido encantamento de Dulcineia, de quem ele havia sido o encantador e o levantador de tal testemunho, acabou de conhecer indubitavelmente que seu senhor estava fora do seu juízo e louco de todo ponto".

Dom Quixote é puxado de volta em meio a um desmaio de êxtase. No capítulo 23, ele narra as maravilhosas aventuras que viveu na caverna. Entre outras, viu Dulcineia, ainda enfeitiçada, correndo com duas outras camponesas — uma imagem refletida do mesmo trio que Sancho apresentou em capítulo anterior. Em seu sonho, ela se comporta não como a princesa Dulcineia, e sim como Aldonza, a campônia, e na verdade Dom Quixote trata a coisa toda com bastante superficialidade. No começo do capítulo 24, o cronista de sua história diz que não pode supor que Dom Quixote tenha deliberadamente inventado a história por completo e esteja mentindo — ele que é o mais veraz dos fidalgos de seu tempo. Como o episódio acrescenta um toque bizarro à personalidade do protagonista, os comentaristas viram na escuridão colorida dessa caverna uma série de símbolos relacionados ao cerne da questão do que é a realidade, o que é a verdade. Entretanto, estou inclinado a considerar o episódio como simplesmente outro recurso que Cervantes utiliza, com respeito ao tema da Dulcineia encantada, a fim de manter o leitor divertido e Dom Quixote ocupado. O problema agora é como desfazer o feitiço de Dulcineia.

FEITIÇOS DUCAIS

Encontramos agora o principal par de feiticeiros malignos do livro, a duquesa e seu duque. A crueldade da obra atinge aqui níveis atrozes. O tema da mistificação ducal ocupa ao todo 28 capítulos e cerca de duzentas páginas da segunda parte (capítulos 30 a 57), e mais tarde dois capítulos adicionais (69 e 70) cuidam do mesmo tema. Depois disso só ficam faltando quatro capítulos ou cerca de trinta páginas para encerrar o livro. Como explicarei posteriormente, é provável que o espaço de onze capítulos entre o primeiro e o segundo conjuntos de capítulos se deva ao fato de Cervantes ter precisado lidar às pressas com um feiticeiro em sua própria vida, um escritor misterioso que publicou um espúrio segundo volume de *Dom Quixote* enquanto ele escrevia sua segunda parte. A continuação espúria é mencionada pela primeira vez no capítulo 59. Cervantes então joga de novo Dom Quixote e Sancho na casa de torturas.

Em consequência, todo o episódio ducal ocupa trinta capítulos, quase um quarto da totalidade da obra. O tema ducal tem início no capítulo 30, com Dom Quixote e seu escudeiro saindo de um bosque e vendo, no clarão do pôr do sol, um grupo cintilante. Como verde parece ser a cor predileta do autor, a bela caçadora que encontram está vestida de verde e cavalga um palafrém adornado de guarnições verdes. Ela havia lido a primeira parte das aventuras de Dom Quixote e, juntamente com o marido, estava ansiosa para encontrar seu protagonista e se divertir com ele como um gato brincando com um rato. Essa Diana (uma Diana diabólica, faço questão de mencionar de imediato) e seu marido decidem que irão satisfazer todas as vontades de Dom Quixote. O qual, enquanto estiver hospedado com eles, será tratado como um cavaleiro andante, com todas as costumeiras cerimônias descritas nos livros de cavalaria, pois o casal leu tais livros e é aficionado por eles de um modo um tanto hipócrita e gozador.

Dom Quixote então se aproxima com a viseira levantada e, ao dar sinais de que irá desmontar, Sancho corre para lhe segurar o estribo, mas infelizmente, ao descer do burro, enrosca o pé numa corda da albarda e acaba pendurado com a cara e o peito no chão — ao longo do livro estão espalhados, de forma generosa, vários símbolos e paródias da forma de tortura conhecida como *strappado*, em que a vítima é levantada e baixada por meio de cordas. "Dom Quixote, que não estava acostumado a se apear sem que lhe segurassem o estribo, pensando que Sancho já chegara para o segurar, descarregou o corpo com todo o peso e levou após si a sela de Rocinante, que devia de estar mal cilhado, e a sela e ele foram ao chão, não sem vergonha sua nem muitas maldições que entre dentes lançou contra o pobre Sancho, que ainda tinha o pé atravancado."

O pobre Dom Quixote deveria ter visto o incidente como um aviso e prenúncio, pois é o começo de uma série longa e cruel. Mas "o duque mandou seus caçadores acudirem cavaleiro e escudeiro, que levantaram Dom Quixote magoado da queda, o qual, coxeando e como pôde, foi-se ajoelhar perante os dois senhores". Um dos comentaristas os identificou como pessoas de carne e osso, o duque e a duquesa de Villahermosa, mas esse é apenas um exemplo do tipo de assunto de interesse humano com que se deliciam certos estudiosos de Cervantes. Na verdade, a Diana Diabólica e seu duque são meros magos, inventados pelo feiticeiro-mor, Cervantes, e nada mais.

No castelo do duque, Dom Quixote recebe um grande manto de suntuoso tecido escarlate. (E me recordo perfeitamente de outro mártir a quem foram dadas roupas suntuosas, que foi chamado de rei e zombado por soldados romanos.) Essa maravilhosa recepção deixou Dom Quixote pasmo: "E aquele foi o primeiro dia que de todo em todo conheceu e creu ser cavaleiro andante verdadeiro, e não fantástico, vendo-se tratar do mesmo modo que segundo lera se tratavam os tais cavaleiros nos passados séculos". Ele faz um discurso à mesa, e o casal ducal, como dois gatos sorridentes, ronrona e planeja novas ações.

Cervantes agora começa a tecer uma trama interessante. Haverá um duplo encantamento, dois conjuntos de feitiços que às vezes se encontram e misturam, enquanto em outras ocasiões seguem caminhos diferentes. Uma série é composta dos feitiços planejados pelo casal em pormenores e mais ou menos executados fielmente pelos criados. Todavia, outras vezes os criados tomam a iniciativa, seja para surpreender e maravilhar seus amos, seja por não poderem evitar a tentação de brincar com o louco magro e o gordo papalvo. Quando os dois feitiços confluíam, o duque imbecil e a feroz duquesa ficavam quase tão contrariados com a surpresa como se não houvessem eles próprios arquitetado tais feitiços ou outros similares. Nunca se esqueçam de que o defeito secreto no poder do Demônio é sua burrice. E, em uma ou duas ocasiões, os criados foram longe demais, sendo simultaneamente repreendidos e aplaudidos. Por fim, a Duquesa Diabólica desempenha um papel físico ativo nos feitiços, como veremos em breve.

A sequência de brincadeiras cruéis começa no capítulo 32, com uma aia solene que ensaboa o rosto dócil do cavaleiro. Essa é a primeira troça inventada pela criadagem. Os amos reagem com um misto de raiva e riso, não sabendo se deviam punir o atrevimento das aias ou premiá-las pelo prazer de ver Dom Quixote naquela triste condição, com o rosto coberto de espuma. Suponho que nosso amigo, o jovem estudante, esteja outra vez às gargalhadas. Então Sancho é atormentado pelos ajudantes da cozinha que tentam lavar seu rosto com água já usada para limpar a louça, e a duquesa é vista morrendo de rir. Mais tarde, ela o trata zombeteiramente como uma espécie de bobo da corte, e o duque lhe promete o governo de uma ilha.

Tanto Dom Quixote quanto Sancho tinham desconfiado de feitiços, mas agora, sem se dar conta, haviam caído nas mãos de dois magos — o duque e a duquesa! "Grande era o gosto que recebiam o duque e a duquesa da conversação de Dom Quixote e de Sancho Pança", diz Cervantes, "confirmando-se na intenção que tinham de lhes fazer algumas burlas que levassem jeito e aparência de aventuras", aproveitando-se do episódio em que Dom Quixote explorara uma funda caverna e lá tivera sonhos maravilhosos. A duquesa e o duque decidiram então tomar o que o cavaleiro lhes dissera a respeito da gruta de Montesinos como ponto de partida ao perpetrar um embuste que fosse de fato extraordinário. Reparem que, quaisquer que tivessem sido os feitiços que Sancho fora capaz de promover, eles estavam agora imersos no encantamento geral. E o que surpreendia a duquesa em especial era a imensa simplicidade do escudeiro, pois passara a crer que Dulcineia tinha sido enfeitiçada, embora, como sabemos, ele próprio houvesse arquitetado a coisa toda.

E assim, uma semana depois, havendo instruído a criadagem com respeito a tudo que deviam fazer, eles levaram Dom Quixote a uma caçada com tantos batedores e caçadores como se ele fosse um rei. Sancho se dá mal, porém Dom Quixote caça esplendidamente, atacando um imenso javali que ele e outros matam. Ocorre então o embuste seguinte que o duque e a duquesa prepararam para ele. Há uma espécie de neblina que proporciona grande ajuda ao casal na execução do que têm em mente. Pouco depois do pôr do sol, quando a noite começa a cair, parece que de repente toda a mata está pegando fogo. (Lembrem-se de que é o crepúsculo da vida de Dom Quixote que a tudo ilumina com um estranho brilho verde e dourado.) Um momento depois, por toda parte se ouvem inúmeras cornetas e outros instrumentos marciais, como se muitas tropas de cavalaria estivessem atravessando a mata. Seguem-se incontáveis gritos do tipo que soltam os mouros ao entrar na batalha, misturados ao som estridente de trompas e clarins, ao rufar de tambores, criando uma furiosa e contínua azáfama. (Vale notar, repito, que com frequência o duque e a duquesa se irritam com suas próprias invenções devido a aperfeiçoamentos feitos pelos criados ou porque eles mesmos são lunáticos.) Em meio ao pavor geral, faz-se silêncio entre eles quando se aproxima um arauto vestido de demônio tocando um enorme corno oco. Interrogado pelo duque, responde o arauto em voz tenebrosa: "'Eu sou o Diabo, ando em busca de Dom Quixote de La Mancha; as gentes que por aqui vêm são seis tropas de encantadores que sobre um carro triunfante trazem a sem-par Dulcineia d'El Toboso. Encantada vem com o galhardo francês Montesinos, para dar ordem a Dom Quixote de como há de ser desencantada a tal senhora'".

Dulcineia voltará a seu estado primitivo se — e aí vem o estouro de riso — se Sancho consentir em levar 3 mil açoites no traseiro nu. De outra forma, diz o duque quando ouve a exigência, não terá sua ilha. A coisa toda é muito medieval, grosseira, uma graça estúpida como toda que vem do diabo. O humor autêntico vem dos anjos. "[...] os duques [...] voltaram para o seu castelo, com o propósito de dar seguimento às suas burlas, pois para eles não havia veras que mais gosto lhes dessem." Esse é o cerne de todos os capítulos ducais — a satisfação, de lamber os beiços, com uma traquinice e o imediato planejamento de outra igualmente brutal.

Não me deterei no episódio da duenha Dolorida (capítulos 36-41) além de dizer que dois amantes, segundo a história que ela conta, foram transformados numa macaca e num crocodilo pelo mago Malambruno, e "'não cobrarão sua primeira forma estes dois atrevidos amantes até que o valoroso manchego venha comigo às mãos em singular batalha, pois só para seu grande valor guardam os fados esta nunca vista aventura'". Há a descrição do Cavalo Voador que levará Dom Quixote ao remoto reino de Candaia, onde estão aqueles amantes. Esse cavalo é dirigido "por uma cravelha que tem na testa, que lhe serve de freio, e voa pelo ar com tanta ligeireza que parece que os próprios diabos o levam. [...] Malambruno o tirou com suas artes e agora o tem em seu poder, e se serve dele nas viagens que faz de contínuo por diversas partes do mundo, que hoje está aqui e amanhã na França e depois em Potosi, e o melhor é que o tal cavalo não come, nem dorme, nem gasta ferraduras e, sem ter asas, toma esse passeiro tal andadura pelos ares que, de tão mansa e repousada, quem vai montado nele pode levar na mão uma taça cheia de água sem derramar uma gota [...]". Trata-se de um velho tema. Máquinas voadoras semelhantes são encontradas em *As mil e uma noites*, também com uma cravelha no pescoço.

A duenha Dolorida e suas aias também foram enfeitiçadas e lhes cresceram barbas magicamente, as quais desaparecerão caso Dom Quixote tenha êxito em desfazer o encanto dos dois amantes. O tema da barba desempenha papel curioso no livro (lembrem-se da lavagem das barbas no começo do episódio ducal), e parece ter origem nas alusões iniciais a fazer a barba na primeira parte — toda aquela preocupação com barbeiros e o fato de que o elmo de Dom Quixote é uma bacia de barbeiro.

O cavalo de madeira Cravilenho foi trazido, Dom Quixote e Sancho (este último sob protesto) montaram nele e tiveram os olhos vendados. "[...] sentindo Dom Quixote que estava como havia de estar, apalpou a cravelha e, mal pôs os dedos nela, todas as duenhas e quantos estavam presentes levantaram as vozes, dizendo: 'Deus te guie, valoroso cavaleiro!', 'Deus seja contigo, escudeiro intrépido!', 'Já ides, já ides pelos ares, rompendo-os mais rápido que uma flecha!', 'Já começais a suspender e admirar a quantos na terra vos estão olhando'." Dom Quixote e Sancho conversam enquanto pensam que estão voando, embora a montaria deles permaneça imóvel. O cavaleiro repreende o escudeiro: "'E não me apertes tanto, que me derrubas; e em verdade que não sei o que tanto te perturba e te assusta, pois ouso jurar que em todos os dias da minha vida nunca montei em cavalgadura de passo assim tão manso, tanto que parece que não saímos do lugar. Desterra o medo, amigo, que de feito a coisa vai como há de ir, e o vento trazemos em popa'".

"'Isso é verdade', respondeu Sancho, 'pois sinto bater aqui um vento tão rijo que parece que me estão soprando com mil foles.'

"E assim era de feito, pois uns grandes foles lhe estavam fazendo vento: tão bem traçada estava a tal aventura pelo duque e pela duquesa e seu mordomo, que nada lhe faltou para ser perfeita. Sentindo-se soprado, Dom Quixote disse:

"'Sem dúvida alguma, Sancho, já devemos de ter chegado à segunda região do ar, onde se engendram o granizo e as neves; os trovões, os relâmpagos e os raios se engendram na terceira região; e se é que desta maneira vamos subindo, logo chegaremos à região do fogo, e eu não sei como manejar esta cravelha para não subirmos aonde nos abrasemos.'

"Então, de longe, com umas estopas fáceis de acender e de apagar penduradas de uma vara, começaram a lhes esquentar o rosto. [...] Todas estas conversações dos dois valentes ouviam o duque e a duquesa e toda a gente do jardim, do que recebiam extraordinário gosto. E, querendo dar cima à estranha e bem fabricada aventura, atearam fogo ao rabo de Cravilenho com umas estopas, e, no mesmo instante, por estar cheio de bombas de estrondo, voou o cavalo pelos ares com estranho ruído e deu com Dom Quixote e Sancho Pança no chão meio chamuscados." Anuncia-se então que, apenas por empreender a aventura, Dom Quixote satisfez as exigências, tendo Malambruno liberado de seu encantamento, por ordem de Merlim, o casal de amantes e as aias com barbas. Uma bobagem geral. Em suma, o castelo do duque é uma espécie de laboratório onde duas pobres almas, Dom Quixote e Sancho, são vivissecadas.

No capítulo 42, "tão contentes ficaram os duques com o feliz e gracioso sucesso da aventura da Dolorida que resolveram levar suas burlas avante, vendo a cômoda ocasião que tinham para que as tomassem por veras; e assim, tendo dado as ordens e desígnios que seus criados e vassalos haviam de guardar com Sancho no governo da ínsula prometida, ao outro dia, [...] disse o duque a Sancho que se arrumasse e compusesse para ir ser governador, pois seus insulanos já o estavam esperando como às águas de maio". Dom Quixote aconselhou Sancho no tocante à maneira de se comportar no cargo. As diretrizes eram bem triviais, modeladas em instruções também nobres e sábias contidas em velhos livros, mas é curioso contrastar a piedade de que fala em seus conselhos sobre como governar* com o comportamento impiedoso de seus carrascos. Sancho assume sua condição de governador num povoado de cerca de mil habitantes, um dos melhores pertencentes ao duque, cercado de uma muralha. Confiando em sua boa memória, Sancho comprova ser salomônico em seus julgamentos.

Vou desviar por alguns momentos o curso da minha análise dos feitiços ducais a fim de chamar a atenção de vocês para um ponto de grande valor artístico. Acho que Cervantes sentiu que estava seguindo a linha de menor resistência — e, de repente, a história desenvolve um par de asas muito especiais. A arte tem um modo de transcender os limites da razão. Desejo submeter o seguinte argumento: esse romance teria morrido devido ao riso provocado por sua trama picaresca caso não contivesse episódios e passagens que delicadamente conduzem o leitor, ou o empurram, para o mundo de sonhos da arte

---

* Dom Quixote assim começa seus conselhos: "Infinitas graças dou ao céu, Sancho amigo, porque, antes e primeiro que me colhesse a boa sorte, saiu a boa fortuna a te receber e encontrar. Eu, que à minha boa ventura tinha confiada a paga dos teus serviços, ainda me vejo nos princípios do meu melhoramento, e tu, contra a lei do razoável discurso, antes do tempo vês premiados os teus desejos. Muitos peitam, importunam, solicitam, madrugam, suplicam, porfiam, mas não conseguem o que pretendem, e vem outro e, sem saber como nem por quê, se vê com o cargo e o ofício que tantos pretenderam; e aqui entra e calha bem o dizer que há boa e má fortuna nas pretensões. Tu, que para mim sem nenhuma dúvida és um zote, sem madrugar nem tresnoitar e sem fazer diligência alguma, só com o bafejo que te tocou da andante cavalaria, sem mais nem mais te vês governador de uma ínsula, nada menos. Tudo isto digo, oh Sancho, para que não atribuas à mercê recebida aos teus merecimentos, mas dês graças ao céu, que dispõe as coisas suavemente, e depois as darás à grandeza que em si encerra a profissão da cavalaria andante. Disposto pois o coração a crer o que te disse, ouve com atenção, oh filho, este teu Catão que te quer aconselhar e ser o norte e guia que te encaminhe e tire a seguro porto deste mar proceloso onde te vais engolfar, pois os ofícios e grandes cargos não são outra coisa senão um golfo profundo de confusões. [...] Nunca te guies pela lei do arbítrio, que sói ter muita cabida com os ignorantes que presumem de agudos. Achem em ti mais compaixão as lágrimas do pobre, porém não mais justiça que as alegações do rico. Procura descobrir a verdade tanto por entre as promessas e dádivas do rico como por entre os soluços e importunidades do pobre. Quando possa e deva ter lugar a equidade, não carregues todo o rigor da lei no delinquente, pois não é melhor a fama do juiz rigoroso que a do compassivo. Se acaso dobrares a vara da justiça, não seja sob o peso da dádiva, mas da misericórdia. [...] Considera o culpado que cair na tua jurisdição um homem miserável, sujeito às condições da depravada natureza nossa, e em tudo quanto for da tua parte, sem fazer agravo à contrária, usa de piedade e clemência para com ele, porque, se bem os atributos de Deus são todos iguais, ao nosso ver mais resplandece e campeia o da misericórdia que o da justiça".

permanente e irracional. Por isso, na altura do capítulo 40 da segunda parte, Sancho por fim ganha sua ilha. Os capítulos 42 e 43 tratam dos conselhos que Dom Quixote lhe deu antes que ele partisse para governar a ilha. O cavaleiro sabe perfeitamente que o escudeiro é inferior a ele, mas esse seu inferior é quem tem êxito. Ele, o amo, não apenas vê negado seu sonho fundamental, o desencantamento de Dulcineia, mas entrou num estranho declínio. Conhece o medo. Conhece a melancolia da pobreza. Enquanto o gordo Sancho obtém sua rica ilha, o magro Quixote se encontra na mesma situação em que estava ao iniciar a longa e — em retrospecto — sombria e inepta sequência de aventuras. O principal, senão único, interesse em suas instruções a Sancho (tal como me sugeriu o excelente comentarista espanhol Madariaga) está em que elas são simplesmente um meio de elevar-se em seu próprio conceito acima do bem-sucedido inferior.

Dom Quixote, cumpre ter em mente, é quem faz sua própria glória, é o único criador daquelas maravilhas e, no fundo de sua alma, carrega o mais terrível inimigo do visionário: a serpente da dúvida, a consciência enroscada de que sua empreitada constitui uma ilusão. Há algo no tom daquelas instruções a Sancho que evoca em nós a imagem de um poeta idoso, maltrapilho e obscuro, que nunca teve êxito em nada, dando a seu filho robusto, popular e extrovertido sólidos conselhos sobre como ser um próspero encanador ou político. No capítulo 44, aquele que eu tinha em vista quando aludi ao elemento onírico e artístico do livro, Sancho foi levado para ser governador e Dom Quixote é deixado a sós naquele terrível castelo do duque, uma realidade quando comparado com sua fantasia, um castelo onde cada torre esconde uma garra, onde cada ameia é o dente afiado de um predador. A realidade é mais quixotesca que Dom Quixote: Sancho se foi, Dom Quixote se encontra estranhamente sozinho. Há uma súbita calmaria, uma pausa melancólica e profunda. Ah, eu sei, Cervantes se apressa a dizer ao leitor, ao tipo mais grosseiro de leitor, que, sim, leitor, o escudeiro gordo e engraçado, seu palhaço predileto, foi embora, mas "atende a saber o que se passou com seu amo naquela noite, pois, se com isso não rires, quando menos hás de descerrar os lábios num sorriso amarelo, porque os sucessos de Dom Quixote ou se hão de celebrar com admiração ou com riso". Na verdade, é provável que o leitor antropoide pule a passagem de suma importância a que vou me referir e siga rapidinho para o supostamente engraçadíssimo — embora de fato atroz, brutal e na essência tolo — episódio dos gatos.*

Sancho partiu e Dom Quixote está estranhamente sozinho quando, de repente, se sente impregnado de uma incomum sensação de solidão e ansiedade, algo mais que uma simples sensação de isolamento. Uma espécie de desejo nostálgico sem propósito definido. Ele se recolheu ao quarto, não aceitando que lá entre nenhuma criada e, tendo trancado a porta, se despiu à luz de duas velas. Ele está a sós, mas, por assim dizer, as cortinas não estão fechadas na janela da história e, através de suas grades, vemos o brilho das meias verdes que ele está tirando devagar e examinando — tal como, ao ler outro famoso relato em que o grotesco e o sentimental estão igualmente entrelaçados, *Almas mortas*, de Gógol, veremos, no meio da noite, uma janela acesa e o reluzente par de botas novas que um morador solitário não para de admirar.

Mas as meias de Dom Quixote estão longe de serem novas. Oh, desastre, suspira o narrador ao contemplar o rompimento de vários pontos na meia esquerda, que agora parece uma gelosia. A miserável sensação de pobreza** se mistura à sua melancolia geral e, por fim, ele

---

* VN acrescenta o comentário: "É uma grande pena que, na tradução abreviada do Viking Portable Cervantes, essa e outras importantes passagens sejam omitidas. Eu os alerto contra todas as abreviações de obras literárias".

** Nesse ponto, Cervantes introduz uma apóstrofe de Cide Hamete Benengeli, o suposto narrador da história: "'Oh pobreza, pobreza! Não sei com que razão se moveu aquele grande poeta cordovês a chamar-te "dádiva santa não agradecida"! Mas [...] por que queres atropelar os fidalgos e bem-nascidos mais que as outras gentes? Por que os obrigas a curar os sapatos com negro de fumo e a que os botões do seu gibão sejam uns de seda, outros de cerdas e outros de vidro? Por que suas gorjeiras hão de ser pela maior parte sempre frisadas, e não abertas em molde? [...] Coitado do bem-nascido que a duras penas sustenta sua honra, comendo mal e desacompanhado, tornando hipócrita o palito de dentes com que sai para a rua depois de não ter comido coisa que o obrigue a limpá-los! Coitado daquele, digo, que tem a honra espantadiça e teme que a uma légua se lhe descubra o remendo do sapato, o sebo do chapéu, a desfiadura do gabão e a fome do seu estômago!'". Dom Quixote, prossegue Benengeli, lembrou "o irreparável desastre das suas meias, que ele teria cerzido ainda que fosse com seda de outra cor, que é um dos maiores sinais de miséria que um fidalgo pode dar no discurso da sua castigada estreiteza".

se deita, deprimido e pesaroso. Será que é apenas a ausência de Sancho e o esgarçamento das meias que provocam essa tristeza, a *soledad* espanhola, as saudades portuguesas, a *angoisse* francesa, a *sehnsucht* alemã, a *toskal* russa? E nos perguntamos se ela não vai mais fundo. Lembrem-se de que Sancho, seu escudeiro, é a muleta da loucura de Quixote, o sustentáculo de sua fantasia, e agora o cavaleiro se encontra estranhamente a sós. Apaga as velas, mas é uma noite muito quente e ele não consegue conciliar o sono. Levantando-se da cama, entreabre a janela com grades e vê um jardim encantado pela lua, ouvindo então vozes femininas, em especial a da aia da duquesa chamada Altisidora, uma moça, uma criança que, no esquema da atroz crueldade que comanda esta e outras cenas, finge ser uma donzela apaixonada pelo mais corajoso cavaleiro de La Mancha.

Enquanto está junto à janela com grades, ele ouve o som de uma harpa tocada com suavidade e se emociona muito. Sua melancolia e sua solidão se mesclam àqueles sons musicais, àquela pontada de beleza. A insinuação íntima, a suspeita velada de que Dulcineia possa simplesmente não existir vem agora à tona pelo contraste com uma melodia real, uma voz real. A voz real obviamente o engana tanto quanto o sonho com Dulcineia — mas pelo menos pertence a uma bem charmosa donzela de carne e osso, e não a Maritornes, a criada promíscua e feiosa da primeira parte. O cavaleiro fica muito emocionado porque, naquele momento, todas as inumeráveis aventuras do mesmo tipo — janelas com grades, jardins, música e galanteios, tudo que leu naqueles livros de cavalaria agora estranhamente reais — voltam a ele com um novo impacto, seus sonhos misturando-se com a realidade, seus sonhos fertilizando a realidade. E a voz da pequena donzela Altisidora (com o "r" de realidade), tão perto no jardim, se torna por um instante, física e mentalmente, mais vívida que a visão de Dulcineia d'El Toboso, com aquele "l" da lépida e lânguida ilusão. Mas sua modéstia inata, sua pureza, a gloriosa castidade de um verdadeiro cavaleiro andante, tudo isso comprova ser mais forte que seus impulsos masculinos. E, após ouvir a canção no jardim, ele fecha a janela com violência e então, mais pesaroso que antes — "como se tivesse sofrido alguma grande desgraça", diz Cervantes —, vai se deitar, deixando o jardim para os vaga-lumes e para a música plangente da moça, deixando a rica ilha para o danado do seu escudeiro.

Essa é uma cena admirável — uma dessas cenas que estimulam a imaginação e fornecem mais do que parecem conter: onírica, nostálgica, enxuta, com aquelas esfarrapadas meias cor de esmeralda que ele joga no chão, e a janela com grades agora fechada, e a quente noite espanhola que desde então, durante três séculos, será o criadouro da prosa e do verso românticos em todas as línguas. E o cinquentão Quixote, lutando contra uma ilusão por meio de outra ilusão — melancólico, infeliz, tentado sensualmente, excitado pelos gemidos musicais da pequena Altisidora.

De volta à casa de tortura. Na noite seguinte, Dom Quixote pede um alaúde e canta a balada que compôs com a intenção de desencorajar Altisidora devido à sua fidelidade a Dulcineia, "quando de improviso, de cima de um corredor que sobre a janela de Dom Quixote caía a prumo, soltaram um cordel onde vinham amarrados mais de cem chocalhos, e logo atrás deles derramaram um grande saco de gatos, que também traziam chocalhos menores atados ao rabo. Foi tão grande o ruído dos chocalhos e o miar dos gatos que, se bem eram os duques os inventores da burla, ainda assim se sobressaltaram, ficando pasmo o temeroso Dom Quixote. E quis a sorte que dois ou três gatos entrassem pela janela do seu quarto, e correndo de uma parte a outra parecia que uma legião de diabos andava nele: apagaram as velas que no aposento ardiam e andavam buscando por onde escapar. [...] Levantou-se Dom Quixote em pé e, metendo mão à espada, começou a deitar estocadas pela janela e a dizer a grandes vozes: 'Fora, malignos encantadores! Fora, canalha feiticeira, que eu sou Dom Quixote de La Mancha, contra quem não valem nem têm força vossas más intenções!'. E, virando-se para os gatos que andavam pelo aposento, lançou-lhes muitas cutiladas. Todos acudiram à janela e por ali saíram, menos um, que, vendo-se tão acuado pela espada de Dom Quixote, saltou no seu rosto e lhe aferrou as ventas com unhas e dentes, por cuja dor Dom Quixote começou a dar os maiores gritos que pôde. Ouvindo o qual o duque e a duquesa, e considerando o que podia ser, com muita presteza acudiram ao seu quarto e, abrindo a porta com chave mestra, viram o pobre cavaleiro pelejando com todas as forças por arrancar o gato do rosto. [...] Mas o gato, sem fazer caso dessas ameaças, grunhia e se fincava; até que por fim o duque o desarraigou e o botou janela afora. Ficou Dom Quixote com o rosto crivado e o nariz não muito são, mas muito despeitado por não o terem deixado rematar a batalha que tão travada tinha com aquele feiticeiro malfeitor". Numa outra sessão com seus algozes, quando dona Rodríguez pede que ele a ajude a reparar os males feitos à sua filha, durante o tumulto que ocorre no escuro, Dom Quixote é beliscado pela própria duquesa.

Enquanto isso, Sancho governava sabiamente sua ilha até que falsos inimigos invadiram a cidade, o truque que iria coroar a brincadeira feita com o infeliz escudeiro. Notem que o duque e a duquesa não estavam presentes à tortura, mas derivaram o necessário prazer do relato que lhes foi feito posteriormente. Os supostos defensores da cidade instaram Sancho a armar-se e liderá-los na luta. Assustado como estava, ele disse: "'Pois que me armem embora'". Dois grandes escudos foram amarrados com uma corda, um na frente e o outro atrás, de tal modo que Sancho não podia se curvar ou andar, sendo-lhe dito que comandasse os aldeões. Montou-se uma batalha simulada, em que todos pisavam nele, indefeso depois de cair no chão. Desmaiou quando por fim o desamarraram. Voltando a si, perguntou que horas eram e lhe disseram que já amanhecia e tinham sido vitoriosos. Sem dizer uma só palavra, ele começou a se vestir em meio a um silêncio sepulcral enquanto todos o observavam, esperando para ver por que ele tinha tamanha pressa em se vestir. Esse silêncio nos faz lembrar de jovens *bullies* na escola que atormentam um menino gordo e fraco, e agora Sancho se levanta e enxuga o rosto. Então, seguido por todos que ali estavam, foi até a estrebaria bem devagar porque estava alquebrado e não podia se mover com rapidez. Lá, abraçou seu burro ruço, falou-lhe com carinho e o encilhou sem que ninguém abrisse a boca. Por fim, com muitas dores e dificuldade, montou no burro e disse a todos os circunstantes: "'Abri caminho, senhores meus, e deixai-me voltar à minha antiga liberdade: deixai-me ir em busca da vida passada, para ressuscitar desta morte presente'" — uma nota quase proustiana. Nessa cena, Sancho revela uma dignidade e uma lenta tristeza comparáveis às emoções melancólicas de seu amo.

O capítulo 57 assim começa: "Já parecia a Dom Quixote que era bem sair de tanta ociosidade como a que naquele castelo tinha, por imaginar que era grande a falta que a sua pessoa fazia deixando-se estar recluso e preguiçoso entre os infinitos regalos e deleites que como a cavaleiro andante aqueles senhores lhe faziam, parecendo-lhe que haveria de dar estreita conta ao céu daquela ociosidade e clausura, e assim um dia pediu aos duques licença para partir. Deram-lha com mostras de que em grande maneira lhes pesava que os deixasse [...]". Algumas aventuras no caminho para Barcelona o envolvem com o grande bandoleiro Roque Guinart, que providencia para que o Dom e Sancho sejam acolhidos naquela cidade por gente capaz de se divertir com eles. São recebidos pelo amigo de Roque, dom Antonio Moreno; e, ao entrarem na cidade em sua companhia, alguns meninos abriram caminho em meio à multidão, levantaram o rabo de Rocinante e do burro, e neles enfiaram um maço de cardos (uma planta espinhosa). Os animais começaram a dar pinotes e empinar-se, jogando ao chão o cavaleiro e o escudeiro. Rirão disso aqueles que adoram ver cavalos corcoveando nos rodeios comerciais — cavalos aos pinotes com tiras corrosivas especiais apertadas em seus baixos-ventres.

Em Barcelona, outro gentil feiticeiro cuida de Dom Quixote. Dom Antonio era um senhor "rico e discreto e amigo do folgar honesto e afável, o qual, vendo Dom Quixote em sua casa, andava buscando modos como, sem seu prejuízo, levar suas loucuras à praça [...]". A primeira coisa que faz, portanto, é convencer Dom Quixote a tirar a armadura, o que o deixa vestido apenas com aquele traje justo de camurça, e depois o leva à varanda que se abria sobre uma das ruas mais movimentadas da cidade, a fim de que possam vê-lo as pessoas lá reunidas, entre elas os meninos. E lá fica Dom Quixote, um espetáculo ignóbil, com os meninos contemplando curiosos a figura magra e melancólica — à qual só falta uma coroa de espinhos. Naquela tarde, levam-no a cavalgar coberto com um pesado casaco, "capaz naquele tempo de fazer suar o próprio gelo". Nas costas do casaco, haviam costurado um pedaço de pergaminho com uma inscrição em grandes letras: "Este é o rei..." — desculpem — "ESTE É DOM QUIXOTE DE LA MANCHA". A partir do momento em que iniciaram o passeio, o cartaz atraiu a atenção de todos aqueles que vieram assistir ao espetáculo, enquanto o cavaleiro, por sua vez, ficou pasmo por ver tantas pessoas observando-o e chamando-o pelo nome. Voltando-se para dom Antonio, que cavalgava a seu lado, ele disse: "'Grande é a prerrogativa que encerra em si a andante cavalaria, pois a quem a professa faz conhecido e famoso por todos os termos da terra; se não, olhe vossa mercê, senhor dom Antonio, que até os rapazes desta cidade, sem nunca me terem visto, me conhecem'".

Mais tarde, numa festa, o desengonçado e fatigado Dom Quixote foi forçado a dançar por duas senhoras maliciosas até que, por fim exausto e deprimido, em meio a gritos de alegria, ele se sentou no meio do salão de baile e o bondoso dom Antonio, vendo que não se poderia extrair mais diversão do mártir, mandou que seus criados o levassem para a cama.

Mas o duque e a duquesa não tinham esgotado seu interesse por Dom Quixote e Sancho. No capítulo 68, homens armados são enviados a fim de trazê-los de volta para mais diversões. Eles encontram o desolado par numa estrada do campo e, com ameaças e imprecações, carregam ambos para o castelo que o Dom reconhece como sendo do duque. Os cavaleiros agarram Dom Quixote e Sancho e os conduzem a um pátio, "à volta do qual ardiam quase cem brandões postos em seus castiçais, e pelas galerias do pátio mais de quinhentas luminárias [...]. No meio do pátio se levantava um túmulo como a duas varas do chão, todo coberto com um grandíssimo dossel de veludo preto, à roda do qual, sobre o estrado, ardiam velas de cera branca em mais de cem candeeiros de prata, acima do qual túmulo se mostrava um corpo morto de uma tão formosa donzela que com sua formosura fazia parecer formosa a própria morte. Tinha a cabeça sobre uma almofada de brocado, coroada com uma grinalda de diversas e perfumosas flores tecida, as mãos cruzadas sobre o peito, e entre elas um ramo de amarela e vencedora palma". Era Altisidora, disfarçada de bela adormecida ou morta.

Depois de muita encenação, uma balada e falas dos personagens que representavam Radamanto e Minos, fica-se sabendo que Altisidora só será libertada do encantamento e ressuscitada caso o rosto de Sancho seja esbofeteado e beliscado. Apesar de seus protestos, chegam seis aias em procissão e, a pedido de Dom Quixote, Sancho aceita ser estapeado por elas e por diversos membros da criadagem, "mas o que ele não pôde sofrer foi a pontada dos alfinetes, e assim se levantou da cadeira, ao parecer mofino, e, agarrando de uma tocha acesa que junto dele estava, arredou as duenhas e todos seus verdugos, dizendo: 'Fora, ministros infernais, que eu não sou de bronze para não sentir tão extraordinários martírios!'. Nisto Altisidora, que devia de estar cansada, por ter ficado tanto tempo supina, se virou de um lado; visto o qual pelos circunstantes, quase todos a uma voz disseram: 'Viva é Altisidora! Altisidora vive!'. Mandou Radamanto que Sancho depusesse a ira, pois já se conseguira o intento pretendido". Quando o cavaleiro e o escudeiro estão dormindo naquela noite, Cervantes observa, por trás da máscara de seda de seu historiador árabe, Cide Hamete: "[...] que tem para si serem tão loucos os burladores como os burlados e que estavam os duques a dois dedos de parecerem tolos, pois tanto afinco punham em se burlar de dois tolos". O episódio que acabo de relatar consta do capítulo 69, assim intitulado: "Do mais raro e mais novo sucesso que em todo o discurso desta grande história aconteceu a Dom Quixote". Fica-se com a impressão de que o autor acha que, quanto maior a encenação no palco, quanto mais houver jantares, disfarces, luzes, reis, rainhas et cetera, maior a aventura parecerá ao leitor (como hoje a quem vai ao cinema).

Há um derradeiro embuste. Sancho, ao açoitar árvores no escuro, faz seu amo crer que está executando em si próprio o castigo que irá livrar Dulcineia do feitiço — que de fato o número necessário de lambadas foi aplicado e que, em algum local em meio à neblina, Dulcineia está sendo naquele momento efetivamente desencantada. Uma estrela, um céu avermelhado, uma sensação crescente de vitória, de realização. Gostaria de que notassem que os mesmos arreios do burro com que as faias são espancadas foram usados em dois feitiços anteriores — o que Sancho aplicou em Rocinante no capítulo 20 da primeira parte, pouco antes da aventura dos moinhos de água, e no capítulo 43, quando Dom Quixote fica preso à janela da estalagem pela criada Maritornes.

O tema dos cronistas, Dulcineia e a morte

O TEMA DOS CRONISTAS

Como se recordam, antes relacionei dez recursos com respeito à estrutura do nosso livro. Alguns deles, tal como o uso feito por Cervantes das citações de baladas, ditos populares ou jogos de palavras, só podiam ser mencionados de passagem, uma vez que somos incapazes de apalpar o texto original devido às camadas artificiais criadas pela tradução — por melhor que ela seja. Paramos por alguns minutos em outros pontos, como a excelente arte do diálogo na obra e a maneira convencional e pseudopoética das descrições da natureza. Chamei a atenção de vocês para o fato de que, na evolução da literatura, a personalização do meio ambiente sensual não acompanhou a personalização da fala humana. Em maiores detalhes, examinei as histórias inseridas e o tema arcádico, realçando a multiplicação dos níveis de narração e algumas formas primitivas de agrupamento de personagens em determinado local. O tema dos livros de cavalaria nos ocupou por algum tempo, e tentei mostrar que os elementos grotescos encontrados em *Dom Quixote* estavam bem presentes nos romances de cavalaria que ele leu.

Veio depois uma análise pormenorizada do tema da mistificação, durante a qual enfatizei os elementos de crueldade no livro. Pareceu-me que, em nossos dias brutais, quando uma das poucas coisas que podem salvar nosso mundo é a "liberdade de não sentir dor", a proibição total e permanente de qualquer tipo de crueldade, eu estava justificado em apontar para a crueldade contida na suposta comicidade do texto. Acentuei o fato de que considerar nosso amargo e bárbaro livro um exemplo de compaixão e comicidade era uma atitude e uma avaliação em nada sólidas. Tentei mais recentemente realçar a única coisa que realmente importa em matéria de literatura — o êxtase misterioso da arte, o impacto da beatitude estética. Resta um recurso em nossa lista de itens estruturais que precisa ser visto agora, aquilo que chamo de tema dos cronistas.

Nos primeiros oito capítulos da primeira parte, Cervantes finge ser um revisor que trabalha numa crônica anônima, obra de algum "sábio encantador", como Dom Quixote o chama, "quem quer que sejas", continua o cavaleiro, "a quem caberá ser cronista desta peregrina história!". No final do capítulo 8, Dom Quixote ataca o escudeiro de uma senhora, um basco que vemos com a espada erguida e pronto a aparar o golpe do protagonista. Infelizmente, diz Cervantes, teremos de deixá-los nessa posição porque o texto anônimo termina ali e ele não encontra mais nada escrito sobre aquelas façanhas de Dom Quixote.

Esse recurso de interromper a história num momento crucial é, obviamente, bem comum nos romances de cavalaria que Cervantes está imitando. Por isso, assinalemos que o cronista número um é um historiador anônimo.

No capítulo 9, Cervantes faz o papel de compilador entediado que precisa agora empreender sua própria pesquisa. "Pareceu-me impossível e fora de todo bom costume que a tão bom cavaleiro tivesse faltado algum sábio que tomasse para si o encargo de escrever suas nunca vistas façanhas, coisa que não faltou a nenhum dos cavaleiros andantes, desses que dizem as gentes que vão às suas aventuras, pois cada um deles tinha um ou dois sábios como de encomenda, que não só escreviam seus feitos como pintavam seus mais mínimos pensamentos e ninharias, por mais escondidas que fossem. E não havia de ser tão infausto um tão bom cavaleiro, que a ele faltasse o que sobejou a Platir e outros semelhantes. [...] e que, não estando escrita, estaria na memória de gente da sua aldeia e suas circunvizinhas. Tal imaginação me tinha confuso e desejoso de saber real e verdadeiramente toda a vida e milagres do nosso famoso espanhol Dom Quixote de La Mancha, luz e espelho da cavalaria manchega e o primeiro que em nossa idade e nosso tão calamitoso tempo se votou ao trabalho e exercício das andantes armas, e ao de desfazer agravos, socorrer viúvas e amparar donzelas [...]. Digo pois que por estes e outros muitos respeitos é digno o nosso galhardo Quixote de contínuos e memoráveis elogios, que a mim também não se me devem negar, pelo trabalho e diligência que empenhei em buscar o final desta agradável história [...]."

Cervantes faz de conta que o acaso o ajudou e, no mercado de Toledo, viu um manuscrito em árabe que se estendia por vários cadernos. O autor era um mourisco, um mouro espanhol, que Cervantes inventa dos pés ao turbante, Cide Hamete Benengeli, historiador árabe como ele próprio se intitula na primeira página. Cervantes vai falar através dessa máscara de seda. Diz que um mouro que falava espanhol traduziu todo o manuscrito para o castelhano ao longo de pouco mais de mês e meio. Esse também é um recurso corriqueiro — o manuscrito descoberto —, usado por escritores durante boa parte do século 19. Segundo Cervantes, há um desenho no começo do manuscrito que ilustra a luta entre Dom Quixote e o basco — mostrando-os precisamente como descrito no final do capítulo 8, as espadas erguidas et cetera. Reparem com que destreza a descrição das atitudes em que eles foram imobilizados no ponto da interrupção agora se transforma numa ilustração. Dessa forma, a história é reiniciada, o desenho ganha vida, a luta continua — como aqueles filmes de jogos de futebol em que a ação é suspensa e depois retomada.

Esse despreocupado joguinho com habilidosos recursos não devia estar muito em sintonia com o estado de espírito de Cervantes em 1603 ou 1604. Ele vinha trabalhando furiosamente, sem reler ou planejar. A pobreza havia estimulado a produção da primeira parte. A pobreza e a exasperação impulsionaram a segunda, escrita dez anos depois, porque, durante a redação dessa continuação, ele foi obrigado a lidar na vida real com um feiticeiro tão cruel quanto qualquer um dos que criara a fim de atormentar seu protagonista inventado e mais vivo que o sério, eloquente e meticuloso historiador que também inventou para registrar os feitos desse personagem principal. Mas não antecipemos as coisas. Assim, na primeira parte temos, sem contar o próprio Cervantes, dois historiadores, o anônimo autor dos oito capítulos iniciais e Cide Hamete Benengeli como responsável pelo restante do livro.

Cervantes também se protege, como o fizeram escritores que vieram mais tarde, mediante apelos à genuinidade da história que ele mandara traduzir e ao fato de que seu autor mourisco era uma garantia contra o exagero nas referências a um herói espanhol: "Se a esta se pode fazer alguma objeção acerca da sua verdade, não poderá ser outra que ter sido o seu autor arábico, sendo muito próprio dos dessa nação ser mentirosos; ainda que, por serem eles tão nossos inimigos, antes se pode entender ter sido nela mais parco que demasioso. E assim me parece, pois quando se poderia e deveria estender a pena nos elogios de tão bom cavaleiro, parece que de indústria o autor lhes guarda silêncio: coisa malfeita e pior pensada, tendo e devendo de ser os historiadores pontuais, verdadeiros e em nada apaixonados, que nem o interesse nem o medo, o rancor nem a afeição os desviem do caminho da verdade, cuja mãe é a história, êmula do tempo, depósito das ações, testemunha do passado, exemplo e aviso do presente, advertência do porvir. Nesta sei que se achará tudo que se pode desejar na mais grata; e se algo de bom nela faltar, tenho para mim que será por culpa do cão do autor, antes que por falta do sujeito".

Na segunda parte, ainda outro recurso é utilizado. Um novo personagem, Sansón Carrasco, bacharel no campo das artes, informa Dom Quixote que, embora só tenha transcorrido um mês desde sua volta das andanças (Cervantes nunca se preocupa com tais discrepâncias, ignorando-as como fruto de forças mágicas), a história de suas aventuras, isto é, a primeira parte escrita por Benengeli e revista por Cervantes, foi publicada e amplamente lida. É muito divertida a análise dos vários defeitos que, segundo Carrasco, os leitores encontraram no livro. Não tenho tempo para cuidar disso, mas observo apenas que Cervantes faz o possível a fim de lidar com o inexplicável problema de saber se Sancho teve ou não seu burro roubado na Serra Morena. As reações de Dom Quixote a tudo isso devem ser objeto de cuidadosa atenção.

Ora, bem cedo na segunda parte, no capítulo 14, o manhoso Carrasco, disfarçado de Cavaleiro dos Espelhos (reflexos e reflexos de reflexos reluzem através do livro), declara na presença de nosso Dom Quixote: "Por fim, ultimamente [sua senhora, Cacildeia] mandou-me discorrer por todas as províncias da Espanha e fazer confessar a todos os andantes cavaleiros que por elas vagassem que só ela é a mais avantajada em formosura de quantas hoje vivem, e que eu sou o mais valente e o mais bem enamorado cavaleiro do orbe, em cuja demanda já andei a maior parte da Espanha, e nela venci muitos cavaleiros que se atreveram a contradizer-me. Mas do que eu mais me prezo e ufano é de ter vencido em singular batalha aquele tão famoso cavaleiro Dom Quixote de La Mancha, fazendo-o confessar que é mais formosa a minha Cacildeia do que a sua Dulcineia, e neste só vencimento faço conta que venci todos os cavaleiros do mundo, porque o tal Dom Quixote que digo venceu a todos, e havendo-o vencido eu a ele, sua glória, sua fama e sua honra se transferiram e passaram à minha pessoa, pois tanto o vencedor é mais honrado quanto mais o vencido é reputado; e assim já correm por minha conta e são minhas as inumeráveis façanhas do referido Dom Quixote". Na verdade, ele poderia ter acrescentado que, sendo a glória de um cavaleiro sua identidade, "eu *sou* Dom Quixote". Desse modo, a luta que nosso verdadeiro Dom Quixote tem com esse refletido Dom Quixote constitui, de certa maneira, uma luta com sua própria sombra — e, na primeira refrega com Carrasco, nosso amigo vence.

Agora vai acontecer uma coisa muito curiosa. Enquanto Cervantes está inventando magos que supostamente escreveram o livro e enquanto Dom Quixote, dentro do livro, está se batendo com magos saídos dos romances de cavalaria, o autor de verdade é de repente confrontado com um feiticeiro no nível da chamada vida real. E vai usar essa circunstância como um recurso especial para divertir o leitor.

Cervantes inventou seu historiador árabe. A assim chamada "vida real" produziu um aragonês arrogante que roubou nosso cavaleiro andante. Enquanto Cervantes ainda trabalhava na segunda parte das aventuras de Dom Quixote, que tinham sido publicadas (após algum atraso) em 1615, uma espúria "segunda parte" foi impressa em

Tarragona, no norte da Espanha, e comercializada provavelmente quando havia expirado o copyright de dez anos que Cervantes possuía com relação à primeira parte, isto é, em 26 de setembro de 1614. O autor dessa continuação espúria a assinou com o nome "Alonso Fernández de Avellaneda", quase certamente um pseudônimo — e o problema de sua identidade permanece insolúvel. O que Cervantes diz dele no prefácio de sua própria segunda parte e mais adiante, bem como os indícios internos tendem a mostrar, é que tal pessoa era um aragonês de meia-idade (nascido em Tordesilhas), um escritor profissional com um conhecimento de questões religiosas (em especial no tocante à ordem dos dominicanos) mais profundo que o de Cervantes, além de ser um fervoroso e enciumado admirador do dramaturgo Lope de Vega (que havia criticado *Dom Quixote* antes de ser oficialmente publicado), em quem Cervantes tinha dado uma ou duas maldosas estocadas na primeira parte. Vários nomes foram sugeridos. Não vou examiná-los. Cada um pode dar o palpite que lhe aprouver. Gerações de estudiosos de Cervantes tentaram descobrir o nome verdadeiro de Avellaneda escondido anagramática ou acrosticamente nas primeiras linhas do espúrio *Dom Quixote*. Deixem-me divulgar a sombria insinuação de que uma bisavó de Cervantes se chamava Juana Avellaneda, e que alguns sustentam que o falso *Dom Quixote* foi escrito pelo próprio Cervantes, com o propósito expresso de ter à mão um novo recurso na segunda parte por ele assinada — sua gente se encontrando com pessoas que pertenciam ao livro de Avellaneda. Repito, porém, que ninguém sabe quem realmente foi Avellaneda, e seu estilo é diferente do de Cervantes, menos amplo, mais específico e com descrições mais curtas.

Na continuação de Avellaneda, Dom Quixote — um Dom Quixote barato, de papelão, carente por completo do encanto sonhador e da força emotiva do senhor original — ruma para Saragoça a fim de participar de um torneio de cavaleiros. É acompanhado por um Sancho bem bonzinho. Cumpre lembrar que, no final da primeira parte, é dito que o verdadeiro Dom Quixote foi para Saragoça após as aventuras descritas no livro. E Cervantes, em sua segunda parte, faz com que seu protagonista siga na direção norte, para Saragoça, e viaje por aquela estrada até ouvir algumas pessoas numa hospedaria conversando sobre o Dom Quixote espúrio e suas aventuras em Saragoça. Ao ouvir isso, Dom Quixote desdenhosamente decide, em vez disso, ir para Barcelona a fim de não se encontrar com o falsário fantasmagórico. Outro detalhe: na continuação espúria, Dom Quixote deixa de amar Dulcineia e transfere sua adoração platônica para a monstruosa rainha Zenóbia. Ela era dona de uma loja onde vendia tripas e linguiças — Barbara Villalobos, mulher grandalhona de olhos cansados, lábios grossos e cicatriz na bochecha, de cinquenta anos.

O tema ducal da segunda parte verdadeira é curiosamente ecoado na continuação de Avellaneda — suponho que tal tipo de coincidência depende de alguma convenção literária —, mas temos no livro de Avellaneda um fidalgo semelhante, dom Álvaro, que, tal qual o duque e a duquesa, usa Dom Quixote como alvo de zombaria. No entanto, de modo geral, a atitude de Avellaneda é mais bondosa, mais compassiva que a de Cervantes. Não é verdade — como dizem os mais fervorosos adoradores de Cervantes — que o livro de Avellaneda seja absolutamente sem valor. Pelo contrário, tem um ritmo rápido e há numerosas passagens em nada inferiores a algumas das cenas cômicas de pastelão de nosso livro.[*]

Como Cervantes vai encerrar a série de aventuras de Dom Quixote? Um encontro certamente ocorrerá, há um homem que nosso amigo sem dúvida terá de enfrentar. No teatro isso se chama "*la scène à faire*", uma cena que precisa acontecer.

---

[*] Por outro lado, numa folha de observações iniciais depois omitidas, VN comentou o abandono de seu velho amo por Sancho em favor de um rico fidalgo que lhe paga e o alimenta bem, enquanto Dom Quixote é enganado por dom Álvaro na busca de inimigos para vencer e termina sua cavalaria andante num hospício de Toledo: "Ele foi mantido lá, curou-se, deixou o manicômio, voltou a enlouquecer e viajou por toda a Velha Castela participando de muitas aventuras fantásticas. Em vez de Sancho, teve como escudeiro uma mulher grávida disfarçada de homem. Ficou muito surpreso quando ela deu à luz uma criança. Depois de deixá-la em boas mãos numa estalagem, ele parte em busca de novas aventuras, assumindo o nome de Cavaleiro das Tribulações (Caballero de los Trabajos). Essa é a última página do livro de Avellaneda — e não surpreende que Cervantes tenha batido o pé e decidido matar seu protagonista para não vê-lo correndo por toda a Espanha usando nomes falsos e tendo escudeiras prenhes. De certo modo, Avellaneda é responsável pela morte de nosso amigo".

No curso da segunda parte autêntica, o leitor está incomodamente cônscio de que o bacharel Carrasco, em algum lugar nos bastidores, está se recuperando pouco a pouco dos ferimentos sofridos no primeiro confronto com Dom Quixote e se encontra ansioso para voltar a enfrentá-lo. O que quer que aconteça com o protagonista na estrada, na gruta mágica, no castelo do duque, em Barcelona, ele está, por assim dizer — vou usar uma expressão feia —, em liberdade condicional. Trata-se apenas de uma pausa, pois a qualquer momento Carrasco, em algum disfarce brilhante, tilintante e cintilante, pode impedir a progressão de Dom Quixote na estrada e dar-lhe uma surra, fazê-lo de palhaço, selar seu destino. E é exatamente isso que acontece. No capítulo 64, Dom Quixote é de novo desafiado por Carrasco, o antigo Cavaleiro dos Espelhos, agora com novo disfarce e se intitulando Cavaleiro da Branca Lua. Ele é movido por duas forças conflitantes: uma má, a sede de vingança; outra boa, sua intenção inicial de forçar Dom Quixote a desistir, a voltar para casa como um bom menino e não se meter naquelas coisas de cavalaria andante ao longo de pelo menos um ano ou até que esteja curado da loucura.

Agora me sigam com atenção. Tratemos de dar rédea solta à nossa imaginação, levada a um agradável frenesi por ler demasiado sobre as aventuras de Dom Quixote. Tenho a impressão de que Cervantes, ao chegar à cena do duelo derradeiro, perde de vista o desfecho que havia quase formulado. Parece-me que ele tinha diante de si, preparado por seus próprios esforços, um clímax que seria compatível com a qualidade refletiva do disfarçado Carrasco, Cavaleiro dos Espelhos semelhantes à lua.* Vocês se lembram de que, no começo da segunda parte, no capítulo 14, em seu primeiro encontro hostil com Dom Quixote, Carrasco havia aludido ao fato de haver se tornado Dom Quixote por vencer outro Dom Quixote. Que outro Dom Quixote? Carrasco parece identificar-se com o Dom Quixote espúrio. Tenho para mim que a oportunidade perdida por Cervantes foi não ter seguido a insi-

---

* Na frase "Cavaleiro dos Espelhos semelhantes à lua", como consta do manuscrito de vn, "semelhantes à lua" foi uma adição posterior, e a frase original era a seguinte: "Cavaleiro dos Espelhos e agora Cavaleiro da Lua Polida, o espelho de um mágico se entendem bem o que estou querendo dizer".

nuação que fizera a fim de permitir que Dom Quixote combatesse na cena final não Carrasco, e sim o falso Dom Quixote de Avellaneda. Todo o tempo temos encontrado pessoas que conheciam pessoalmente o falso Dom Quixote. Estamos tão prontos para o surgimento dele como para o de Dulcineia. Estamos ansiosos para que Avellaneda apresente seu homem. Quão esplêndido seria se, em vez do vago e apressado encontro final com o Carrasco disfarçado, que derruba nosso cavaleiro bem rápido, o verdadeiro Dom Quixote houvesse lutado sua batalha crucial com o falso Dom Quixote! Nessa batalha imaginada, quem seria o vencedor — o fantástico e adorável louco genial ou a fraude, o símbolo da robusta mediocridade? Aposto no homem de Avellaneda porque a beleza da coisa está em que, na vida, a mediocridade é mais bem-afortunada que a genialidade. Na vida, é a fraude que derruba do cavalo o valor genuíno. E, uma vez que devaneio, deixem-me acrescentar que tenho uma queixa com respeito ao destino dos livros: escrever sob outro nome uma simulada e espúria continuação a fim de deixar intrigado o leitor da obra autêntica teria sido um pequeno clarão de luar em matéria de técnica artística. O próprio Avellaneda deveria ter se revelado, num disfarce de espelhos, como Cervantes.

DULCINEIA

Neste ponto, cuidemos de resumir o que sabemos sobre Dulcineia d'El Toboso. Sabemos que o nome é uma invenção romântica de Dom Quixote, mas sabemos também, por ele e por seu escudeiro, que na aldeia de El Toboso, distante alguns quilômetros de seu próprio povoado, existiu de fato o protótipo de sua princesa. Foi-nos dito que seu nome era, na realidade do livro, Aldonza Lorenzo — e que se tratava de uma formosa camponesa, perita em matéria de salgar carne de porco e joeirar trigo. Isso é tudo. Os olhos verde-esmeralda, que o amor por verde de Dom Quixote e de seu criador dão à rapariga, são provavelmente uma invenção romântica semelhante à de seu nome invulgar. O que mais sabemos? A descrição dela feita por Sancho deve ser obviamente rejeitada, já que ele inventa a história de lhe entregar a mensagem do amo. Mas ele a conhecia bem — uma moça musculosa, alta e robusta, com voz forte e riso zombeteiro. No capítulo 25, prestes a pegar a mensagem para ela, Sancho a descreve para o amo: "'Bem a conheço [...] e sei dizer que joga barra tão bem como o mais forçudo zagal do lugar. Pelo Dador, que é moça das boas, feita e benfeita e de peito forte, e que pode tirar da lama o pé de qualquer cavaleiro andante ou por andar que a tenha por senhora! Ah, fideputa, que nervo que tem, e que voz! [...] E o melhor dela é que não é nada melindrosa, pois tem muito de cortesã: com todos brinca e de tudo faz burla e graça'".

No fim do capítulo 1, somos informados de que Dom Quixote tinha se apaixonado por Aldonza Lorenzo no passado — amor platônico, sem dúvida, mas a implicação parece ser que, sempre que acontecia de passar por El Toboso em anos anteriores, ele admirava aquela bonita camponesa. Assim, "houve ele por bem dar o título de senhora dos seus pensamentos; e procurando-lhe um nome que não destoasse muito do seu e que soasse e tendesse ao de princesa e grande senhora, veio a chamá-la 'Dulcineia d'El Toboso' por ser ela natural de El Toboso: nome, a seu parecer, músico, peregrino e significativo, como todos os outros que a si e às suas coisas tinha dado". No capítulo 25, ficamos sabendo que, ao longo dos doze anos em que ele a amara (estava agora com cinquenta), havia visto a moça apenas três ou quatro vezes, sem nunca lhe falar. Nem ela notara que estava sendo olhada por Dom Quixote.

No mesmo capítulo, ele faz um sermão para Sancho: "'Portanto, Sancho, para o querer que tenho por Dulcineia d'El Toboso, vale ela tanto quanto a mais alta princesa da Terra. Pois nem todos os poetas que louvam damas sob um nome escolhido ao seu arbítrio as têm de verdade. Pensas tu que as Amarílis, as Filis, as Sílvias, as Dianas, as Galateias, as Fílidas e outras dessas que povoam os livros, os romances, as barbearias e os teatros de comédia foram verdadeiramente damas de carne e osso, e senhoras daqueles que as celebram e celebraram? Não, por certo, as mais delas são por eles fingidas para dar mote aos seus versos e para que os tenham por enamorados e por homens com valor para o serem. E assim basta-me pensar e crer que a boa

Aldonza Lorenzo é formosa e honesta, e quanto à linhagem, pouco importa, pois dela ninguém há de levantar informação para dar-lhe algum hábito, e eu faço conta de que é a mais alta princesa do mundo'". E Dom Quixote conclui: "'Porque hás de saber, Sancho, se o não sabes, que só duas coisas incitam a amar mais que qualquer outra, que são a muita formosura e a boa fama, e estas duas coisas se acham consumadamente em Dulcineia, pois em formosura nenhuma se lhe iguala, e na boa fama poucas lhe chegam. E para concluir com tudo, imagino que tudo o que digo é assim, sem sobra nem míngua, e a pinto na minha imaginação tal como a desejo, assim na beleza como na principalidade, e nem Helena a iguala, nem Lucrécia a alcança, nem outra alguma das famosas mulheres das idades pretéritas, grega, bárbara ou latina. E diga cada qual o que quiser; pois, se por isto eu for repreendido por ignorantes, não serei castigado por rigorosos'".*

No curso das loucas aventuras do cavaleiro, alguma coisa acontece no tocante a suas lembranças de Aldonza Lorenzo. Desbotado o pano de fundo específico, Aldonza é engolida pela generalização romântica representada por Dulcineia, de tal maneira que, no capítulo 9 da segunda parte, quando chegaram a El Toboso em busca da sua senhora, Dom Quixote pôde afirmar a Sancho com bastante irritação: "'Vem cá, herege, eu já não te disse mil vezes que em todos os dias da minha vida nunca vi a sem-par Dulcineia, nem jamais cruzei os umbrais do seu palácio, e que só estou enamorado de ouvida e da grande fama que ela tem de formosa e discreta?'". Essa imagem impregna todo o livro, mas ela jamais será vista em El Toboso como o leitor espera.

---

* Quando, no capítulo 64 da segunda parte, ele foi derrubado do cavalo e ameaçado de morte pelo Cavaleiro da Branca Lua, o Dom é indominável na defesa do ideal de sua inspiração. "Dom Quixote, moído e aturdido, sem erguer a viseira, como se falasse dentro de um túmulo, com voz debilitada e doente, disse: 'Dulcineia d'El Toboso é a mais formosa mulher do mundo e eu o mais desditoso cavaleiro da Terra, e não é bem que minha fraqueza defraude esta verdade. Finca tua lança, cavaleiro, e tira-me a vida, pois já me tiraste a honra'." Como para Carrasco a questão da beleza tinha servido apenas como pretexto, ele responde: "'Viva, viva em sua inteireza a fama da formosura da senhora Dulcineia d'El Toboso, pois eu me contento só com que o grande Dom Quixote se retire ao seu lugar por um ano, ou até o tempo que por mim lhe for mandado, como concertamos antes de entrarmos nesta batalha'".

MORTE

Sansón Carrasco, fazendo-se passar por Cavaleiro da Branca Lua, derrota com facilidade Dom Quixote em Barcelona e exige que cumpra a promessa de voltar para sua aldeia e lá permanecer durante um ano. Depois de descrever seus planos para dom Antonio Moreno, agora exitosos depois do primeiro desastre, Carrasco acrescenta a garantia: "'E como ele é tão pontual em guardar as ordens da andante cavalaria, sem dúvida alguma, em cumprimento da sua palavra, há de guardar a que lhe dei. Isto é, senhor, o que se passa, sem que eu vos tenha de dizer outra coisa alguma. Suplico-vos não me denuncieis nem digais a Dom Quixote quem sou, para que tenham efeito os bons pensamentos meus e torne a cobrar seu juízo um homem que o tem boníssimo, como o deixem as sandices da cavalaria'".*

Quando Dom Quixote e Sancho Pança partem de Barcelona rumo à aldeia natal, o protagonista está excitado e perturbado. Não usa a armadura e veste roupas de viagem, enquanto Sancho segue a pé, pois a armadura foi empilhada no lombo do burro. "'O que te sei dizer', diz ele a Sancho, 'é que não há fortuna no mundo, e as coisas que nele sucedem, sejam elas boas ou más, não vêm por acaso, senão por particular providência dos céus, e daí vem o que se costuma dizer: que cada um é artífice da própria ventura. Eu o fui da minha, mas não com a prudência necessária, e assim paguei dobrada a minha presunção, pois devia ter percebido que à poderosa grandeza do cavalo do da Branca Lua não poderia resistir a magreza de Rocinante. Atrevi-me, enfim; fiz o que pude, derrubaram-me, e, se perdi a honra, não perdi nem posso perder a virtude de cumprir com a minha palavra. Quando eu era cavaleiro andante, atrevido e valente, com minhas obras e minhas mãos acreditava meus feitos; e agora, quando sou escudeiro pedestre, acreditarei minhas palavras cumprindo a que dei na minha promessa. Caminha pois, amigo Sancho, e vamos ter em nossa terra

* A resposta de dom Antonio, embora egoísta, pode encontrar eco no leitor: "'Oh, senhor, [...] Deus vos perdoe o agravo que fizestes a todo o mundo por querer tornar em sisudo o mais engraçado louco que há nele!'".

o ano do noviciado, cujo encerramento nos dará nova virtude para voltarmos ao nunca por mim esquecido exercício das armas.'"

Será que Dulcineia nunca irá aparecer?

A caminho de casa, no capítulo 72, Dom Quixote se encontra não com o falso Dom Quixote, como poderíamos esperar, mas com um dos personagens da continuação espúria, a saber, dom Álvaro Tarfe, que mais ou menos desempenha no livro de Avellaneda o papel do duque e da duquesa no texto original. "'O tal Dom Quixote, sujeito principal da tal história, foi grandíssimo amigo meu'", diz dom Álvaro ao verdadeiro Dom Quixote, "'e fui eu quem o tirou da sua terra, ou ao menos o movi a que fosse a umas justas que se faziam em Saragoça, para onde eu ia; e em verdade, em verdade que lhe fiz muitos favores, e o livrei de que o carrasco lhe palmasse as costas por seu demasiado atrevimento.'" Dom Quixote decide acabar com tudo aquilo fazendo com que um escrivão prepare um documento com a declaração de que o verdadeiro Dom Quixote e Sancho Pança não são os referidos no livro de Avellaneda. "Aquele dia e aquela noite caminharam sem que lhes acontecesse coisa digna de conto, a não ser que nela Sancho acabou sua tarefa, do qual ficou Dom Quixote sobremodo contente, já esperando o dia por ver se no caminho topava Dulcineia sua senhora já desencantada; e seguindo seu caminho não topava mulher que ele não tratasse de ver se era Dulcineia d'El Toboso, tendo por infalível não poderem mentir as promessas de Merlim. Com esses pensamentos e desejos, subiram uma ladeira acima, de cujo topo descobriram sua aldeia, a qual vista por Sancho, caiu ele de joelhos [...]."

Vagos prenúncios à chegada perturbam Dom Quixote, uma briga entre dois meninos em torno de uma gaiola de grilos, depois uma lebre perseguida por caçadores que se refugia debaixo do burro de Sancho, que a pega e dá ao amo. "'*Malum signum*! *Malum signum*! Lebre foge, cães a seguem: Dulcineia não aparece!'" Encontram o padre, o barbeiro, o bacharel Carrasco e todos demais em sua casa: "Dom Quixote, sem reparar em modos nem horas, no mesmo ponto foi ter a sós com o bacharel e o padre, e em breves razões lhes contou seu vencimento e a obrigação em que ficara de não sair da sua aldeia por um ano, a qual pensava guardar ao pé da letra, sem dela se desviar um átomo, bem assim como cavaleiro andante obrigado pela pontualidade e ordem da andante cavalaria, e que vinha pensando em naquele ano se fazer pastor e se entreter na solidão dos campos, onde a rédea solta poderia dar vau a seus amorosos pensamentos, exercitando-se no pastoral e virtuoso exercício; e lhes suplicou, se não tinham muito que fazer e não estavam impedidos por negócios mais importantes, quisessem ser seus companheiros [...]".

Mais uma vez vem à minha lembrança certa entonação em *Rei Lear* quando ele reconforta Cordélia (V.III):

> "*Assim viveremos, faremos nossas orações, cantaremos, contaremos velhas histórias e riremos de borboletas douradas* [...]"

O fim de Dom Quixote chegou quando ele menos esperava. "[...] ou já fosse da melancolia que lhe causava o ver-se vencido, ou já pela disposição do céu, que assim o ordenava, foi tomado de umas febres que o tiveram por seis dias de cama, nos quais recebeu muitas vezes a visita do padre, do bacharel e do barbeiro, seus amigos, sem que Sancho Pança, seu bom escudeiro, se lhe apartasse da cabeceira. [...] Chamaram seus amigos o médico, tomou-lhe o pulso, que não o contentou muito, dizendo que, pelo sim ou pelo não, se cuidasse da saúde da sua alma, porque a do corpo corria perigo. [...] Rogou Dom Quixote que o deixassem só, porque queria dormir um pouco. Assim fizeram, e dormiu ele mais de seis horas, como dizem, de um sono só: tanto que a ama e a sobrinha pensaram que ali mesmo ficaria." Ao acordar, ele aos brados agradeceu a Deus por sua misericórdia. "'As misericórdias [de que falo]', acrescentou, 'são as que neste instante Deus usou comigo, as quais, como disse, não impedem os meus pecados. Eu tenho juízo já livre e claro, sem as sombras caliginosas da ignorância que sobre ele me pôs minha amarga e contínua lição dos detestáveis livros das cavalarias. Já conheço seus disparates e seus engodos, e só me pesa que este desengano tenha chegado tão tarde, que me não deixa tempo para fazer alguma compensação lendo outros que sejam luz da alma. Eu me sinto [...] na hora da morte: quisera arrumá-la de tal modo que desse a entender que não foi minha vida tão má para me deixar renome de louco; pois, posto que o fui, não quisera confirmar esta verdade na minha morte.'"

Como diz aos amigos, "'já não sou Dom Quixote de La Mancha, senão Alonso Quijano, a quem meus costumes deram renome de "bom"'.

Essa é uma cena tocante, especialmente por sua continuação.

"'Ai!', respondeu Sancho chorando aos prantos. 'Não morra vossa mercê, senhor meu, e tome o meu conselho de viver muitos anos, porque a maior loucura que um homem pode fazer nesta vida é deixar-se morrer sem mais nem mais, sem que ninguém o mate nem outras mãos o acabem senão as da melancolia. Deixe de preguiça e levante dessa cama, e vamos para o campo vestidos de pastores, como já temos concertado; quem sabe atrás de uma moita achamos a senhora dona Dulcineia desencantada, linda que só vendo. E se vossa mercê vai morrendo do pesar de se ver vencido, ponha a culpa a mim, dizendo que foi por eu ter cilhado mal Rocinante que o derrubaram [...].'" Dulcineia *está* desencantada. Ela é a morte.

Dom Quixote faz seu testamento e, então, "se estirou na cama de longo a longo. Alvoroçaram-se todos e acudiram ao seu remédio, e nos três dias que viveu depois desse em que fez o testamento se desmaiava muito amiúde. Andava a casa alvoroçada, mas, contudo, comia a sobrinha, brindava a ama e se regozijava Sancho Pança, pois isso do herdar algo apaga ou abranda no herdeiro a memória da pena que é razão que o morto deixe".

A última e cruel estocada, bem compatível com o mundo irresponsável, infantil, bárbaro e cheio de farpas do livro.

Don Quixote

(h)

A quiet country gentleman, Señor Quijana, turned knight-errant.

p.26 Close on to fifty, of a robust constitution but with
little flesh on his bones and a face that was lean and
gaunt.

p.32 When he raises his pasteboard visor, he reveals a
"withered, dust-covered face".

His voice is gentle and courteous.

p.34 His improvised helmet is tied on with green ribbons
the knots of which could not be undone.

p.35 His suit-of-armor was black and moldy

p.39 His composure, his beautiful calm manner and self-
control, so oddly in contrast with his mad fits of belli-
gerent rage. Also Chapter VII.

He is a gallant gentleman, a man of infinite courage, a
hero in the truest sense of the word. This very important
point should be kept in mind all the time, in reading
about all his encounters.

p.88 He is a purist. He cannot hear a village lad mispronounce
words or use the wrong one.

p.92 He chose "toil, anxiety and arms" *" sweat, tears and
blood.

The people he meets are farmers and friars, carters, mule
drivers, goatherds and shepherds, but very few horsemen.

p.112 Samples of his metapractical wisdom are numerous: "I
must remind you, brother Panza, that there is no memory
to which time does not put an end and no pain that
death does not abolish."

p.163 Rocinante is a lean horse, but moreover slow-paced and
phlegmatic.

Anotações de Nabokov na abertura da parte um

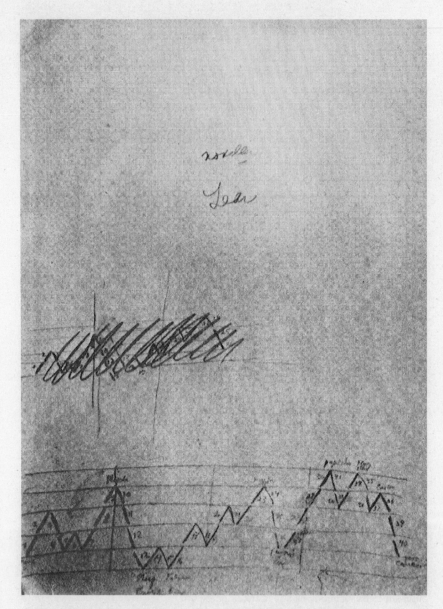
Gráfico das vitórias e derrotas de Dom Quixote feito por Nabokov

Vitórias e derrotas

Em bem conhecido ensaio sobre Cervantes, certo comentarista afirma que, durante sua longa série de batalhas, "nunca acontece de [Dom Quixote] vencer".* Obviamente, qualquer pessoa deve ler um livro para escrever sobre ele. Temos condições de refutar a afirmativa incompreensível desse comentarista.

Não apenas irei refutá-lo. Vou comprovar, mediante um relato minucioso dos quarenta episódios em que Dom Quixote age como cavaleiro andante, que eles revelam diversos pontos surpreendentes de estrutura artística; certo equilíbrio e certa unidade, impressões que nunca poderiam ser produzidas caso todos os seus embates terminassem em derrotas.

---

* Como indicado por VN, a referência é ao livro de Joseph Wood Krutch, *Five Masters*, op. cit., p. 78. A citação completa é a seguinte: "A fertilidade inventiva de Cervantes tem sido elogiada com frequência, mas a verdadeira maravilha não é tanto que ele fosse capaz de criar intermináveis aventuras para seu Cavaleiro e Escudeiro, mas que, em cada uma delas, os personagens se mostrassem, como na breve aventura há pouco mencionada [moinho d'água], ao mesmo tempo certos e errados. Nunca acontece de o cavaleiro vencer, mas, não obstante, em outro sentido ele nunca perde. No início de cada novo incidente vemos por que ele vai fracassar, porém jamais sentimos que isso devesse ocorrer. Com escárnio, ele é apelidado de 'Cavaleiro da Triste Figura', mas, como muitos que adotam com orgulho um epíteto que primeiramente lhes foi lançado como zombaria, ele o usa com galhardia em vez de vergonha. Não foi feito para ser bem-sucedido ou alegre — os Sanchos podem sê-lo —, e sim para ser consistente. A cavalaria é o ideal mais nobre que ele conhece, e não perguntará se ela oferece recompensas".

Em seus quarenta confrontos, ele tem de lidar com uma grande variedade de criaturas e engenhocas:

— *Animais:* leões, um javali selvagem, touros, carneiros e gatos.
— *Homens a cavalo e pastores:* muleteiros, condutores de carros de bois, pastores e guardadores de cabras e de ovelhas.
— *Viajantes:* religiosos, estudantes, criminosos, vagabundos e variadas donzelas.
— *Máquinas:* moinhos de vento, moinhos d'água e um cavalo voador.

Na condição de cavaleiro andante, ele foi várias coisas, como veremos a seguir.

Em dois encontros, Dom Quixote age como *protetor de amantes em perigo*:

Episódio Trinta: segunda parte, capítulos 25-7, "O teatro de marionetes".
Episódio Trinta e quatro: segunda parte, capítulo 41, "O cavalo voador".*

Em dois encontros, Dom Quixote age como *vencedor de reis e conquistador de reinos*:

Episódio Cinco: primeira parte, capítulo 7, "Arranjando um escudeiro".
Episódio Dezesseis: primeira parte, capítulo 21, "O elmo de Mambrino".

Em dois encontros, ele age como *matador de monstros*:

Episódio Vinte e oito: segunda parte, capítulo 17, "Os leões".
Episódio Trinta e três: segunda parte, capítulo 34, "O javali selvagem".

Em quatro encontros, ele age como *defensor de sua honra*:

---

* VN analisa quarenta embates em detalhe, mas nesse levantamento específico de Dom Quixote exercendo diferentes funções ele relaciona 53 episódios devido a certas duplicações. Os Episódios Trinta e Trinta e quatro são repetidos sob sua oitava categoria de Dom Quixote como reparador de malfeitos.

Episódio Um: primeira parte, capítulo 3, "A vigília da armadura".

Episódio Oito: primeira parte, capítulo 8, "O cavaleiro basco".

Episódio Dez: primeira parte, capítulo 15, "Os arreeiros".

Episódio Vinte e sete: segunda parte, capítulos 14-5, "O primeiro embate com Carrasco".

Em cinco encontros, ele age como *pacificador*:

Episódio Vinte: primeira parte, capítulos 37-8, "O jantar".

Episódio Vinte e oito: primeira parte, capítulo 44, "Os hóspedes desonestos".

Episódio Vinte e três: primeira parte, capítulo 45, "O pandemônio no pátio da estalagem".

Episódio Vinte e nove: segunda parte, capítulo 21, "A contenda no casamento".*

Episódio Trinta e um: segunda parte, capítulos 25-7, "As aldeias dos zurros".

Em cinco encontros, ele age como *defensor de donzelas em perigo*:

Episódio Sete: primeira parte, capítulo 8, "O grande revés dos frades".

Episódio Nove: primeira parte, capítulo 14, "Marcela".

Episódio Dezenove: primeira parte, capítulos 35 e 37, "A segunda batalha em sonho".

Episódio Vinte e seis: primeira parte, capítulo 52, "A procissão em que se rezava para chover".

Episódio Trinta e sete: segunda parte, capítulos 54-6, "O lacaio gascão".**

Em seis encontros, Dom Quixote age como *defensor de Dulcineia e outras princesas*:

---

* Os Episódios Vinte e dois, Vinte e três e Vinte e nove estão repetidos sob a oitava categoria de Dom Quixote como reparador de malfeitos.

** O Episódio Sete é repetido sob a nona categoria de Dom Quixote como inimigo dos magos. O Episódio Trinta e sete é repetido aqui e na oitava categoria do cavaleiro como reparador de malfeitos.

Episódio Três: primeira parte, capítulo 4, "O encontro com os mercadores".

Episódio Dezoito: primeira parte, capítulo 24, "O Cavaleiro Roto".

Episódio Vinte e quatro: primeira parte, capítulo 46, "O enjaulamento de Dom Quixote".*

Episódio Trinta e oito: segunda parte, capítulo 58, "Os touros".

Episódio Trinta e nove: segunda parte, capítulo 60, "A briga com Sancho".

Episódio Quarenta: segunda parte, capítulos 64-5, "O segundo embate com Carrasco".

Em nove encontros, Dom Quixote age como *reparador de malfeitos*:

Episódio Dois: primeira parte, capítulo 4, "O rapaz do campo surrado".

Episódio Catorze: primeira parte, capítulo 19, "A surra nos enlutados".

Episódio Dezessete: primeira parte, capítulo 22, "A libertação dos escravos da galé".

Episódio Vinte e dois: primeira parte, capítulo 44, "Os hóspedes desonestos".

Episódio Vinte e três: primeira parte, capítulo 45, "O pandemônio no pátio da estalagem".

Episódio Vinte e nove: segunda parte, capítulo 21, "A contenda no casamento".

Episódio Trinta: segunda parte, capítulos 25-6, "O teatro de marionetes".

Episódio Trinta e quatro: segunda parte, capítulo 41, "O cavalo voador".

Episódio Trinta e sete: segunda parte, capítulos 54-6, "O lacaio gascão".**

---

* O Episódio Vinte e quatro é repetido sob a nona categoria de Dom Quixote como inimigo dos magos.

** O Episódio Catorze é repetido na nona categoria de Dom Quixote como inimigo dos magos. O Episódio Trinta é repetido na nona categoria e já foi relacionado sob a primeira, referente à defesa dos amantes em perigo. O Episódio Trinta e quatro é repetido na nona categoria e já foi relacionado na primeira e também na sexta, relativa ao defensor de donzelas em perigo. O Episódio Trinta e sete é repetido na nona categoria e já foi relacionado na sexta.

Em dezoito encontros, Dom Quixote age como *inimigo dos magos*, quase metade do número total, quarenta:*

Episódio Quatro: primeira parte, capítulo 7, "A primeira batalha em sonho".

Episódio Seis: primeira parte, capítulo 8, "Os moinhos de vento".

Episódio Sete: primeira parte, capítulo 8, "O grande revés dos frades".

Episódio Onze: primeira parte, capítulos 16-7, "O arreiro ciumento".

Episódio Doze: primeira parte, capítulo 17, "O quadrilheiro".

Episódio Treze: primeira parte, capítulo 18, "O carneiro".

Episódio Catorze: primeira parte, capítulo 19, "A surra nos enlutados".

Episódio Quinze: primeira parte, capítulo 20, "Os moinhos d'água".

Episódio Vinte e um: primeira parte, capítulo 43, "O *strappado*".

Episódio Vinte e quatro: primeira parte, capítulo 46, "O enjaulamento de Dom Quixote".

Episódio Vinte e cinco: primeira parte, capítulo 52, "A briga com o guardador de cabras".

Episódio Vinte e sete: segunda parte, capítulos 14-5, "O primeiro embate com Carrasco".

Episódio Trinta: segunda parte, capítulos 25-7, "O teatro de marionetes".

Episódio Trinta e dois: segunda parte, capítulo 29, "Os moinhos d'água".

Episódio Trinta e quatro: segunda parte, capítulo 41, "O cavalo voador".

Episódio Trinta e cinco: segunda parte, capítulo 46, "Os gatos".

Episódio Trinta e seis: segunda parte, capítulos 48 e 50, "As beliscadoras".

Episódio Trinta e sete: segunda parte, capítulos 54-6, "O lacaio gascão".

O primeiro ponto a ser lembrado é que os magos são seus maiores inimigos.

Tratemos agora de segui-lo ao longo dos quarenta encontros. Na maioria deles, há uma fantasia. A fantasia termina seja em vitória, seja em derrota, e a vitória geralmente é moral. Por trás da fantasia há o evento factual. Faremos a contagem dos pontos vencedores e

---

* Não é exatamente assim graças às numerosas duplicações nessa categoria e nas demais. Na verdade, apenas onze dos encontros relacionados não foram mencionados anteriormente, a saber, Quatro, Seis, Onze, Doze, Treze, Quinze, Vinte e Um, Vinte e Cinco, Trinta e Dois, Trinta e Cinco e Trinta e Seis.

perdedores. Começa a partida. Veremos quem vai ganhar: Dom Quixote ou seus inimigos.

Os quarenta episódios que compõem o livro ocorrem no decorrer de 175 dias, contando com uma pausa de um mês, e se estendem do início de julho a meados de dezembro, segundo um calculador espanhol.

PRIMEIRA PARTE

Episódio Um: A vigília da armadura (cap. 3)

Fantasia: defensor de sua honra. Dom Quixote, na estalagem que imagina ser um castelo, está pronto a liquidar qualquer um que interfira em sua vigília cerimonial.

Resultado: sua primeira vitória — pouco antes de se tornar cavaleiro.

Fato: enquanto caminha sob o brilhante luar no pátio da estalagem, dois tropeiros, a fim de dar água a suas mulas, mexem na armadura que está em cima do bebedouro. Dom Quixote os repele e os fere gravemente.

Placar: 1 a 0.

Episódio Dois: O rapaz do campo surrado (cap. 4)

Fantasia: reparador de malfeitos. Dom Quixote toma erroneamente como cavaleiro o camponês que surra o rapaz.

Resultado: sua segunda vitória, uma vitória moral incompleta.

Fato: por meio de ameaças e ao brandir a lança, ele faz com que um camponês pare de bater em seu jovem criado, Andrés. Mais tarde, no capítulo 31, Andrés reaparece e se queixa ao envergonhado Dom por ter levado o camponês a lhe dar uma coça ainda maior depois que o reparador de malfeitos havia alegremente se afastado. Um comentarista devoto (Aubrey F. G. Bell, *Cervantes*, op. cit., p. 209) observa que "Dom Quixote foi punido por se preocupar com um grande número de questões que não lhe diziam respeito" — como se, permitam-me afirmar, a justiça e a piedade não dissessem respeito a todas as pessoas.

Placar: 2 a 0.

Part I

Episode One : The Watch of the armor

Ch. 3 [43 - 45]

The delusion : Upholder of his honor, Don Quixote, at the inn which he takes for a castle, is ready to destroy anyone who interferes with his ceremonial vigil.

The result : his First Victory — on the very threshold of knighthood

The actual event : as he paces the geometrical moonlight in the inn yard two carriers disturb his armor [to get at the trough] and Don Quixote repels and severely wounds them two

One love

[   ]
1 - 0

Explicação de Nabokov para a primeira vitória de Dom Quixote

Episódio Três: O encontro com os mercadores (cap. 4)

Fantasia: defensor de princesas. Dom Quixote ataca treze bandidos que se recusaram a confessar que Dulcineia era a mais linda donzela em todo o mundo.

Resultado: sua primeira derrota.

Fato: as pessoas que ele ataca são seis mercadores com quatro criados e três condutores de mulas, um dos quais lhe deu muitas bordoadas com pedaços de sua lança depois que o Dom caiu do cavalo. O cavaleiro derrotado brada ameaças com imensa coragem. (Mais tarde, no capítulo 7, ele transforma o imaginado "bandido" em Orlando, o Furioso, personagem do livro *Orlando Furioso*, de Ariosto.) Esse é o fim de sua primeira incursão.

Placar: 2 a 1

Episódio Quatro: A primeira batalha em sonho (cap. 7)

Fantasia: inimigo dos magos. Ele luta com os apoiadores de Orlando num sonho.

Resultado: sua segunda derrota (não definitiva, contudo, pois a batalha é interrompida).

Fato: ele salta da cama, cortando o ar com a espada, e é posto de novo para dormir pelo padre e pelo barbeiro. Eles carregam seus livros para o quintal (onde a criada os queima) e emparedam o aposento onde os livros costumavam ficar. Dom Quixote acusa o feiticeiro Freston de ter feito o aposento desaparecer.

Placar: 2 a 2.

Episódio Cinco: Arranjando um escudeiro (cap. 7)

Fantasia: conquistador de reinos. Ele se esforça para persuadir um trabalhador de que pode acabar sendo o governador de rica ilha caso se torne seu escudeiro.

Resultado: sua terceira vitória, uma vitória moral.

Fato: após muita persuasão, Sancho Pança concorda em abandonar a família e seguir o dom. Mais tarde, no capítulo 10, seu amo lhe diz que, se não houver uma ilha disponível, lhe dará o reino da Dinamarca (o qual, todavia, acaba de ser anexado [1601] por outro indivíduo que brande espadas). Esse é o início da segunda incursão.

Placar: 3 a 2.

Episódio Seis: Os moinhos de vento (cap. 8)

Fantasia: inimigo dos magos. Ele luta com trinta e cinco gigantes que gesticulam e são transformados pelo mago Freston em moinhos de vento a fim de contrariá-lo.

Resultado: sua terceira derrota.

Fato: quando surgem diante de Dom Quixote aquelas novas engenhocas chamadas moinhos de vento, sopra uma brisa que começa a fazer girar as pás, uma das quais fere gravemente o cavaleiro em plena investida.

Placar: 3 a 3.

Vêm então três vitórias seguidas.

Episódio Sete: O grande revés dos frades (cap. 8)

Fantasia: inimigo dos magos e defensor das donzelas em perigo. Ele ataca dois magos vestidos de preto, usando máscaras com lentes para a poeira e guarda-sóis. Montados em dromedários, eles haviam sequestrado um coche com uma princesa.

Resultado: sua quarta vitória.

Fato: dois beneditinos, usando óculos de viajantes e montados em grandes e gordas mulas, por acaso seguem no mesmo caminho de uma senhora que vai para Sevilha, acompanhada de cinco cavaleiros e dois muleteiros, os quais surram Sancho enquanto seu amo vence os bons frades.

Placar: 4 a 3.

Episódio Oito: O cavaleiro basco (caps. 8-9)

Fantasia: defensor de sua honra, Dom Quixote ataca um cavaleiro da Biscaia que o insultou.

Resultado: sua quinta vitória.

Fato: derrubado da mula pelo dom, o basco (escudeiro da senhora que apareceu no episódio anterior) cai com sangue saindo das narinas, boca e ouvidos. (Cervantes gosta de incluir todos os orifícios.)

Após seu encontro mais satisfatório, Dom Quixote entra num raro período de lucidez comparativa.

Placar: 5 a 3.

Episódio Nove: Marcela (cap. 14)

Fantasia: nenhuma.

Resultado: sua sexta vitória, uma vitória moral.

Fato: defensor das donzelas em perigo. Com palavras fortes, Dom Quixote obriga alguns amigos vingativos junto à cova do jovem Grisóstomo, morto de amores por Marcela, que a deixem em paz, e ninguém vai atrás dela.

(Em conexão com a terminologia que uso para manter o placar, desejo relembrá-los de que o antigo jogo chamado "tênis real", ancestral do nosso esporte atual, é frequentemente mencionado por escritores daquela época e, em *Dom Quixote*, ele é jogado — segundo Altisidora — por demônios no inferno, que usam bolas cheias de vento e madeira.)

O placar é 6 a 3, e Dom Quixote venceu o primeiro set na partida contra o mal. (A partida supostamente é uma melhor de cinco, mas só serão jogados quatro sets.)

Agora Dom Quixote vai perder quatro partidas seguidas.

Episódio Dez: Os arreeiros (cap. 15)

Fantasia: nenhuma.

Resultado: sua quarta derrota. O Dom perfeitamente lúcido se repreende por haver desembainhado a espada contra labregos. Lutar apenas contra pessoas do mesmo nível social era uma regra da cavalaria refletida nos códigos modernos de duelos na Europa e América Latina.*

Fato: defensor de sua honra. Dom Quixote ataca mais de vinte arreeiros que bateram muito em seu cavalo e agora o espancam com bastões.

Placar: 6 a 4 (0 a 1 no segundo set).

Episódio Onze: O arreeiro ciumento (caps. 16-7)

Fantasia: inimigo dos magos. Dom Quixote é atacado por um gigante, um mago mourisco.

Resultado: sua quinta derrota.

Fato: numa estalagem, ele é terrivelmente surrado por um arreeiro, o qual pensa que o magro e casto Dom está mantendo relações sexuais com sua repugnante namorada, a promíscua Maritornes.

Placar: 6 a 5 (0 a 2 no segundo set).

Episódio Doze: O quadrilheiro (cap. 17)

Fantasia: inimigo dos magos. Dom Quixote é atacado por uma aparição — o mago mourisco sob outra forma (de acordo com Sancho).

Resultado: sua sexta derrota.

Fato: um quadrilheiro, com quem o Dom discute, o atinge na cabeça com um candeeiro. (Essa cena conduz ao preparo de uma poção mágica que serve como panaceia — alecrim, azeite, sal e vinho — da qual Dom Quixote e Sancho bebem quase um litro cada, com efeitos medievais.)

Placar: 6 a 6 (0 a 3 no segundo set).

---

* Em sua seção de anotações eliminadas da qual extraiu o texto final de "Vitórias e derrotas", VN acrescentou: "Embora eu creia que somente Espanha, Itália, França, Hungria e Polônia fossem os países europeus onde ainda ocorriam duelos antes da última guerra".

Episódio Treze: Os carneiros (cap. 18)

Fantasia: inimigo dos magos. Dom Quixote luta contra um exército de gigantes e cavaleiros.

Resultado: sua sétima derrota.

Fato: ele ataca um rebanho de ovelhas em meio a uma nuvem de poeira e é derrubado pelo pastor. (Aliás, comparem os pastores reais com os arcádicos.) Observem o tema da realidade e da transformação nessa cena. De acordo com o dom, o exército se transmuda em ovelhas por mágica, assim como os gigantes haviam se transformado em moinhos de vento. (No último capítulo da obra, o mago Cervantes transformará a flor da cavalaria, o próprio Dom Quixote, num burguês penitente e impregnado de bom senso em seu leito de morte.)

Placar: 6 a 7 (0 a 4 no segundo set).

Episódio Catorze: A surra nos enlutados (cap. 19)

Fantasia: inimigo dos magos e reparador de malfeitos. Dom Quixote luta contra 26 demônios que carregam um cavaleiro morto ou ferido.

Resultado: sua sétima vitória.

Fato: ele ataca uma procissão fúnebre — 26 homens a cavalo vestidos de branco com tochas acesas, e seis enlutados de preto. As tímidas pessoas começam a correr pelo campo ainda carregando suas tochas, o que as faz parecer estrelas errantes na escuridão ou figuras mascaradas em algum festival. Notem a calma de Dom Quixote ao aceitar a explicação daquelas pessoas inocentes que vem derrubando, havendo incidentalmente quebrado a perna de um bacharel, noviço amargo, pedante e bem simpático. Dom Quixote reconhece o erro, mas, como de costume, lança a culpa nos magos. "'[...] de resto, não pensei que ofendesse sacerdotes nem coisas da Igreja, que respeito e adoro como católico e fiel cristão que sou, mas sim fantasmas e avejões do outro mundo.'" (Após essa vitória, seu escudeiro o apelida de Cavaleiro da Triste Figura, em alusão à aparência do rosto chupado devido à perda de dentes em derrotas anteriores.)

Placar: 7 a 7 (1 a 4 no segundo set).

Episódio Quinze: Os moinhos d'água (cap. 20)

Fantasia: inimigo dos magos. Dom Quixote descobre que seu cavalo foi enfeitiçado porque não se move do lugar quando ele deseja seguir na direção de fortes ruídos feitos no escuro por meia dúzia de gigantes.

Resultado: sua oitava derrota.

Fato: o mago aqui é Sancho, que, querendo ter uma noite de sossego e temendo nova aventura, amarra as pernas de Rocinante com as rédeas de seu burro. No dia seguinte, os gigantes comprovam ser "maços de pisão", os grandes martelos de madeira que batem a lã.

Placar: 7 a 8 (1 a 5 no segundo set).

Episódio Dezesseis: O elmo de mambrino (cap. 21)

Fantasia: conquistador de reinos. No brilho dourado de algo que carrega na cabeça um homem que cavalga sob a chuva, Dom Quixote reconhece o elmo de Mambrino, um rei mourisco (personagem do poema *Orlando Innamorato*, de Boiardo, poeta italiano do século 15). Ele ataca.

Resultado: sua oitava vitória.

Fato: o homem é um barbeiro (o segundo no livro) que havia posto na cabeça a bacia de latão com que trabalha para se proteger da chuva.

Placar: 8 a 8 (2 a 5 no segundo set).

Episódio Dezessete: A libertação dos escravos da galé (cap. 22)

Fantasia: reparador de malfeitos. Dom Quixote não consegue entender por que seres humanos possam ser acorrentados e, levados às galés, forçados pelo rei a remar (combustível humano barato daquela época).

Resultado: sua nona vitória, com uma pontada posterior de derrota.

Fato: ele liberta das mãos de quatro guardas armados quatro ladrões e dois outros, um cafetão venerável e um estudante que fez travessuras demais. Os seis libertados o apedrejam. Observem que sua auréola, o elmo de latão, reluz ao longo do capítulo. Toda a cena tem curiosas implicações místicas. Na verdade, Dom Quixote aqui é menos uma paródia de cavaleiro andante que um irmão de Jesus Cristo, e esse pequeno tema será vagamente retomado em duas ou três cenas posteriores.

Placar: 9 a 8 (3 a 5 no segundo set).

Episódio Dezoito: O cavaleiro roto (cap. 24)

Fantasia: nenhuma.

Resultado: sua nona derrota.

Fato: defensor de princesas. Dom Quixote discute com Cardenio, um rapaz desprezado pela mulher amada que vaga sem léu que ele encontra nas montanhas. Brigam com respeito à castidade de uma personagem feminina em *Amadis de Gaula*. Cardenio derruba Dom Quixote com uma pedra.

Placar: 9 a 9.

O placar do segundo set é agora 3 a 6, e Dom Quixote o perdeu depois de vencer o primeiro set por 6 a 3. Notem que nesse ponto é que a teia de contos separados começa a ser urdida, com todos os personagens, em números crescentes, se encontrando na estalagem. As atividades de Dom Quixote tendem a se perder nesse emaranhado.

Episódio Dezenove: A segunda batalha em sonho (caps. 35 e 37)

Fantasia: defensor das donzelas em perigo. Dom Quixote corta a cabeça de um gigante.

Resultado: sua décima vitória.

Fato: enquanto luta durante o sono, ele corta com a espada odres cheios de vinho tinto. Estamos de volta ao ponto de partida da incursão, que teve início quando ele combateu magos num sonho.

Placar: 10 a 9 (1 a 0 no terceiro set).

Notem o seguinte: os bem-intencionados padre e barbeiro inicial tapearam Dom Quixote para que ele deixasse as montanhas onde, além de sua loucura básica, ele havia deliberadamente desenvolvido uma segunda loucura fingida em homenagem à sua Dulcineia, tal como ocorre com cavaleiros penitentes nos livros. Com a ajuda de uma donzela errante chamada Dorotea, fizeram-no acreditar que ela precisa de sua ajuda contra o gigante que invadiu o reino de que diz ser princesa. Essa história inventada por Dorotea não é mais fantástica que seus problemas reais. No momento mesmo em que Dom Quixote sonha em decapitar o gigante por ela inventado, Dorotea de fato se reencontra na estalagem com seu amante, uma pessoa tão irreal quanto qualquer gigante. A luta no sonho em certo nível de irrealidade (romance de cavalaria) parece influenciar e dirigir os acontecimentos em outro nível de irrealidade (o tema dos longos contos italianos).

Episódio Vinte: O jantar (caps. 37-8)

Fantasia: nenhuma.

Resultado: eu classificaria esse episódio como o 11º e maior triunfo de Dom Quixote.

Fato: Dom Quixote, o pacificador, ocupa o lugar de honra à cabeceira da mesa. Os doze convivas a essa altura criaram certa forma de ternura e respeito por ele, que é o vínculo de unificação, o pacificador. Num discurso solene, ele fala de escritores e guerreiros, tema muito caro a Cervantes, que era as duas coisas. Dom Quixote considera a profissão das letras menos sublime em seu propósito que a profissão das armas. A primeira tem como meta o conhecimento humano que conduz à formulação de leis justas, mas a profissão das armas, diz ele, tem como meta a paz, que constitui a maior bênção que o homem pode desejar em sua vida. Essa cena é o clímax melancólico e significativo da primeira parte. O absurdo grotesco do romance recua à luz das velas. O tom de toda a cena, com o gentil Dom presidindo um jantar com doze hóspedes, quase discípulos naquela hora derradeira (ele em breve será torturado e enjaulado), nos faz lembrar vagamente a Última Ceia descrita no Novo Testamento. Esquecemos que nenhum dos presentes é muito correto eticamente ou muito convincente esteticamente, pois tudo que ouvimos é a voz triste e baixa falando sobre a paz: "'E assim as primeiras boas-novas que teve o mundo e tiveram os homens foram as que os anjos deram na noite que foi o nosso dia, quando cantaram pelos ares: "Glória seja nas alturas, e paz na terra aos homens de boa vontade"; e a saudação que o melhor mestre da terra e do céu ensinou aos seus achegados e favoritos foi dizer-lhes que, quando entrassem nalguma casa, dissessem: "Que a paz esteja nesta casa""".

Placar: 11 a 9 (2 a 0 no terceiro set).

Episódio Vinte e um: O strappado *(cap. 43)*

Fantasia: inimigo dos magos. Dom Quixote é levado por uma das pessoas presentes a ficar pendurado pelo pulso à janela de uma donzela de coração partido.

Resultado: sua décima derrota.

Fato: a brincalhona Maritornes, criada da estalagem, usa os arreios do burro de Sancho a fim de prender Dom Quixote por dentro da janela, de tal modo que, quando Rocinante se afasta, ele fica pendurado por duas horas, com dores terríveis, como alguém submetido à tortura chamada *strappado* — ou como um crucificado.

Placar: 11 a 10 (2 a 1 no terceiro set).

Episódio Vinte e dois: Os hóspedes desonestos (cap. 44)

Fantasia: nenhuma.

Resultado: sua 12ª vitória, uma vitória moral.

Fato: dois hóspedes anônimos tentam sair da estalagem sem pagar e começam a bater no estalajadeiro quando ele exige o dinheiro. Dom Quixote, pacifista e reparador de malfeitos, vem em seu socorro. Sua argumentação gentil e persuasiva prevalece, levando os dois salafrários a pagar tudo o que devem.

Placar: 12 a 10 (3 a 1 no terceiro set).

Episódio Vinte e três: O pandemônio no pátio da estalagem (cap. 45)

Fantasia: nenhuma.

Resultado: sua 13ª vitória, mais uma vez de cunho moral.

Fato: durante a luta confusa no pátio da estalagem, envolvendo diversas pessoas que mal se recordam como e por que tudo começou, Dom Quixote, pacificador e reparador de malfeitos, grita em voz retumbante: "'Detenham-se todos!'". E é obedecido.

Placar: 13 a 10 (4 a 1 no terceiro set).

Agora vêm três derrotas em seguida.

Episódio Vinte e quatro: O enjaulamento de Dom Quixote (cap. 46)

Fantasia: inimigo dos magos e defensor de princesas. Dom Quixote é carregado por fantasmas mascarados para dentro de uma jaula, posta sobre um carro de bois, e lhe dizem, num canto mágico, que precisa sofrer aquele feitiço para finalmente se casar com sua Dulcineia.

Resultado: sua 11ª derrota.

Fato: o padre e o primeiro barbeiro, com a ajuda de outras pessoas da estalagem que usam vários disfarces, se valem desse truque a fim de enganá-lo e mandá-lo de volta para casa. Vocês terão notado a absoluta crueldade de toda a trama — o homem melancólico, calado e enfeitiçado meditando em sua jaula de madeira enquanto dois religiosos (o padre e um cônego que se encontraram na estrada) debatem questões literárias sutis — a arte de escrever livros elegantes e úteis.

Placar: 13 a 11 (4 a 2 no terceiro set).

Episódio Vinte e cinco: A briga com o guardador de cabras (cap. 52)

Fantasia: defensor de sua honra e inimigo dos magos. Dom Quixote luta contra um demônio que o insultou.

Resultado: sua 12ª derrota (não absoluta porque a luta foi interrompida).

Fato: o demônio é um guardador de cabras. Analisei a cena em outra conexão (pp. 94-5).

Placar: 13 a 12 (4 a 3 no terceiro set).

Episódio Vinte e seis: A procissão dos que rezavam pela chuva (cap. 52)

Fantasia: defensor das donzelas em perigo. Dom Quixote (que foi tirado da jaula por algum tempo a fim de divertir seus magos) ataca uma súcia de bandidos que estão carregando uma grande dama.

Resultado: sua 13ª derrota.

Fato: a senhora é uma imagem da Virgem Maria carregada por penitentes que rezam pela chuva. Um dos que transportam a imagem sacra quase mata Dom Quixote com o pedaço de pau que sustenta o andor nas paradas. Dom Quixote é trazido para casa bem abalado, onde ficou descansando por um mês.

Assim termina a primeira parte do livro. O placar assinala um empate — treze vitórias contra treze derrotas (ou, em termos de tênis, 6 — 3, 3 — 6, 4 — 4, interrompido pela chuva).

A segunda parte começará com quatro vitórias em seguida.

SEGUNDA PARTE

Episódio Vinte e sete: Primeiro embate com Carrasco (caps. 14-5)

Fantasia: defensor de sua honra e inimigo dos magos. Dom Quixote luta com o Cavaleiro dos Espelhos, que sustenta o haver encontrado e vencido anteriormente. O Cavaleiro dos Espelhos ganha por magia a aparência de Sansón Carrasco após a luta.

Resultado: 14ª vitória de Dom Quixote.

Fato: o bem-intencionado Carrasco vê frustrado seu plano de, disfarçado de cavaleiro, vencer o louco Dom Quixote a fim de mandá-lo para casa. Toda a segunda parte do livro se desdobrará entre a derrota de Carrasco e seu vitorioso segundo embate com o protagonista no Episódio Quarenta — a derradeira batalha. Consequentemente, a duração das aventuras de Dom Quixote na segunda parte dependerá da convalescença de Carrasco, furioso, mas ainda bem-intencionado.

Placar: 14 a 13 (5 a 4 no terceiro set).

Episódio Vinte e oito: Os leões (cap. 17)

Fantasia: nenhuma, exceto por uma vaga alusão a magos.

Resultado: sua 15ª vitória, grande vitória moral.

Fato: dois leões enjaulados, animais ferozes e famintos, estão sendo levados como presente do governador de Orã para o rei da Espanha. O tratador deles explica isso a Dom Quixote, matador de monstros, que lhes impediu a passagem na estrada. Leões contra *mim*?, pergunta Dom Quixote com leve sorriso e, semicerrando os olhos: "'Leõezinhos para mim? Para mim tais leõezinhos? E a esta hora da manhã? Por Deus que hão de ver esses senhores que para cá os enviam se eu sou homem de se assustar com leões! Apeai-vos, bom homem, e, já que sois o tratador, abri essas jaulas e botai-me essas bestas fora, que no meio desta campanha lhes mostrarei quem é Dom Quixote de La Mancha, a despeito e pesar dos encantadores que a mim os enviam'". Uma das jaulas foi aberta e um leão, belamente descrito como um animal assustador e indolente que se espreguiça, boceja e limpa os olhos com uma lambida. Dom Quixote o confronta, esperando que o animal desça da carroça, mas por fim permite que a porta volte a ser fechada. Não há nada de fantasioso na cena — trata-se de um homem de verdade diante de um leão de verdade.

Placar: 15 a 13 (com o que Dom Quixote vence o terceiro set por 6 a 4; dois sets a um: a partida está ficando bem empolgante).

Episódio Vinte e nove: A contenda no casamento (cap. 21)

Fantasia: nenhuma.

Resultado: sua 16ª vitória.

Fato: como reparador de malfeitos e pacificador, Dom Quixote, com palavras incisivas e brandindo a lança, acaba com uma luta entre duas facções de apoiadores dos noivos num casamento. E todos lhe mostram estima pelo que ele é, um digno homem de valor.

Placar: 16 a 13 (1 a 0 no quarto set).

Episódio Trinta: O teatro de marionetes (caps. 25-6)

Fantasia: reparador de malfeitos, inimigo dos magos, defensor dos amantes em perigo (nesse caso, dom Gaifeiros, rei de Bordéus, um dos chefetes de Carlos Magno, e a bela Melisendra). Dom Quixote liquida uma multidão de mouros que os magos mais tarde transformam em marionetes quebradas.

Resultado: sua 17ª vitória.

Fato: Ginés de Pasamonte, um dos escravos da galé libertados por Dom Quixote, agora disfarçado com um pedaço de tafetá verde a tapar um dos olhos, conduz um espetáculo de marionetes por cuja destruição o cavaleiro paga friamente, argumentando ainda que salvou os amantes já agora na França.

Placar: 17 a 13 (2 a 0 no quarto set depois de ganhar dois sets: ele deve vencer a partida!).

Episódio Trinta e um: As aldeias dos zurros (caps. 27-8)

Fantasia: nenhuma.

Resultado: sua 14ª derrota (psicologicamente, uma derrota muito ruim e de mau agouro).

Fato: uma competição de zurros (quem poderia imitar melhor um burro) entre duas aldeias termina numa luta que Dom Quixote, no lúcido papel de pacificador, quase consegue sustar explicando em que casos a natureza, a honra, o patriotismo e a fé católica permitem que se guerreie. Mas Sancho interrompe seu amo com uma piada infeliz e, pela primeira vez na vida, Dom Quixote, sob uma chuva de pedras, executa uma retirada às pressas.

Placar: 17 a 14 (2 a 1 no quarto set).

Episódio Trinta e dois: Os moinhos d'água (cap. 33)

Fantasia: inimigo dos magos. Dom Quixote salta para dentro de um bote vazio que o convida a partir para salvar algum cavaleiro ou princesa, mas os magos o impedem de atingir o castelo que surge à sua frente.

Resultado: sua 15ª derrota.

Fato: as rodas de grandes moinhos fundeados no meio do rio começam a tragar o bote. Dom Quixote e seu escudeiro são salvos por alguns moleiros.

Placar: 17 a 15 (2 a 2 no quarto set).

Episódio Trinta e três: O javali selvagem (cap. 34)

Fantasia: nenhuma, exceto que, empunhando a espada e protegido pelo escudo, ele se comporta como o matador de dragões que agora é, e não como o caçador esportivo que fora.

Resultado: sua 18ª vitória, bem medíocre.

Fato: durante uma caçada com o casal ducal, ele participa da morte de um grande javali selvagem.

Placar: 18 a 15 (3 a 2 no quarto set).

Episódio Trinta e quatro: O cavalo voador (cap. 41)

Fantasia: reparador de malfeitos, inimigo dos magos, defensor dos amantes em perigo. Ele parte num cavalo voador para um reino longínquo e, quando sua máquina explode, descobre que conquistou o objetivo desejado graças à mera tentativa de empreender o feito corajoso.

Resultado: sua 19ª vitória.

Fato: uma entediante e complicada brincadeira da série dos duques que já mencionei anteriormente (p. 107).

Placar: 19 a 15 (vencendo por 4 a 2 no quarto set).

Episódio Trinta e cinco: Os gatos (cap. 46)

Fantasia: inimigo dos magos. Ele é atacado por um demônio.

Resultado: sua 16ª derrota (não absoluta porque Dom Quixote deseja prosseguir quando a luta é interrompida).

Fato: um dos gatos, enlouquecido pelos chocalhos que lhe puseram, entra no quarto de Dom Quixote no castelo do duque e o fere gravemente no rosto com os dentes e as garras.

Placar: 19 a 16 (4 a 3 no quarto set).

Episódio Trinta e seis: As beliscadoras (cap. 48)

Fantasia: inimigo dos magos. Dom Quixote é torturado por elas na escuridão e em silêncio.

Resultado: sua 17ª derrota.

Fato: a duquesa, furiosa por Dom Quixote descobrir que ela tem dois furúnculos na bem torneada perna (um desses inevitáveis defeitos secretos numa beldade diabólica!), o ataca no escuro e, com a ajuda da pequena e encantadora Altisidora, sua criada, fica beliscando a carne magra do cavaleiro por meia hora.

Placar: 19 a 17 (empate de 4 a 4 no quarto set).

Episódio Trinta e sete: O lacaio gascão (caps. 54-6)

Fantasia: reparador de malfeitos, defensor de donzelas em perigo, inimigo dos magos. Dom Quixote está prestes a lutar com um dos vassalos do duque que abandonou a noiva, mas que, segundos antes que o cavaleiro o ataque, é transformado pelos magos no lacaio Tosilos. Tosilos, que caiu de amores pela donzela, se rende a Dom Quixote e, apoiado gentilmente por ele, se oferece para casar com a donzela abandonada ali mesmo e naquela hora.

Resultado: vigésima vitória de Dom Quixote.

Fato: o duque e a duquesa, ao arranjar o duelo, tinham substituído um lacaio pelo vassalo, que escapara para Flandres. Como lhes foi negada a cruel diversão, ficaram pasmos e irados por haverem sido enganados.

Placar: 20 a 17 (ele não pode mais perder, mas ganhará?).

O Dom lidera por 5 a 4 no quarto set. Caso vença o próximo game, terá ganhado o set e a partida.

Episódio Trinta e oito: Os touros (cap. 58)

Fantasia: defensor de princesas. Exclusivamente para homenagear donzelas amistosas vestidas como pastoras, Dom Quixote se posta alegre e temerariamente no meio da estrada a fim de desafiar a primeira pessoa que aparecer. Chega uma manada de touros com seus vaqueiros.

Resultado: sua 18ª derrota.

Fato: observem, por favor, que o tema da pastora representa um retorno à atmosfera do Episódio Nove e, após o segundo embate com Carrasco, do Episódio Quarenta. O próprio Dom Quixote planeja vestir-se como pastor e viver num ambiente arcádico. Observem também que carneiros reais e seus guardadores reais contrastam brutalmente com o mundo artificial e decorado com fitinhas das fantasias arcádicas. No Episódio Treze, quando atacou as ovelhas que tomou erradamente por exércitos, pastores reais o jogaram ao chão. Agora, no Episódio Trinta e Oito, ele é derrubado e pisoteado por touros e vaqueiros. Embora deixado para trás machucado e aturdido, pateticamente tenta persegui-los a pé, berrando, correndo, tropeçando, caindo — até que, por fim, cansado e chorando de raiva, senta-se no meio da estrada poeirenta e implacável. Essa cena marca o início de seu declínio.

Placar: 20 a 18 (5 a 5 no quarto set).

Episódio Trinta e nove: A briga com Sancho (cap. 60)

Fantasia: defensor de princesas. Dom Quixote acredita no que o casal ducal o fez pensar com o uso da hipnose, a saber, que certo número de açoites aplicados nas nádegas nuas de Sancho terão o poder de desencantar Dulcineia.

Resultado: sua 19ª derrota.

Fato: numa manhã de outono, a caminho de Barcelona, Dom Quixote parece sentir que seus dias estão contados e que Dulcineia precisa ser desencantada a todo custo. Decidindo aplicar ele mesmo os três mil açoites em Sancho, aproxima-se de mansinho do escudeiro adormecido. Nós o vemos lutando para soltar as tiras que prendem os calções de Sancho, que o derruba de costas e põe um joelho sobre seu peito, impedindo-o de se mexer ou respirar. Ele obriga o amo a prometer que o deixará em paz — e o tapeia fazendo pensar que está se açoitando ao bater em troncos lisos de faias com as rédeas de seu burro, as mesmas com que amarrara as pernas de Rocinante no Episódio Quinze, as mesmas com que Maritornes prendera o pulso do Dom na janela. De todas as derrotas, essa briga com o escudeiro é a mais grotesca, ignóbil e atroz. Entristecido e desarmado, Dom Quixote se deixa capturar por simpáticos Robin Hoods, o que é parte da mesma derrota.

Placar: 20 a 19 (5 a 6 no quarto set).

Episódio Quarenta: O segundo e último embate com Carrasco (caps. 64-5)

(Última chance de ganhar a partida.)

Fantasia: defensor de princesas. Dom Quixote aceita o desafio do Cavaleiro da Branca Lua, que o encontra na praia de Barcelona.

Resultado: sua vigésima derrota, uma derrota decisiva.

Fato: usando um disfarce, Carrasco derruba Dom Quixote facilmente do cavalo e o faz jurar que retornará à aldeia. Esse é o fim do protagonista como cavaleiro andante. Enquanto ele e Sancho cavalgam desanimados para casa, algumas agonias adicionais se interpõem: uma manada de porcos os pisoteia e, mais tarde, o casal ducal manda que eles sejam trazidos de volta para a casa de torturas. Mas essas são desventuras, e não derrotas, uma vez que Dom Quixote já não é um cavaleiro.

Portanto, o placar final é 20 a 20 ou, em termos tenísticos, 6-3, 3-6, 6-4, 5-7. Mas o quinto set nunca será jogado: a morte cancela a partida. No tocante ao número de encontros, o placar assinala um empate: vinte vitórias contra vinte derrotas. Ademais, em cada uma das duas partes do livro o placar também fica empatado, 13 a 13 e 7 a 7, respectivamente. Esse equilíbrio perfeito de vitórias e derrotas é muito surpreendente no que parece ser uma obra desconjuntada, sem planejamento. Deve-se a um senso literário secreto, à intuição harmonizadora do artista.

CONCLUSÃO

No curso de minha análise do livro *Dom Quixote*, venho tentando formar certas impressões nas mentes abertas de vocês. Se algumas delas estavam apenas entreabertas, mesmo assim espero haver conseguido transmitir determinadas informações. Repito o que disse no início de nossa excursão: vocês são os turistas curiosos e entusiasmados, eu nada mais sou que um guia que ama as palavras e tem os pés doloridos. Quais foram então essas impressões? Bem, examinei questões tais como o quando e onde do livro; a conexão entre a assim chamada "vida real" e a ficção; os traços físicos e morais de Dom Quixote e seu escudeiro; vários elementos estruturais, tais como o tema da cavalaria, o tema arcádico, as histórias inseridas, os cronistas, as mistificações cruéis que todos os três — Dom Quixote, Sancho e o próprio Cervantes — sofrem nas mãos de magos. Falei de sua Dulcineia e de sua morte. Dei-lhes amostras da arte e da poesia do livro, além de questionar quem vê a obra como compassiva e cômica.

Um comentarista espanhol, Diego Clemencin,* observa que Cervantes "escreveu essa fábula com um descuido que parece impossível explicar: sem qualquer planejamento, o que quer que sua imaginação abundante e robusta ditasse. Ele tinha, ademais, uma ojeriza inconquistável com respeito a rever o que havia escrito — daí o número formidável de enganos, incidentes esquecidos ou mal situados, detalhes, nomes e acontecimentos incongruentes, todo tipo de transformações em retrospecto ou repetidas, diversos outros defeitos que se espalham pelo livro". Também foi dito, com ferocidade ainda maior, que, exceto pelo relato das fascinantes conversas entre Dom Quixote e Sancho, bem como das magníficas fantasias que compõem as principais aventuras do cavaleiro,

---

* Esse episódio é relatado efetivamente no capítulo 29. (N.T.)

o romance é um emaranhado de acontecimentos pré-fabricados, tramas de segunda mão, versos medíocres, interpolações banais, disfarces impossíveis e coincidências incríveis, mas, de algum modo, a genialidade de Cervantes, a intuição do artista que ele era, consegue manter unidas todas essas peças disparatadas e as usa a fim de dar impulso e unidade a seu romance sobre um nobre louco e seu vulgar escudeiro.

O fato de que, no passado, o leitor de *Dom Quixote* podia soltar uma gargalhada a cada capítulo parece incrível para o leitor moderno, capaz de entender as implicações de seu humor como brutais e lúgubres. A diversão frequentemente cai ao nível da farsa medieval com todos os seus elementos cômicos convencionais. É triste quando um autor presume que certas coisas são engraçadas por si mesmas — burricos, glutões, animais atormentados, narizes sangrando —, os clichês da graça pronta. Se apesar disso Cervantes consegue escapar no longo prazo, é somente porque o artista predomina nele. Como pensador, Cervantes compartilhava alegremente da maior parte dos erros e preconceitos de seu tempo — admitiu a Inquisição, aprovou solenemente a brutal atitude de seu país com relação aos mouros e outros hereges, acreditou que todos os fidalgos eram feitos por Deus e todos os religiosos, inspirados por Deus.*

Mas, como tinha os olhos e o polegar do artista, sua arte transcendeu os preconceitos ao criar esse patético protagonista. A arte de um livro não é necessariamente afetada por sua ética. Como pensador, a mente de Cervantes estava ao mesmo tempo comandada e manietada pelas ideias clássicas e acadêmicas de sua época. Como criador, ele gozou da liberdade do gênio.**

Qual é, então, nossa opinião final?

Dom Quixote é um desses livros que talvez se revelem mais importantes devido à sua difusão que a seu valor intrínseco. É significativo que a obra tenha sido imediatamente traduzida no exterior; de fato,

---

* Na margem, VN transcreve essas palavras como uma paráfrase de Groussac. A segunda parte, começando com "admitiu a Inquisição", está cortada com uma linha diagonal indicando que deve ser eliminada.

** VN anotou na margem que essas palavras (muito revisadas) constituem uma paráfrase de Madariaga.

Página com anotações e comentários revisados de Nabokov para "Vitórias e derrotas" uma tradução para o inglês da primeira parte foi publicada já em 1612, antes mesmo que a segunda parte saísse em espanhol, ocorrendo o mesmo com a primeira tradução para o francês em 1614, a ser seguida por mais de cinquenta diferentes versões somente em francês de então até nossos dias. (Engraçado pensar que Molière, o mais famoso dramaturgo francês, tenha desempenhado como ator o papel de Dom Quixote numa adaptação francesa para o palco em 1660.) Após Inglaterra e França terem mostrado o caminho, seguiu-se uma série de traduções: italiano em 1622, holandês em 1657, dinamarquês em 1676, alemão em 1794, russo ainda mais tarde. Essa é a lista de traduções completas do original, e não de excertos ou adaptações do francês, como os que foram publicados na Alemanha em 1621 e 1682.

Não há muito a dizer sobre Sancho. Ele existe somente em função do amo. Qualquer ator rechonchudo pode personificá-lo facilmente e enfatizar o lado cômico. Mas com Dom Quixote as coisas são diferentes: sua imagem é complicada e fugidia.

Desde o começo, no próprio texto original, a figura de Dom Quixote sofre uma multiplicação obscura. a) Temos de início o senhor Quijana, um proprietário rural sem graça; b) temos no final Quijano, o Bom, uma espécie de síntese que leva em conta o antitético Dom Quixote e a tese do proprietário rural; c) temos o pressuposto Dom Quixote "original" e "histórico" que Cervantes astutamente coloca em algum lugar atrás do livro a fim de lhe dar um sabor de "história verídica"; d) temos o Dom Quixote do imaginado cronista árabe, Cide Hamete Benengeli, que talvez, podemos presumir divertidamente, tenha desmerecido o valor do cavaleiro espanhol; e) temos o Dom Quixote da segunda parte, o Cavaleiro dos Leões, em justaposição ao da primeira parte, em que era o Cavaleiro da Triste Figura; f) temos o Dom Quixote de Carrasco; g) temos o grosseiro Dom Quixote da espúria continuação de Avellaneda, espreitando ao fundo da segunda parte genuína. Assim, temos ao menos sete cores do espectro de Dom Quixote no livro, fundindo-se, separando-se e voltando a se fundir.*

---

* VN originalmente continuou a frase, mas depois eliminou "a sombra de algo na parede projetada por várias luzes móveis de diversos ângulos".

E, mais além do horizonte da obra, há um exército de Dom Quixotes criados nos esgotos ou estufas de traduções desonestas ou conscienciosas. Não admira que o bom cavaleiro tenha prosperado e se multiplicado por toda parte, estando por fim igualmente em casa no mundo inteiro: como uma figura carnavalesca num festival na Bolívia ou como símbolo abstrato de aspirações nobres, mas impotentes, na velha Rússia.

Estamos confrontados com um fenômeno interessante: um herói literário que gradualmente perde contato com o livro em que nasceu, abandonando sua terra natal, abandonando a escrivaninha e o ambiente de seu criador após vagar pela Espanha. Em consequência, Dom Quixote hoje é maior do que era no útero de Cervantes. Cavalgou por 350 anos pelas florestas e tundras do pensamento humano — e ganhou em termos de vitalidade e estatura. Não rimos mais dele. Seu brasão é a piedade, sua flâmula, a beleza. Ele representa tudo que é gentil, desamparado, puro, altruísta e corajoso. A paródia se transformou no paradigma.

Narrativa e comentário: primeira parte (1605)

CAPÍTULO 1

Um proprietário rural leu tantos livros de cavalaria que suas fantásticas aventuras lhe pareceram verídicas e dignas de serem emuladas. "Então, já rematado seu juízo, veio a dar com o mais estranho pensamento com que jamais deu algum louco neste mundo, e foi que lhe pareceu conveniente e necessário, tanto para o aumento de sua honra como para o serviço de sua república, fazer-se cavaleiro andante e sair pelo mundo com suas armas e seu cavalo em busca de aventuras e do exercício em tudo aquilo que lera que os cavaleiros andantes se exercitavam, desfazendo todo gênero de agravos e pondo-se em transes e perigos que, vencidos, lhe rendessem eterno nome e fama. Imaginava-se o pobre homem já coroado pelo valor do seu braço, quando menos do império de Trebizonda; e assim, com tais e tão gratos pensamentos, movido pelo estranho prazer que deles tirava, se deu pressa em pôr em efeito aquilo que desejava." Limpou as peças de velha armadura que herdara do bisavô e, buscando um nome célebre para seu pangaré, batizou-o de Rocinante; e, para ele — o simples Alonso Quijada, Quesada ou Quijana —, seguindo o exemplo de Amadis, que acrescentara ao nome o de seu reino, "assim quis ele, como bom cavaleiro, ajuntar ao seu próprio nome o da sua [pátria] e se chamar 'Dom Quixote de La Mancha', com o qual a seu parecer declarava bem vivamente a sua linhagem e pátria, e a honrava tomando-a por epíteto".

Mas então "deu-se a entender que nada mais lhe faltava senão buscar uma dama da qual se enamorar, pois um cavaleiro andante sem amores era árvore sem folhas e sem fruto e corpo sem alma". Pensou numa camponesa de muito boa aparência por quem andara apaixonado no passado, embora ela jamais tivesse sabido disso. "Procurando-lhe um nome que não destoasse muito do seu e que soasse e tendesse ao de princesa e grande senhora, veio a chamá-la 'Dulcineia d'El Toboso' por ser ela natural de El Toboso."

CAPÍTULO 2

"Feitas pois tais prevenções, não quis ele aguardar mais tempo para pôr em efeito o seu pensamento, apertado pela falta que pensava fazer no mundo a sua tardança, tais eram os agravos que pensava desfazer, os tortos que endireitar, as sem-razões que emendar, e os abusos que corrigir, e as dívidas que saldar. E assim, sem dar parte da sua intenção a pessoa alguma e sem que ninguém o visse, uma manhã, antes do dia, que era um dos mais quentes do mês de julho, armou-se de todas as suas armas, montou sobre Rocinante, posta a sua mal composta celada, embraçou a sua adarga, tomou a sua lança e pela porta falsa dos fundos de um quintal saiu para o campo, com grandíssimo contento e alvoroço de ver com quanta facilidade dava princípio ao seu bom desejo." A sátira dos livros de cavalaria continua quando ele fala de si mesmo no estilo do que vem lendo. "'Ditosa idade e século ditoso aquele a cuja luz saírem as famosas façanhas minhas, dignas de se gravarem em bronzes, esculpirem em mármores e pintarem em tábuas, para a memória do futuro. Oh tu, sábio encantador, quem quer que sejas, a quem caberá ser cronista desta peregrina história! Rogo-te que não te esqueças do meu bom Rocinante, companheiro meu eterno em todos os meus caminhos e carreiras.'" E então, como se realmente estivesse apaixonado: "'Oh, princesa Dulcineia, senhora deste cativo coração! Grande agravo haveis-me feito em despedir-me e reprochar-me com o rigoroso aferro de mandar-me não aparecer ante a vossa fermosura. Praza a vós, senhora minha, memorar este vosso sujeito coração, que tantas coitas pelo vosso amor padece'".

"Com estes ia engranzando outros disparates, todos à maneira daqueles que seus livros lhe haviam ensinado, imitando a sua linguagem o quanto podia. Com isto caminhava tão devagar, e o sol subia tão depressa e com tanto ardor, que teria bastado para derreter-lhe os miolos (se algum tivesse)." Dando-se conta de que não havia sido armado cavaleiro, decide pedir tal favor à primeira pessoa que encontrar. Chega a uma estalagem que imagina ser um castelo e toma seu dono por castelão.

CAPÍTULO 3

Após uma refeição parca e miserável, que ele pensa ser composta de iguarias, Dom Quixote se prostra de joelhos diante do aturdido estalajadeiro. "[...] e assim vos digo que o dom que vos pedi e por vossa liberalidade foi-me outorgado é que amanhã sem tardança me armeis cavaleiro, e esta noite na capela deste vosso castelo velarei as armas, e amanhã, como tenho dito, cumprir-se-á o que tanto desejo, para poder como se deve ir por tôdalas quatro partes do mundo em busca de aventuras, em prol dos necessitados, como é cargo da cavalaria e dos cavaleiros andantes, como eu sou, cujo desejo a semelhantes façanhas é inclinado." O sonho de Dom Quixote só se realiza porque o estalajadeiro é um velhaco e tem um senso de humor brutal. A paródia da literatura de cavalaria é mantida por Cervantes de forma nova. Aqui é o maroto estalajadeiro que faz o jogo do sonhador Quixote, relembrando-o, por assim dizer, de algumas questões relevantes: os cavaleiros, por mais corajosos que sejam — e na verdade como garantia de tal bravura —, deviam carregar "bem forradas as bolsas para o que lhes pudesse acontecer, [...] também levavam camisas e uma pequena arqueta cheia de unguentos para curar as feridas que recebiam". A vigília ocorre, interrompida por uma luta com alguns tropeiros que mexem em sua armadura no bebedouro em que ele a havia posto. Por fim, o estalajadeiro o arma cavaleiro numa cerimônia fajuta, e Dom

Quixote parte em busca de aventuras depois de agradecer o dono da estalagem pela honra de tê-lo feito cavaleiro. "O estalajadeiro, para o ver logo fora da estalagem, com não menos retóricas, embora mais breves palavras, respondeu às suas, e sem lhe cobrar a custa da pousada, deixou-o ir em boa hora."

CAPÍTULO 4

Depois de pensar que libertou um rapaz que estava sendo surrado com um cinto por um camponês de bom tamanho (o qual redobra o castigo tão logo o cavaleiro se afasta contentíssimo por ter reparado um malfeito), Dom Quixote cavalga de volta à sua aldeia para arranjar um escudeiro. Encontra seis viajantes com seus criados. Ávido de aventuras, bloqueia o caminho deles e brada com um largo gesto: "'Detenha-se todo o mundo, se o todo o mundo não confessar que não há no mundo todo donzela mais formosa que a imperatriz de La Mancha, a sem-par Dulcineia d'El Toboso'". Um dos mercadores, vendo que lidavam com um louco, exige que a donzela lhes seja mostrada antes que se comprometam. "'Se vo-la mostrara', replicou Dom Quixote, 'nada valeria confessardes tão notória verdade. A importância está em que, sem vê-la, haveis de crê-la, confessá-la, afirmá-la, jurá-la e defendê-la; senão, comigo estais em batalha, gente descomunal e soberba.'" Após mais conversa fiada por parte do mercador, o enfurecido Dom ergue a lança e o ataca, mas infelizmente Rocinante tropeça a meio caminho e o cavaleiro é atirado ao chão, onde leva muitas bordoadas de um condutor de mulas e é deixado caído na estrada, incapaz de se mover.

CAPÍTULO 5

Um camponês vizinho o encontra e leva para casa. "'Detenham-se todos'", disse Dom Quixote, "'pois venho malferido, por culpa do meu cavalo. Levem-me ao meu leito, e chamem, se for possível, a sábia Urganda para que cure e cuide meus ferimentos.'"

"'Eia, eramá!', disse a ama nesse ponto. 'Eu bem que palpitava de que pé coxeava o meu senhor! Suba vossa mercê embora, pois sem que venha essa tal Purganda, nós aqui saberemos curá-lo. Malditos, digo, sejam outra vez e outras cem esses livros de cavalaria, que assim deixaram vossa mercê!'

"Levaram-no logo à cama, e, procurando-lhe os ferimentos, não acharam nenhum; e ele disse que era tudo moedura, por ter levado um grande tombo com Rocinante, seu cavalo, ao se bater com dez gigantes, os mais desaforados e atrevidos de quantos há em grande parte da terra."

CAPÍTULO 6

O padre e o barbeiro, amigos de Dom Quixote, inspecionam sua biblioteca. A ama e a sobrinha propõem medidas ainda mais drásticas que o padre, que pensa que alguns dos livros podem ser perdoados e salvos da fogueira já preparada no quintal, enquanto o barbeiro é ainda mais leniente. (Essa é uma cena maravilhosa, para ser lida em voz alta.) Mesmo o livro *A Galateia*, de Cervantes, é mencionado entre aqueles que os dois homens examinam antes de destiná-los às chamas ou preservá-los. Os gostos do padre não ficam muito claros, embora seja evidente que ele prefere prosa e verso de estilo elevado. Há algo curiosamente shakespeareano nesses diálogos do capítulo 6. As referências literárias sem dúvida eram muito mais engraçadas e mais sutis do que nos parecem hoje.

"Apanhando o barbeiro outro livro, disse: 'Este é *Espejo de caballerías* [Espelho de cavalarias]'.

"'Já conheço a sua graça', disse o padre. 'Aí anda o senhor Reinaldo de Montalvão com seus amigos e companheiros, mais ladrões que Caco, e os Doze Pares, com o verdadeiro historiador Turpin, e em verdade estou a ponto de os condenar não mais que a desterro perpétuo, quando menos por terem parte na invenção do famoso Matteo Boiardo, com cujo fio também teceu o seu pano o cristão poeta Ludovico Ariosto; o qual, se o encontrar falando em outra língua que não a sua, não lhe terei respeito algum, mas se falar no seu idioma, sobre a cabeça o porei.'

"'Pois eu o tenho em italiano', disse o barbeiro, 'mas não o entendo.'

"'E não seria bem que o entendêsseis', devolveu o padre; 'e aqui perdoaríamos ao senhor capitão que o não tivesse trazido à Espanha e feito castelhano, pois nisto lhe tirou muito do seu natural valor, e o mesmo farão todos aqueles que livros de versos tentarem verter a outra língua; que por mais cuidado que ponham e habilidade que mostrem, jamais alcançarão o ponto que eles têm no seu primeiro nascimento. Digo então que este livro e todos os que se encontrarem que tratem dessas coisas de França se joguem e depositem num silo até que com mais tento se veja o que fazer deles [...]'." Essas são encantadoras observações sobre a tradução em geral.

CAPÍTULO 7

Neste capítulo, apesar da leniência do padre, a ama — símbolo vivo de ignorância, do bom senso vulgar e da estupidez de uma velha — queima todos os livros da casa. Sente-se então ainda mais claramente que a paródia do romance de cavalaria está diluída e afogada no interesse que tem o autor por seu "estranho louco". É importante notar a mudança de tom que ocorre nos capítulos 6 e 7. Outra coisa: o emparedamento do cômodo onde os livros costumavam ficar, sem dúvida uma operação custosa e complexa realizada pelo padre e pelo barbeiro, é tão fantástico e louco como os encantamentos que Dom Quixote vê à sua volta. Conquanto se possa argumentar que seus amigos estavam apenas agindo em função de sua loucura, é preciso ter um toque de loucura própria para imaginar e executar tal estratagema; e o mesmo se aplica aos diversos feitiços praticados pelo pavoroso casal ducal em nosso cavaleiro e seu escudeiro na segunda parte. Quando Dom Quixote pergunta para onde foram seu escritório e os livros, a ama, "bem advertida do que havia de responder, lhe disse: 'Que aposento é esse que vossa mercê procura? Já não há aposento nem livros nesta casa, pois tudo foi levado pelo diabo em pessoa'".

"'Não era diabo', replicou a sobrinha, 'e sim um encantador que uma noite apareceu sobre uma nuvem, depois do dia em que vossa mercê partiu daqui, e apeando de uma serpe em que vinha cavaleiro, entrou no aposento e fez lá dentro não sei quê, pois daí saiu voando pelo telhado e deixou a casa cheia de fumaça, e quando atinamos a olhar o que tinha feito, não vimos livro nem aposento algum. Só nos lembra muito bem, a mim e à ama, que à hora de partir aquele mau velho disse em altas vozes que pela inimizade secreta que tinha com o dono daqueles livros e aposento deixava feito naquela casa o dano que logo se veria. Disse também que se chamava "o sábio Carochão".'

"'Frestão terá dito', disse Dom Quixote.

"'Não sei', respondeu a ama 'se o nome dele era "Frestão" ou "Fritão", só sei que acabava em *ão*.'

"'Assim é', disse Dom Quixote, 'pois é esse um sábio encantador, grande inimigo meu, que me tem ojeriza porque sabe por suas artes e letras que, correndo o tempo, virei a lutar em singular batalha com um cavaleiro que ele favorece e que hei de vencer sem que ele mo possa atalhar, e por isso procura causar-me todos os dissabores que pode; e por minha palavra que mal poderá ele contradizer nem evitar o que no céu está escrito.'"

A compostura e natureza artística da entonação "Frestão terá dito" é um pêssego que merece ser apalpado e saboreado com devoção.

O terceiro camponês que aparece no livro é Sancho Pança, persuadido por Dom Quixote a se tornar seu escudeiro. De certa maneira, Sancho Pança é uma edição mais grosseira de Dom Quixote. Reparem que ele abandona a mulher e os filhos por conta de um *sonho*, governar uma ilha que, sem dúvida, Dom Quixote lhe descreveu com inspirada eloquência que seduziu o pobre coitado. Sancho Pança é apresentado como um indivíduo desprovido de inteligência. Isso vai mudar. Já no fim do capítulo suas falas não são de um idiota.

CAPÍTULO 8

Vem agora o famoso capítulo sobre os moinhos de vento. Após uma série de preparações (nova rodela, novo escudeiro com sua montaria — um burro cinzento), Dom Quixote parte mais uma vez em busca de aventuras. A intenção do autor era iniciar essa nova incursão com um feito impressionante que poria no chinelo todos os eventos anteriores. Reparem como são *vívidos* os moinhos de vento na descrição de Cervantes. Quando Dom Quixote os ataca, "se levantou um pouco de vento" — no justo instante — "e as grandes asas começaram a girar". O choque ao ser atingido por uma pá faz com que Dom Quixote, sobriamente, admita que os gigantes que gesticulavam, percebidos através da luz trêmula de sua fantasia, haviam se transformado agora no que Sancho dissera serem o tempo todo — moinhos de vento. Ouviram o que disse seu rústico escudeiro. Era o mago Frestão agindo de novo.

Muito curiosamente, Dom Quixote é visto rindo diante de uma observação de Sancho Pança: "'Se é assim, não tenho o que discutir', respondeu Sancho; 'mas sabe Deus quanto eu folgaria se vossa mercê se queixasse das suas dores. De mim sei dizer que vou me queixar da mais mínima dor que sentir, se é que não vale também para os escudeiros dos cavaleiros andantes essa lei do não se queixar'. Não deixou de se rir Dom Quixote da simplicidade do seu escudeiro, e assim declarou que ele podia muito bem se queixar como e quando quisesse, sem vontade ou com ela, pois nunca lera nada em contrário na ordem de cavalaria".

Notem a encantadora descrição com que tem início a nova aventura — os dromedários, os óculos, a alusão às Índias, tudo de primeira categoria em termos artísticos: "[...] apareceram pela estrada dois frades da ordem de São Bento, montados em dois dromedários, pois não eram menores as duas mulas em que vinham. Traziam seus antolhos de estrada e seus guarda-sóis de sela. Atrás deles vinha um coche, acompanhado de quatro ou cinco a cavalo e dois muleteiros a pé. Vinha no coche, como depois se soube, uma senhora biscainha que ia para Sevilha, onde estava seu marido, de partida para as Índias com um muito honroso cargo". Os religiosos não faziam parte da comitiva dela, embora trilhassem a mesma estrada.

"[...] mas apenas os divisou Dom Quixote, quando disse a seu escudeiro: 'Ou muito me engano, ou esta será a mais famosa aventura que já se viu, pois aqueles vultos negros que ali aparecem devem ser e o são sem dúvida alguns encantadores levando naquele coche alguma furtada princesa, e é mister desfazer este torto com todo o meu poderio'."

O autor tenciona equilibrar a cena brutal dos moinhos de vento com uma de cunho romântico. Notem que Dom Quixote havia passado toda a noite em devaneios sobre sua amada em imaginação. Agora vem uma sequência natural. Mais uma vez os rapazes que conduziam as mulas participam do encontro, mas nessa oportunidade agridem Sancho Pança, enquanto Dom Quixote vence os inocentes frades. Na verdade, todo o encontro é um grande sucesso, mesmo quando um dos escudeiros da senhora, um basco, o ataca. Após receber o pesado golpe, Dom Quixote se aproxima do assustado basco com determinação, erguendo bem alto a espada para desferir o golpe fatal enquanto a senhora no coche e suas criadas rezam para que Deus salve todos. "Mas o dano disso tudo é que, neste ponto e termo, deixou pendente esta batalha o autor desta história, pretextando não ter achado dessas façanhas de Dom Quixote nada mais escrito além do referido. Bem é verdade que o segundo autor desta obra [o próprio Cervantes] se negou a crer que tão curiosa história estivesse entregue às leis do esquecimento, nem que tão pouco curiosos fossem os engenhos de La Mancha que não tivessem guardado em seus arquivos ou suas gavetas alguns papéis que deste famoso cavaleiro tratassem, e assim, com essa imaginação, não se desesperou de achar o fim desta grata história, o qual, com o favor do céu, ele achou do modo que se contará a seguir na segunda parte."

CAPÍTULO 9

Em Toledo, Cervantes encontra um manuscrito de Cide Hamete Benengeli, historiador árabe, que foi traduzido da língua árabe e inclui uma ilustração da luta entre o basco e o Dom com a espada em riste, além de detalhes sobre a aparência do cavaleiro, de Sancho e de Rocinante. Cervantes introduz então outro recurso (a crônica interrompida sendo um lugar-comum nos romances de cavalaria): nenhuma história é má desde que seja verdadeira, afirma ele, continuando: "Se a esta se pode fazer alguma objeção acerca da sua verdade, não poderá ser outra que ter sido o seu autor arábico". Observa ainda que, quando devia louvar os feitos de Dom Quixote, Benengeli "parece que de indústria o autor lhes guarda silêncio", o que Cervantes declara ser "coisa malfeita e pior pensada, tendo e devendo de ser os historiadores pontuais, verdadeiros e em nada apaixonados". De qualquer modo, após a ilustração, a narrativa de Benengeli conclui a luta com a esplêndida vitória de Dom Quixote, que poupa a vida do basco somente devido às súplicas das senhoras e à promessa de que o escudeiro será apresentado a Dulcineia d'El Toboso, para que ela faça com ele o que quiser. "Sem reparar a temerosa e desconsolada senhora no que Dom Quixote pedia nem perguntar quem era Dulcineia, prometeram-lhe que o escudeiro faria tudo aquilo que da sua parte lhe fosse mandado." Assim, Dom Quixote não se sai tão mal na suposta tradução do suposto relato árabe quanto sugere o suposto descobridor desse texto.

CAPÍTULO 10

Depois de seu mais satisfatório encontro (muito embora nele tenha perdido meia orelha), Dom Quixote retoma as andanças "a marcha picada". O cavaleiro se gaba com Sancho de que nenhuma história contém relato de um combate maior do que o que acaba de lutar. "'Na verdade', respondeu Sancho, 'nunca li história alguma, pois não sei ler nem escrever; mas o que posso apostar é que mais atrevido amo que vossa mercê não servi em todos os dias da minha vida, e praza a Deus que esses atrevimentos não se paguem onde tenho dito. O que rogo a vossa mercê é que cure essa orelha, pois está perdendo muito sangue, e eu trago aqui nos alforjes uns chumaços e um pouco de unguento camelo.'" Essa não é a fala de um imbecil, e sim de um homem dotado de percepção amigável e esperteza prática. Dom Quixote *é* corajoso, mas a pomada e as ataduras *são* aquilo de que necessita no momento.

Um novo toque na paródia de romance de cavalaria consiste na alusão a determinada poção mágica: "'É um bálsamo', respondeu Dom Quixote, 'cuja receita sei de cor, com o qual não há por que temer a morte, nem pensar em morrer de ferida alguma. E assim, quando eu o fizer e to der, bonitamente bastará que, quando vires que nalguma batalha me partiram o corpo ao meio (como muitas vezes sói acontecer), coloques a parte do corpo que tiver caído no chão, com muita sutileza, antes que o sangue se talhe, sobre a outra metade que tiver ficado na sela, cuidando de encaixá-las igual e justamente. Em seguida me darás de beber só dois goles do bálsamo que tenho dito, e me verás ficar mais são que um pero'".

Mais adiante, Cervantes mantém o jogo de alusões aos romances de cavalaria por parte de Dom Quixote. Notem o almoço com que ele precisa se contentar: "'Trago aqui uma cebola e um pouco de queijo, e não sei quantos pedaços de pão velho', disse Sancho, 'mas não são manjares próprios de tão valente cavaleiro como vossa mercê.' 'Quão enganado estás!', respondeu Dom Quixote. 'Faço-te saber, Sancho, que é honra dos cavaleiros andantes nada comer em um mês, e, em comendo, que seja daquilo que encontram mais à mão; e tudo isto terias por certo se tivesses lido tantas histórias como eu [...]'". De fato, uma refeição humilde, uma festa de vitaminas. Notem o belo final do capítulo: "Puseram-se logo a cavalo e se deram pressa por chegar a alguma povoação antes do anoitecer, mas junto a umas choças de uns cabreiros lhes faltou o sol e a esperança de alcançar o que desejavam, e assim determinaram de passá-la ali; e o quanto foi de pesar para Sancho não chegar a povoação foi de contento para seu amo dormi-la a céu aberto, por entender que cada vez que isto lhe sucedia fazia ele um ato de posse que facilitava a prova da sua cavalaria".

CAPÍTULO 11

Os pastores de cabras oferecem uma robusta refeição acompanhada de queijo e bolotas doces, diante do que Dom Quixote se sente movido a louvar longamente as belezas da Idade de Ouro e as virtudes da vida arcádica. "Toda essa longa arenga (que se pudera muito bem escusar) disse o nosso cavaleiro, porque as bolotas oferecidas lhe trouxeram à memória a idade do ouro, e resolveu oferecer aquele inútil arrazoado aos cabreiros, que, sem dizer palavra, embevecidos e suspensos, ficaram a escutá-lo. Sancho assim mesmo calava e comia bolotas, e visitava muito amiúde o segundo chaguer que para esfriar o vinho haviam pendurado de um sobreiro.

"Mais demorou em falar Dom Quixote que em acabar-se o jantar, ao fim do qual um dos cabreiros lhe disse: 'Para que com mais veras possa vossa mercê dizer, senhor cavaleiro andante, que o acolhemos com pronta e boa vontade, queremos oferecer-lhe recreio e contento fazendo com que cante um companheiro nosso que logo há de estar aqui; o qual é um zagal muito discreto e apaixonado que sabe além disso ler e escrever, e músico ao arrabil como melhor não se pode querer'." O jovem Antonio aparece e canta uma balada romântica. Quando Dom Quixote se queixou da dor na orelha, a poção mágica foi substituída por um dos pastores pelo unguento feito de alecrim, saliva e sal, que elimina toda a dor. Sentimos ao longo do final do capítulo que Dom Quixote está tranquilamente bêbado sem que o autor enfatize a questão.

CAPÍTULO 12

Chega outro rapaz. A história que conta sobre o amor de Grisóstomo por Marcela e sua morte ecoa coincidentemente as meditações de Dom Quixote sobre as pastoras, havendo também o carvalho que dá nome à fonte onde a sepultura dele foi cavada. O jovem camponês, Pedro, comete de início muitos erros de linguagem, mas, embora Cervantes tente manter a linha dramática com novos deslizes, no final põe em sua boca expressões tão finas e palavras tão longas quanto as de Dom Quixote. Esses dois capítulos, 11 e 12, constituem momentos de descanso sonhador no romance. Aliás, eis aqui a melhor parte da história sentimental do rapaz, que não foi ultrapassada pela descrição de situações similares por jovens romancistas trezentos anos depois:

"Não muito longe daqui há um bosque com quase duas dúzias de altas faias, e não há nenhuma que na sua lisa casca não tenha gravado e escrito o nome de Marcela, e por cima de algumas uma coroa gravada nas mesmas árvores, como se mais claramente dissesse o seu amante que a de toda a formosura humana Marcela merece e leva. Aqui suspira um pastor, ali geme um outro, acolá se ouvem amorosas canções, cá desesperadas endechas. Qual há que passa todas as horas da noite sentado ao pé de algum carvalho ou penhasco, e ali, sem pregar os chorosos olhos, embevecido e transportado nos seus pensamentos, o acha o sol da manhã; e qual há que, sem dar respiro nem trégua aos seus suspiros, em meio ao ardor da mais enfadosa sesta de verão, deitado na ardente areia, ergue suas queixas ao piedoso céu."

CAPÍTULOS 13 E 14

Em conversa com alguns divertidos companheiros de viagem, que o tomam por um louco antiquado, Dom Quixote analisa sua profissão. Nesse momento, sentimos que a paródia — caso tenha havido paródia — se perdeu por completo no patético. Dom Quixote já ganhou seu caso com o leitor, qualquer pessoa dotada de senso de compaixão e beleza — sentimentos que compõem o verdadeiro senso artístico — está agora do lado dele. Observem a passagem em que o cavaleiro compara sua profissão com a dos clérigos, em especial os frades: "Quero dizer que os religiosos, com toda a paz e sossego, pedem ao céu o bem da terra, mas somos os soldados e cavaleiros que pomos em execução o que eles pedem, defendendo-a com o valor dos nossos braços e o fio das nossas espadas, não a coberto, mas a céu aberto, postos por alvo dos insofríveis raios do sol no verão e dos eriçados gelos do inverno. Somos portanto ministros de Deus na terra e braços pelos quais nela se executa a sua justiça. E como as coisas da guerra e as que a ela tocam e concernem não se podem pôr em execução senão suando, lidando e trabalhando, segue-se que aqueles que a professam têm sem dúvida maior trabalho que quem em sossegada paz e repouso vive rogando a Deus que favoreça aqueles que pouco podem. Não quero eu dizer, nem me passa pelo pensamento [as pessoas precisavam ser cautelosas naqueles tempos de fervor religioso], que seja tão bom estado o de cavaleiro andante como o do religioso de clausura; quero somente inferir, pelo que eu padeço, que sem dúvida é o primeiro mais trabalhoso e mais aporreado, e mais faminto e sedento, miserável, roto e piolhento, pois não há dúvida de que os cavaleiros andantes passados passaram muita má ventura no discorrer da sua vida; e se alguns chegaram a imperadores pelo valor do seu braço, à fé que lhes custou um bom tanto do seu sangue e do seu suor, e que, se aos que a tão alto grau subiram faltassem encantadores e sábios para os ajudar, haviam de ficar bem frustrados os seus desejos e bem desenganadas as suas esperanças".

Este e o capítulo 14, que o segue, constituem uma espécie de intermezzo. O caso do camponês estudante e sua pastora, um evento real, parece bem mais fantástico que as alucinações de Dom Quixote. Toda a história de Grisóstomo cheira a coisas pastoris, artificiais e sentimentais, porém é de certo modo necessária a fim de enfatizar o fogo e a bravura de Dom Quixote, bem como a riqueza de suas visões. Outra seção do livro termina tranquilamente com esse capítulo 14. Marcela, a pastora, aparece junto ao túmulo do homem que a havia cortejado em vão e, muito razoavelmente, expõe seu lado do caso. A única participação de Dom Quixote no affair de Grisóstomo e Marcela vem no final, quando ele, achando "que ali cumpria fazer uso da sua cavalaria, socorrendo as donzelas necessitadas, pôs a mão no punho de sua espada e em altas e inteligíveis vozes disse: 'Que pessoa alguma, seja do estado e condição que for, se atreva a seguir a formosa Marcela, sob pena de cair na furiosa indignação minha. Ela mostrou com claras e suficientes razões a pouca ou nenhuma culpa que teve da morte de Grisóstomo e quão longe vive de condescender aos desejos de qualquer dos seus amantes; pelo qual é justo que, em vez de ser seguida e perseguida, seja honrada e estimada por todos os bons do mundo, pois mostra ser nele a única que com tão honesta intenção vive'". E ninguém se afastou do local até que terminasse o enterro de Grisóstomo.

CAPÍTULO 15

Buscando alguma maneira nova de introduzir outra aventura, Cervantes se lembra do pangaré do protagonista e faz com que Rocinante receba severa surra nas mãos de alguns tropeiros (galegos do norte de Castela), que "o deixaram estropiado no chão". Quando Dom Quixote os ataca, é golpeado por seus bastões, compartilhando assim a derrota do cavalo, deixado numa condição que seria fatal para um animal comum. Porém, em certo sentido, Rocinante é tão encantado quanto o corpo de seu dono, a julgar pelas terríveis surras a que sobrevivem. No entanto, como observa o próprio Dom Quixote, Amadis de Gaula recebeu certa feita duzentos açoites com a rédea de um cavalo, enquanto outro cavaleiro suportou um enema de areia e neve derretida. Aliás, notamos que Sancho Pança não é precisamente um covarde, pois participa do embate que sabe ser impossível de vencer. "'Que diabo de vingança havemos de tomar', respondeu Sancho, 'se eles são mais de vinte, e nós apenas dois, ou quem sabe um e meio?'"

Reparem que Dom Quixote não está tendo alucinações neste capítulo, como aconteceria se tomasse os tropeiros e seus bastões por cavaleiros com lanças. Pelo contrário, como está muito lúcido, depois se repreende por haver usado a espada contra homens que não tinham sido armados cavaleiros e não eram seus iguais.

CAPÍTULO 16

Há umas poucas pessoas compassivas e bondosas no romance: o vizinho que, no começo, levou Dom Quixote para a aldeia foi uma delas. E agora encontramos três outras — a mulher de um estalajadeiro, sua filha e sua criada, todas as três de natureza caridosa. A "boa donzela" é o epíteto aplicado à feiíssima criada, que se chama Maritornes, a Maria torta. Mas observem que ela vai crucificar e torturar o cavaleiro durante duas horas no capítulo 63. Até aqui, Cervantes manteve a história limpa. Mas, neste capítulo, há uma passagem lasciva quando Maritornes, tateando de camisola para chegar à cama do tropeiro, que divide um cômodo com Dom Quixote e Sancho, é agarrada pelo cavaleiro, que imagina se tratar de uma princesa apaixonada por ele. Vem em socorro de Maritornes o tropeiro, que esmurra o cavaleiro, enquanto ela, que foi se esconder na cama de Sancho, troca sopapos com o escudeiro. Essa cena, com a rapariga promíscua e a brigalhada geral, está bem conforme às convenções literárias da época em que o livro foi escrito. No entanto, observem que, a par do esforço de imaginação necessário para compor capítulo após capítulo, também há o empenho astuto, intenso e por vezes algo desesperado de manter o interesse do leitor mediante a variação dos recursos. Reparem, igualmente, o cuidado delicioso que Cervantes demonstra com relação aos detalhes marcantes e precisos na ficção. Aqui, mais uma vez, ele é o precursor dos verdadeiros romancistas, e não dos autores insípidos do século 18 com suas generalizações de cunho puramente moral.

"Afora que Cide Mahamate Benengeli [o suposto cronista] foi historiador muito curioso e muito pontual em todas as coisas, o que bem salta à vista, pois as que aqui são referidas, ainda que tão mínimas e tão rasteiras, ele não quis silenciar [a ordem das camas naquele 'estrelado telheiro' onde estão deitados o cavaleiro, o escudeiro e o tropeiro]; do que poderão tomar exemplo os historiadores sérios, que nos contam as ações tão curta e sucintamente que mal lhes sentimos o gosto, deixando no tinteiro, seja por descuido, por malícia ou ignorância, o mais substancial da obra. Bem haja mil vezes o autor de *Tablante de Ricamonte* [1531], e aquele do outro livro onde se contam os feitos do conde Tomillas [1498], que com tanta pontualidade descrevem tudo!"

Por sinal, a atitude com respeito a esses romances de cavalaria melhora substancialmente no livro. Assim como para Molière havia "boas" *précieuses* e "más" (isto é, ridículas) *précieuses*, aparentemente para Cervantes, tanto quanto para o suposto cronista Benengeli — e para o padre das primeiras páginas —, havia romances de cavalaria "bons" e "ruins". Uma vez que Dom Quixote, com sua "estranha loucura", era influenciado por todos, bons e ruins (embora com ligeira tendência em favor dos bons por ser um leitor experiente, exigente e com sensibilidade artística), a paródia do gênero agora está sofrendo. Em outras palavras, o tema da paródia, que assumira ao menos seis aspectos diferentes, está prestes a morrer ou gerar alguma reviravolta.

CAPÍTULO 17

Quando entra numa discussão com o quadrilheiro da Santa Irmandade (polícia das estradas), Dom Quixote é atingido na cabeça com um candeeiro. A fim de curar suas feridas, prepara a poção mágica de Ferrabrás, que sabia de cor e consistia em alecrim (uma espécie de hortelã), azeite, sal e vinho. Seria bom experimentá-la. A descrição do efeito de meio litro em dois organismos diferentes, Dom Quixote e Sancho — um vomitando, dormindo e acordando muito aliviado, o outro sofrendo de cólicas e convulsões, sem dormir —, constitui excelente observação clínica. O azeite, obviamente, foi o maior causador dos problemas.

Todo o capítulo é magnífico, inclusive graças ao fato de Sancho ser jogado para o alto numa manta segurada por vários hóspedes da estalagem, e ao belo gesto da feia e libidinosa criada no final.*

CAPÍTULO 18

Dom Quixote sofre outro surto de "estranha loucura" ao confundir dois rebanhos de ovelhas e as grossas nuvens de poeira por eles levantadas com dois poderosos exércitos. Sancho protesta: "'Ao diabo encomendo homem, gigante e cavaleiro de quantos vossa mercê diz haver ali, senhor. Eu, pelo menos, não vejo nenhum. Talvez tudo seja encantamento, como os fantasmas de ontem.' 'Como dizes!', respondeu Dom Quixote. 'Não ouves o relinchar dos cavalos, o toque dos

---

* Sancho, sofrendo por causa das pancadas, mas ainda mais pelo efeito da poção mágica, "como ao primeiro gole viu que era água, não quis continuar e pediu a Maritornes que lhe trouxesse vinho, e assim fez ela de muito bom grado, pagando-o de seu próprio bolso: porque, de feito, dela se diz que, conquanto estivesse naquele trato, tinha umas sombras e longes de cristã.

"Assim como Sancho bebeu, deu de calcanhares em seu asno e, abrindo-se-lhe o portão da estalagem de par em par, saiu dela muito contente por não ter pagado nada e ter saído com sua intenção, ainda que à custa dos seus costumados fiadores, que eram os seus costados".

clarins, o ruído dos tambores?' 'Não ouço coisa alguma', respondeu Sancho, 'além de muitos balidos de ovelhas'".

Um recurso muito conveniente para finalizar a descrição das batalhas de Dom Quixote é fazer com que os tropeiros, muleteiros e condutores de carroças saiam imediatamente de cena, como aqui, ao verem que derrubaram o louco com pedradas que também lhe custaram alguns dentes, tendo talvez o matado. Outro ponto de interesse neste capítulo é o tema da realidade e da transformação. Dom Quixote sugere mesmo um experimento científico que forneceria prova conclusiva do processo de encantamento.

"'Eu não lhe dizia, senhor Dom Quixote, que voltasse, que aqueles que ia acometer não eram exércitos, e sim manadas de carneiros?' 'Coisas como essa podem desaparecer e contrafazer aquele ladrão do sábio meu inimigo. Deves saber, Sancho, que é assaz fácil para esses tais fazer-nos parecer o que querem, e esse maligno que me persegue, invejoso da glória que viu que eu havia de obter desta batalha, mudou os esquadrões de inimigos em manadas de ovelhas. Se não, faze uma coisa, Sancho, por minha vida, para que te desenganes e vejas que é verdade o que te digo: sobe em teu asno e segue-os a tento e verás como, em se afastando daqui algum tanto, tornam ao seu ser primeiro e, deixando de ser carneiros, são homens-feitos tal qual os pintei de primeiro.'" Ele então recua apressadamente e continua: "'Mas não vás agora, que preciso do teu favor e ajuda: chega-te a mim e olha quantos dentes me faltam, pois cuido que não me resta nenhum na boca'".

O vômito que ocorre logo depois nessa cena, quando Dom Quixote mais uma vez recorre à poção mágica, é um pouco exagerado, em especial após a comédia de pastelão do capítulo anterior. Cavaleiro e escudeiro estão agora num ponto muito baixo.

CAPÍTULO 19

Dom Quixote espancou e desbaratou os enlutados numa procissão fúnebre imaginando que eram demônios que carregavam o corpo de um cavaleiro morto ou ferido.

"Todos os encamisados eram gente medrosa e desarmada e, assim, com facilidade logo abandonaram a refrega e começaram a correr por aquele campo, com as tochas acesas, parecendo tal e qual mascarados correndo em noite de folia e festa. Os enlutados, por seu lado, revoltos e envoltos em suas opas e batinas, não se podiam mover, o que deu lugar a Dom Quixote de sovar a todos muito a seu salvo e fazê-los debandar mau grado seu, pensando não ser ele homem, e sim diabo do inferno que lhes vinha tirar o corpo morto que na liteira levavam."

Tudo isso é uma prosa descritiva de primeira qualidade. Temos de confiar no tradutor: pena que não possamos admirar o texto em espanhol para assim entrar em contato mais próximo com o puro estilo castelhano.

"Tudo olhava Sancho, admirado do ardor de seu amo, e dizia para si: 'Sem dúvida, este meu amo é tão valente e esforçado como ele diz'."

CAPÍTULO 20

A inteligência artística com que Cervantes alterna as aventuras de seu protagonista está mais além dos louvores. Para garantir o equilíbrio artístico, é absolutamente necessário que o cavaleiro obtenha uma vitória elegante e fácil no capítulo 19. Aquela procissão não tinha nada que estar vestida em trajes da Ku Klux Klan e carregar tochas, recebendo assim o merecido castigo. Esse é o cerne da observação de Dom Quixote ao jovem religioso cuja perna ele quebrou. O leitor se mantém de todo indiferente ao sofrimento dos enlutados de branco e aprecia não somente a vitória abstrata de Dom Quixote como também o conhecimento de que Sancho Pança roubou a rica matalotagem dos padres mascarados.

O capítulo 20 começa com uma excelente observação científica da parte de Sancho Pança: "'Esta relva, senhor meu, só pode dar testemunho de que aqui perto há alguma fonte ou regato que a relva umedece, e assim será bem irmos um pouco mais adiante, pois logo toparemos onde possamos mitigar esta terrível sede que nos rói, que sem dúvida causa maior pena que a fome'". Tanto o escudeiro quanto o cavaleiro se tornaram substancialmente mais inteligentes desde que os conhecemos. Neste capítulo, temos também uma amostra da capacidade de contar histórias de Sancho; a passagem sobre as cabras sendo levadas num bote a remo para cruzar o rio é excelente em matéria de humor.

Um condutor de cabras levava o rebanho para um lugar onde seus olhos jamais veriam a rapariga que lhe havia sido infiel. Chegando às margens do rio Guadiana, encontrou-o muito cheio e impassável, "'mas tanto ele olhou que achou um pescador junto de um barco, mas tão pequeno que nele não podia caber mais que uma pessoa e uma cabra; e, com tudo isso, falou com o tal pescador e concertou que os atravessasse, a ele e às trezentas cabras que levava. Entrou o pescador no barco e passou uma cabra; voltou e passou mais uma; tornou a voltar e tornou a passar mais uma. Leve vossa mercê a conta das cabras que o pescador vai passando, porque, se perder uma da memória, o conto se acabará, e não será possível contar nem mais uma palavra dele. Continuo, pois, e digo que a margem da outra banda estava cheia de lama e escorregadia, e muito demorava o pescador em ir e voltar. Com tudo isso, voltou por outra cabra, e outra, e mais outra...' 'Faze conta que atravessou todas', disse Dom Quixote, 'não andes indo e vindo dessa maneira, que não acabarás de atravessá-las em um ano.' 'Quantas atravessaram até agora?', disse Sancho. 'Que diabo! Eu lá sei?', respondeu Dom Quixote. 'Pois foi o que eu lhe disse: que levasse bem a conta. Agora, por Deus que se acabou o conto, e não há como continuar.' 'Como pode ser isso?', respondeu Dom Quixote. 'Tão da essência da história é saber ao certo quantas cabras avessaram que, errando-se uma do seu número, não podes prosseguir com ela?' 'Não, senhor, de maneira alguma', respondeu Sancho; 'pois quando eu perguntei a vossa mercê quantas cabras tinham atravessado, e me respondeu que não sabia, naquele mesmo instante me fugiu da memória o quanto me faltava dizer, e à fé que era de muita virtude e contento.' 'De modo', disse Dom Quixote, 'que a história já está acabada?'". Estava. No entanto, a história que Sancho se prontificou a contar é uma velha piada, provavelmente de origem oriental. Depois disso, há de novo uma cena na tradição grosseira da época, envolvendo a incontinência dos intestinos de Sancho, seguida pela bem fracote aventura, ou melhor, não aventura, dos seis maços de pisão (para fazer ranhuras e alargar o ferro).

CAPÍTULO 21

Eles veem ao longe, na estrada, um homem a cavalo que traz na cabeça algo que reluz sob a chuva e o sol. Dom Quixote pergunta: "'Dize-me, não vês aquele cavaleiro que a nós vem, sobre um cavalo rosilho rodado, que traz na cabeça um elmo de ouro?' 'O que eu vejo e lobrigo', respondeu Sancho, 'é só um homem montado num asno pardo, como o meu, que traz na cabeça uma coisa que brilha.' 'Pois esse é o elmo de Mambrino', disse Dom Quixote. 'Aparta-te e deixa-me a sós com ele: verás quão sem palavra, por poupança de tempo, concluo esta aventura e fica por meu o elmo que tanto desejo'".

O elmo que Dom Quixote obtém derrubando aquele barbeiro, o de número dois, era uma bacia usada profissionalmente que ele tinha posto na cabeça para se proteger da chuva. O capítulo termina com uma longa exposição de Dom Quixote sobre como um cavaleiro andante é recebido num castelo, na qual Cervantes propicia um resumo admirável, sem nenhuma caricatura extravagante, de um típico romance de cavalaria. "Para cada incidente", diz John Ormsby, que no século 19 traduziu *Dom Quixote* e é citado por Putnam, "há ampla confirmação nos romances." Trata-se de um capítulo muito emotivo e patético, merecedor de um estudo cuidadoso.

CAPÍTULO 22

Dom Quixote vê "que pela estrada que seguia vinha bem uma dúzia de homens a pé, engranzados como contas a uma grande cadeia de ferro pelo pescoço, e todos com algemas nas mãos; vinham também com eles dois homens a cavalo e dois a pé: os que vinham a cavalo, com espingardas de pederneira, os que vinham a pé, com dardos e espadas [...]". Era uma corrente de galeotes — gente a caminho das galés onde seriam forçados a remar: a) um jovem que fora apanhado roubando uma tina de roupa branca (um *apaixonado* por lençóis); b) um sujeito melancólico que havia "cantado" — confessado sob tortura — ser ladrão de gado (um *cantor* na roda de tortura); c) um condenado por dever cinco ducados (cerca de dez dólares); d) um homem venerável, comerciante de corpos (alcoviteiro), que havia sido exibido nas ruas *com roupas de condenado e toda a "pompa"*; e) um estudante que fizera travessuras demais (um *latinista*); f) um ladrão misterioso, gênio aprisionado que tinha escrito a história de sua vida na prisão e se chamava Ginés de Pasamonte, o qual propiciará o ponto negativo na vitória de Dom Quixote ao roubar mais tarde o burro de Sancho Pança.

Dom Quixote dirige-se a eles como "irmãos caríssimos". Lá está a fim de "favorecer os necessitados e opressos dos maiores". No entanto, a vitória que obtém ao atacar os guardas se transforma em derrota nas mãos dos que libertou. O fato de que os prisioneiros libertados o apedrejem é uma consequência lógica de sua loucura (ele pede que se apresentem a Dulcineia), como o foi a libertação deles.

CAPÍTULO 23

Na Serra Morena, Dom Quixote se encontra com Cardenio, o Roto da Má Figura. (O roubo do burro de Sancho é uma interpolação feita pelo próprio Cervantes, porém ele não a corrigiu em passagens posteriores nas quais o escudeiro ainda possui sua montaria.) Agora tem início a aventura do livrinho de anotações do amante rejeitado, Cardenio, achado por eles. O manuscrito está dentro de um manuscrito, pois não nos esqueçamos de que, a partir de certo ponto (começando no capítulo 9, para ser exato), toda a narrativa supostamente vem da pena de um cronista árabe.

"E folheando quase todo o livrete, achou outros versos e cartas, alguns dos quais pôde ler e outros não. Mas o que todos continham eram queixas, lamentos, desconfianças, sabores e dissabores, favores e desdéns, solenizados uns e chorados outros.

"Enquanto Dom Quixote repassava o livro, repassava Sancho a maleta, sem deixar nela inteira nem na garupa um só canto por vasculhar, esquadrinhar e inquirir, nem costura por desfazer, nem maranha de lã por carmear, para que nada lhe escapasse por pressa ou descuido: tamanha era a gulodice que nele haviam despertado os achados escudos, que passavam de cem. Mas ainda sem achar mais que o achado, deu por bem empregados os voos da manta, o vomitar da beberagem, os afagos dos bordões, as punhadas do arreeiro, a falta dos alforjes, o roubo do gabão, e toda a fome, a sede e o cansaço que passara a serviço do seu bom senhor, parecendo-lhe que estava mais que bem pago e repago com a recebida mercê da entrega do achado."

Observação importante: sabemos que Dom Quixote está pronto a transformar qualquer realidade, por mais desinteressante que seja, numa fantasia com babados e lantejoulas. Agora, contudo, a própria realidade se colore com o romance que ele lhe atribuiu. A história do amante rejeitado neste capítulo tem todas as características daqueles romances de cavalaria. Dom Quixote, no passo da montanha, chegou a uma quebrada da serra onde fantasia e realidade se fundem. Aqui não se trata de nenhuma paródia da cavalaria errante.

"Em chegando a eles o mancebo [Cardenio], cumprimentou-os com voz destemperada e rouca, mas com muita cortesia. Dom Quixote lhe devolveu as saudações com não menos mesuras e, apeando-se de Rocinante, com gentil compostura e donaire, foi abraçá-lo e o teve um bom tempo estreitamente entre seus braços, como se de longos tempos o conhecesse. O outro, a quem podemos chamar "o Roto da Má Figura" (como a Dom Quixote o da Triste), depois de se deixar abraçar, o apartou um pouco de si e, postas as mãos nos ombros de Dom Quixote, o esteve fitando, como que querendo ver se o conhecia, talvez não menos admirado de ver a figura, o porte e as armas de Dom Quixote que Dom Quixote estava de vê-lo a ele. Enfim, o primeiro a falar depois do abraçamento foi o Roto, dizendo o que se dirá a seguir."

CAPÍTULO 24

A história do Roto da Má Figura é contada neste capítulo, e Dom Quixote escuta com interesse profissional. O jovem é também chamado de "Cavaleiro da Serra". Ambos estão agora firmemente plantados na realidade, que se fundiu por inteiro com a cavalaria andante dos dois.

"'O meu [desejo]', respondeu Dom Quixote, 'é o de vos servir, tanto que já estava determinado a não deixar estas serras até achar-vos e de vós saber se para a dor que na estranheza da vossa vida mostrais ter se pode achar algum gênero de remédio e, se houvesse mister de buscá-lo, buscá-lo com toda a diligência possível. E quando a vossa desventura fosse daquelas que têm fechadas as portas a todo gênero de consolação, pensava ajudar-vos a chorá-la e pranteá-la como melhor pudesse, pois é sempre consolo nas desgraças achar quem delas se doa. E se é que a minha boa tenção merece ser agradecida com algum gênero de cortesia, eu vos suplico, senhor, pela muita que vejo que em vós se encerra, e a par vos conjuro pelo que nesta vida mais amastes ou amais, que me digais quem sois e a causa que vos trouxe a viver e a morrer nestas solidões qual bruto animal, morando entre eles tão esquecido de vós mesmo como mostra vosso traje e vossa pessoa. E juro', acrescentou Dom Quixote, 'pela ordem de cavalaria que recebi, ainda que pecador e dela indigno, e pela profissão de cavaleiro andante, que, se nisto, senhor, me comprouverdes, hei de servir-vos com todas as veras a que me obriga o ser quem sou, ou bem remediando vossa desgraça, se ela tiver remédio, ou bem ajudando-vos a chorá-la, como vo-lo prometi.'" Notem que Dom Quixote está em plena posse de suas faculdades mentais: quando Cardenio lhe suplica que não interrompa sua dolorosa narrativa, "essas razões do Roto trouxeram à memória a Dom Quixote o conto que lhe contara seu escudeiro, quando não acertou ele o número de cabras que haviam cruzado o rio, ficando a história pendente". Cardenio delira sobre seu amor: "'Ah, céus, quantos bilhetes lhe escrevi! Quão regaladas e honestas respostas tive! Quantas canções compus e quantos apaixonados versos, onde a alma declarava e trasladava seus sentimentos, pintava seus ardentes desejos, entretinha suas memórias e recreava sua vontade!'". [...] "'Aconteceu pois que, tendo-me pedido Luscinda um livro de cavalarias para ler, do qual era ela muito aficionada, que era o de *Amadis de Gaula*...' Apenas ouviu Dom Quixote a menção ao livro de cavalarias, quando disse: 'Se vossa mercê tivesse dito logo ao começar sua história que sua mercê a senhora Luscinda era aficionada a livros de cavalarias, não haveria mister de mais louvores para dar-me a entender a alteza do seu entendimento [...]'." E prosseguiu por algum tempo recomendando outros livros em especial.

"Enquanto Dom Quixote ia dizendo o que fica dito, caíra a Cardenio a cabeça sobre o peito, dando ele mostras de estar profundamente pensativo. [Na verdade, sua loucura voltara a atacar.] E posto que Dom Quixote por duas vezes lhe dissesse que prosseguisse sua história, nem levantava a cabeça nem respondia palavra; mas ao cabo de um bom trecho a levantou e disse: 'Não me sai do pensamento, nem haverá no mundo quem mo tire nem outra coisa me dê a entender, e seria um malhadeiro quem o contrário entendesse ou acreditasse, senão que aquele velhacão do mestre Elisabat estava amancebado com a rainha Madásima'. 'Isso não, voto a tal!', respondeu com muita cólera Dom Quixote, lançando-lhe a jura completa como era seu costume, 'e é essa uma grandíssima malícia, ou velhacaria, por melhor dizer: a rainha Madásima foi uma mui principal senhora, e não há como presumir que tão alta princesa se houvesse de amancebar com qualquer mata-sanos; e quem o contrário entender, mente como grandíssimo velhaco, e eu lho darei a entender a pé ou a cavalo, armado ou desarmado, de noite ou de dia, ou como o senhor preferir for mais do seu gosto'. Fitava-o Cardenio com muita atenção, ao qual já viera o acidente da sua loucura e não estava mais para prosseguir sua história, nem tampouco Dom Quixote lhe ouviria, pelo muito que o desgostara aquilo que sobre Madásima lhe ouvira. Estranho caso, pois ele saiu em sua defesa como se ela verdadeiramente fosse sua verdadeira e natural senhora, a tal termo o levaram seus excomungados livros! Digo, pois, que, como já Cardenio estava louco e se ouviu tratar de mentiroso e de velhaco, mais outros insultos semelhantes, levou a burla a mal e apanhou um calhau que achou junto de si e deu com ele no peito de Dom Quixote tamanho golpe que o fez tombar de costas."

Esse é um golpe de mestre do autor! Depois de fundir a fantasia dos romances de cavalaria com a realidade das montanhas escarpadas e da miséria esfarrapada, ele engrena na loucura causada não somente pelas emoções dos personagens nos relatos de cavalaria (e tanto Dom Quixote quanto Cardenio são tais personagens no momento), mas também na loucura causada por ler tais relatos. A Luscinda de Cardenio, aquela suave abstração, é substituída por uma abstração ainda mais etérea, a rainha Madásima dos velhos romances. Toda a história das aventuras de Dom Quixote retornou à sua premissa: literatura de baixa qualidade debilita o cérebro. No final do capítulo, Sancho corre para defender seu amo, porém é derrubado com um murro de Cardenio, e o pastor de cabras sofre igual destino quando tenta salvar Sancho. Sancho e o pastor então trocam pancadas enquanto Cardenio escapa.

CAPÍTULO 25

Enquanto o cavaleiro e seu escudeiro cavalgam para regiões mais altas na montanha, o caso de Madásima e Elisabat é discutido com maior profundidade. Vê-se que Amadis é o cavaleiro predileto de Dom Quixote, "um dos mais perfeitos cavaleiros andantes. Não disse bem ao dizer "foi um": foi ele o único, o primeiro, o sem-par, o senhor de todos quantos no mundo houve em seu tempo". O Ulisses de Homero e o Eneias de Virgílio não foram pintados nem descritos "como eles foram, se sim como haviam de ser para deixar aos vindouros homens o exemplo das suas virtudes. Dessa mesma sorte, Amadis foi o norte, a estrela-guia, o sol dos valentes e enamorados cavaleiros, que havemos de imitar todos aqueles que sob a bandeira do Amor e da cavalaria militamos".

Dom Quixote também tenciona imitar Amadis ao desempenhar o papel de louco desesperado e furioso.

"'Eu acho aqui comigo', disse Sancho, 'que os cavaleiros que assim fizeram foram provocados e tiveram motivo para fazer tais necedades e penitências; mas vossa mercê que motivo tem para enlouquecer? Que dama o desdenhou, ou que sinais achou que lhe deem a entender que a senhora Dulcineia d'El Toboso fez alguma tolice com algum mouro ou cristão?'

"'Aí é que está o ponto', respondeu Dom Quixote, 'e a fineza do meu intento, pois um cavaleiro andante enlouquecer com motivo não tem gosto nem graça: o ponto está em desatinar sem ocasião e dar a entender à minha dama que, se a seco faço isto, o que não faria molhado?'"

O encontro com o cavaleiro desprezado leva Dom Quixote a enviar uma carta para Dulcineia. Sancho descobre quem ela é na realidade e assim a descreve: "'Tá, tá!', disse Sancho. 'Então é a filha de Lorenzo Corchuelo a senhora Dulcineia d'El Toboso, por outro nome chamada Aldonza Lorenzo?' 'Essa é', disse Dom Quixote, 'e é ela quem merece ser senhora de todo o universo.' 'Bem a conheço', disse Sancho, 'e sei dizer que joga barra tão bem como o mais forçudo zagal do lugar. Pelo Dador, que é moça das boas, feita e benfeita e de peito forte, e que pode tirar da lama o pé de qualquer cavaleiro andante ou por andar que a tenha por senhora! Ah, fideputa, que nervo que tem, e que voz! Basta dizer que um dia subiu no campanário da aldeia e se pôs a chamar uns zagais seus que andavam numa roça de seu pai e, se bem estavam a mais de meia légua dali, assim a ouviram como se estivessem ao pé da torre. E o melhor dela é que não é nada melindrosa, pois tem muito de cortesã: com todos brinca e de tudo faz burla e graça. Agora digo, senhor Cavaleiro da Triste Figura, que vossa mercê não só pode e deve fazer loucuras por ela, mas com justo título pode desesperar e se enforcar, que ninguém que o saiba deixará de dizer que o fez por demais bem, ainda que o diabo o leve. E queria já estar a caminho, só para vê-la, pois há muito que não a vejo e já deve estar mudada, porque gasta muito a face das mulheres andar sempre no campo, ao sol e ao vento'".

E essa é resposta maravilhosa, nobre e absolutamente lógica de Dom Quixote: "'Porque hás de saber, Sancho, se o não sabes, que só duas coisas incitam a amar mais que qualquer outra, que são a muita formosura e a boa fama, e estas duas coisas se acham consumadamente em Dulcineia, pois em formosura nenhuma se lhe iguala, e na boa fama poucas lhe chegam. E para concluir com tudo, imagino que tudo o que digo é assim, sem sobra nem míngua, e a pinto na minha imaginação tal como a desejo, assim na beleza como na principalidade, e nem Helena a iguala, nem Lucrécia a alcança, nem outra alguma das famosas mulheres das idades pretéritas, grega, bárbara ou latina. E diga cada qual o que quiser; pois, se por isto eu for repreendido por ignorantes, não serei castigado por rigorosos'".

Dom Quixote escreve a carta no livrinho de anotações de Cardenio e Sancho parte montado em Rocinante (seu burro cinza tendo sido roubado por Ginés de Pasamonte).

CAPÍTULO 26

A trama gradualmente recolheu seus tentáculos e desenvolveu um interesse mais que episódico. Estamos muito ansiosos para seguir Sancho até El Toboso. No caminho, ao encontrar o padre da aldeia e o barbeiro, diz a eles: "'Meu amo ficou fazendo penitência no meio desta montanha, muito ao seu sabor'", o que resume com precisão o caso. "E em seguida, de enfiada e sem parar, lhes contou de que sorte ficara, as aventuras que lhe aconteceram e como levava ele a carta para a senhora Dulcineia d'El Toboso, que era a filha de Lorenzo Corchuelo, por quem estava enamorado até os fígados.

"Ficaram os dois admirados do que Sancho Pança lhes contava; e se bem já conhecessem a loucura de Dom Quixote e o gênero dela, sempre que a ouviam se admiravam de novo. Pediram a Sancho Pança que lhes mostrasse a carta que levava para a senhora Dulcineia d'El Toboso. Ele disse que ia escrita num livro de memórias e que era ordem do seu senhor que a fizesse trasladar em papel no primeiro lugar aonde chegasse; disse então o padre que lha mostrasse, que ele a trasladaria de muito boa letra. Meteu Sancho Pança a mão no peito, procurando o livrete, mas não o achou, nem o poderia achar se o procurasse até agora, pois Dom Quixote ficara com ele e não lho dera, nem ele se lembrara de pedi-lo."

O fato de Sancho esquecer o livro e a carta é um encantador toque de genialidade. Ele fornece verbalmente partes truncadas da carta e explica as riquezas que o esperam. "Dizia Sancho essas coisas com tanto repouso, limpando o nariz de quando em quando, e com tão pouco juízo, que os dois se admiraram de novo, considerando quão veemente era a loucura de Dom Quixote, pois levara de roldão o juízo daquele pobre homem."

A fim de persuadir Dom Quixote a deixar a montanha, o padre propõe disfarçar-se de mulher, tendo o barbeiro como escudeiro, quando então suplicariam ao Dom que os acompanhasse de modo a reparar um mal feito a ela por algum cavaleiro maldoso.

CAPÍTULO 27

A trama agora se desenvolve em duas direções: estamos ansiosos para ver Sancho e Dulcineia juntos, como também interessados na simulação que o padre e o barbeiro executam a fim de trazer Dom Quixote para casa. Sancho Pança dá meia-volta e retorna na companhia dos dois.

Sendo um bom sujeito, o que perturba o padre não é Dom Quixote fazer uma penitência de modo tão pouco cristão e fantástico, mas que ele seja louco e necessite de ser ajudado para curar-se. Como já se observou acerca do emparedamento do escritório de Dom Quixote, as ações do padre (disfarçado de mulher etc.) mostram que a boa criatura também tem um toque de alegre loucura.

Dom Quixote não ouvira o fim da história de Cardenio, porém agora os dois amigos o encontram na subida da montanha e ele conta como perdeu Luscinda para seu amigo dom Fernando. É muito curiosa a maneira como uma sequência realmente romântica e dramática de acontecimentos se desdobra por assim dizer pelas costas dos livros de Dom Quixote. O vilão dom Fernando é uma parada à altura de nosso cavaleiro, que naquele momento, todavia, está pensando em outras coisas. Notem como o esquema de cor e luz é belamente apresentado quando Cardenio descreve Luscinda no casamento. Ela estava "tão bem aderçada e composta como sua qualidade e formosura mereciam, e como cabia a quem era a perfeição da gala e da pompa cortesãs. Não me deu lugar minha suspensão e arroubo para que olhasse e notasse em detalhe o que ela vestia: só reparei nas cores, que eram o encarnado e o branco, e nos brilhos que as pedras e joias do toucado e de todo o vestido espraiavam, a tudo avantajando a beleza singular dos seus formosos e louros cabelos, que, competindo com a luz das preciosas pedras e de quatro tochas que na sala havia, a sua com mais resplendor aos olhos se oferecia".

CAPÍTULO 28

O autor se dá conta de que sua trama é como um brilhante novelo de lã que vai se desenrolando — no começo deste capítulo se refere a estar "prosseguindo seu rastelado, torcido e fusado fio".

Uma segunda criatura romanticamente louca é encontrada, Dorotea, disfarçada de rapaz. Com Dom Quixote, agora são três delirando no coração da Serra Morena.* Dorotea proporciona um exemplo de preciosismo e verborragia — o preâmbulo da moça pode ser resumido a cinco afirmações simples.

Reparem também na coincidência fantasiosa característica das narrativas românticas: o sedutor de Dorotea é Fernando, o inimigo de nosso amigo Cardenio. Notem o comportamento dele quando sua Luscinda é mencionada: "e não fez mais que encolher os ombros, morder os lábios, arquear as sobrancelhas e dali a pouco deixar rolar por seus olhos duas fontes de lágrimas".

Dorotea prossegue em seu relato de troca de amores. Cardenio tem uma surpresa agradável quando Dorotea descreve o casamento de Luscinda: "[...] na noite em que dom Fernando desposou Luscinda, depois de ter ela dado o 'sim' de ser sua esposa, a tomara um rijo desmaio, e que, chegando seu esposo a desabotoar-lhe o peito para que pudesse tomar ar, achou-lhe um papel escrito com a mesma letra de Luscinda, onde dizia e declarava que não podia ser esposa de dom Fernando, porque já o era de Cardenio, que, segundo o homem me disse, era um cavaleiro mui principal da mesma cidade; e que, se dera o 'sim' a dom Fernando, fora por não faltar à obediência de seus pais". Notem como a aventura Cardenio-Luscinda se espalha com interrupções por sessenta páginas (até esse ponto), deixando o leitor em dúvida sobre o que Fernando fizera com Cardenio e qual é o conteúdo da

---

* VN anexou a seguinte nota a Serra Morena: "cadeia de montanhas no sudoeste da Espanha; o pico culminante tem 2400 metros e seu paralelo se situa entre a Filadélfia e San Francisco, se é que isso significa alguma coisa para vocês, que nunca estudaram geografia e não têm a menor ideia da configuração do mundo. A que terra chega quem segue diretamente rumo ao norte partindo do meridiano do Rio de Janeiro? À ponta da Groenlândia, sem passar pelo continente da América do Norte".

carta que Fernando encontrou com sua esposa. A única importância artística e estrutural dessas interpolações triviais é seu efeito sobre Dom Quixote e o desenvolvimento geral do romance. Já falei de sua conexão com os livros que Dom Quixote havia lido. Na verdade, não há muito a escolher entre Dorotea e a moça que vocês conhecem tão bem, aquela de saia esfarrapada, lágrima em forma de pera e blusa com um decote para lá de generoso, a Violeta da história de quadrinhos que tem, como personagem principal, Ferdinando Buscapé. Mas Dorotea e suas congêneres chegaram antes; faz quatrocentos anos, na infância da literatura europeia, e é uma pena que tenhamos de vê-las de novo, contra nossa vontade, ridicularizadas em produtos comerciais de baixa qualidade.

CAPÍTULO 29

Uma continuação do caso Cardenio-Luscinda-Fernando-Dorotea. Cardenio diz a Dorotea: "'[...] pois vos juro pela fé de cavaleiro e de cristão não vos desamparar enquanto vos não vir em poder de dom Fernando, e, se com razões o não puder levar a reconhecer o que vos deve, usar da liberdade que me concede o ser cavaleiro e poder com justo título desafiá-lo, em razão da desrazão que vos faz, esquecendo os meus agravos, cuja vingança deixarei aos céus, por acudir na terra aos vossos'". Isso é exatamente o que Dom Quixote teria dito. Apesar da tolice, a paródia do romance galante está inteiramente perdida aqui num próprio romance galante. A vida imita Dom Quixote e seus livros, mas, enquanto os moinhos de vento e estalajadeiros do romance nos parecem relativamente reais (isto é, verdadeiros em termos da concepção de moinhos de vento e estalajadeiros do leitor médio), o rapaz e a moça rejeitados que aqui temos nos dão a impressão de serem um produto da própria literatura sentimental que enlouqueceu Dom Quixote. E peço que entendam bem essa assertiva.

Temos agora Dom Quixote em nossas mãos. Muito lucidamente. Dorotea observa "que ela faria de donzela necessitada melhor que o barbeiro, e mais, que tinha ali vestidos com que fazê-lo ao natural, e que deixassem a seu cargo o saber de representar tudo aquilo que fosse mister para levar o intento avante, pois ela lera muitos livros de cavalaria e sabia bem o estilo que usavam as donzelas coitadas quando pediam seus dons aos andantes cavaleiros".

Não apreciamos a sutil diferença entre sua provação genuína e a da donzela em perigo nos livros de cavalaria. A nós parece tudo igual, e Dom Quixote consequentemente se torna um verdadeiro cavaleiro andante, alguém que ajuda e vinga, uma vez que Dorotea é efetivamente uma donzela em apuros. Para os leitores da época do autor, começo do século 17, a diferença pode ter sido mais acentuada porque os fatos principais, acima de todos os demais, eram para eles a) a ausência de cavaleiros em armaduras nos campos da Espanha e b) a presença de Fernando e Dorotea, assim como o caso de amor entre os dois, nos romances contemporâneos. Reparem que o padre executa a sutil transformação dos próprios problemas de Dorotea em uma história capaz de atrair a dupla Quixote-Sancho Pança. A moça, diz ele a Sancho, é "nada menos que a herdeira, por linha direta de varão, do grande reino de Micomicão, a qual vem em busca do vosso amo para lhe pedir um dom, que é que lhe desfaça um torto ou agravo que um mau gigante lhe fez; e pela fama que de bom cavaleiro tem o vosso amo por todo o descoberto do mundo, da Guiné veio buscá-lo esta princesa".

Notem que Sancho Pança participa do complô que visa trazer Dom Quixote para casa por crer naquilo que o padre inventa. A substituição da fantasia do gigante assassino pelo caso de Fernando, com a vítima deste último agindo como vítima do primeiro, é muito curiosa do ponto de vista estrutural. É de presumir que Dom Quixote poderia gostosamente ajudá-la em suas dificuldades reais tais como por ela relatadas. Afinal, o reino usurpado a que a moça se refere é um eufemismo plausível de sua virgindade roubada. Na escala do absurdo, o tema do livro de cavalaria usado para tapear Dom Quixote se encontra apenas um patamar acima tal como vemos as coisas atualmente. No entanto, graças à genialidade artística de seu criador, a reação a essas questões absurdas por parte de Dom Quixote constitui uma realidade artística para o leitor de qualquer época, e é uma reação compassiva, divina, absolutamente encantadora e patética, como são todos os seus gestos. Isso redime as interpolações. "'Seja quem for', respondeu Dom Quixote, 'só farei o que sou obrigado e o que me dita a minha consciência, conforme o que professado tenho.' E, voltando-se para a donzela, disse: 'Levante-se a vossa grande fermosura, que eu lhe outorgo o dom que pedir-me quiser.'" Durante essa troca de palavras entre o cavaleiro e Dorotea, "estava o barbeiro ainda de joelhos, tendo grande cuidado em disfarçar o riso e de que a barba [falsa] não caísse do seu rosto, pois com sua queda podiam ficar todos sem conseguir sua boa intenção". Mas o esquema não tem tão boa intenção e nada existe ali para provocar o riso. O que entrevemos de repente é uma donzela em apuros reais e um cavaleiro real.

Os pensamentos ilusórios de Sancho Pança com respeito aos negros, seus vassalos na imaginação, não são tão fantasiosos. Lamentando a perda de seu burro, Sancho segue a pé ao descerem da montanha. "[...] mas tudo ele suportava com gosto, por lhe parecer que seu senhor já estava a caminho e bem a pique de ser imperador, pois sem dúvida alguma pensava que se haveria de casar com aquela princesa e ser pelo menos rei de Micomicão: só lhe pesava o pensamento de ser aquele reino em terra de negros e que as gentes que por vassalos lhe dessem haviam de ser todas negras; para o qual logo achou em sua imaginação um bom remédio, dizendo a si mesmo:

"'Que se me dá que meus vassalos sejam negros? Bastará carregar com eles e trazê-los para a Espanha, onde os poderei vender e por eles receber de contado, com cujo dinheiro poderei comprar algum título ou algum ofício com que viver sossegado todos os dias da minha vida. Eia, se não sou esperto e não tenho engenho e habilidade para tudo arranjar e vender trinta ou dez mil vassalos num piscar de olhos! Por Deus que os hei de passar adiante em grosso, ou como calhar, e que, por mais negros que sejam, logo os trocarei em brancos ou amarelos. Vinde, e vereis se eu chupo o dedo!'.

"Por isso andava ele tão solícito e tão contente que se esquecia do pesar de caminhar a pé."

Nos velhos tempos, muitas fortunas foram feitas exatamente de acordo com a receita de Sancho, tanto na Holanda como nos Estados Sulinos e por toda parte, por homens de muito bom senso. Sancho Pança é o avô de todos os magnatas.

CAPÍTULO 30

No final do capítulo precedente e no começo deste ocorre o retorno estrutural a um incidente anterior — a libertação dos escravos da galé por Dom Quixote, gerando com isso a unidade de acontecimentos. Os criminosos libertados são acusados (falsamente) pelo padre de tê-lo roubado. De início, Dom Quixote se irrita, porém depois faz uma forte e digna afirmação compatível com seu caráter: "Aos cavaleiros andantes não toca nem tange averiguar se os aflitos, acorrentados e opressos que encontram pelos caminhos vão desse jeito ou estão nessa angústia por suas culpas ou por suas graças: só lhes cumpre ajudá-los como a necessitados, com os olhos postos em suas penas, e não em suas velhacarias".

Outra reviravolta. À primeira vista não pareceria muito plausível que a jovem Dorotea participasse da brincadeira e inventasse narrativas fantasiosas a seu respeito quando se encontrava em tamanhas dificuldades emocionais. O relato que ela inventa é menos fantástico que sua verdadeira história.

"'[...] minha sorte foi tão boa em achar o senhor Dom Quixote que já me conto e tenho por rainha e senhora de todo o meu reino, pois ele em sua cortesia e magnificência me prometeu o dom de vir comigo aonde quer que eu o leve, que não será a outra parte que a pô-lo diante de Pandafilando da Fosca Vista, para que o mate e me restitua o que tão contra razão me usurpou; e tudo isto há de suceder a pedir de boca, pois assim o deixou profetizado Tinácrio, o Sabedor, meu bom pai, o qual também deixou dito, e escrito em letras caldeias ou gregas, que eu não sei ler, que, se este cavaleiro da profecia, depois de degolar o gigante, se quisesse casar comigo, que eu sem réplica alguma me outorgasse logo por sua legítima esposa e lhe desse a possessão do meu reino junto com a da minha pessoa.' 'Então, Sancho amigo?', disse Dom Quixote neste ponto. 'Ouviste? Eu não te disse? Olha se já não temos reino onde mandar e rainha com quem casar.'"

Duas coisas estão perturbando o autor: a) a ausência da montaria de Sancho Pança (desde sempre uma falta totalmente desnecessária) e b) o fato de que, devido ao complicado caso de Dorotea e sua participação no plano do padre para levar Dom Quixote de volta a casa, o autor não teve a oportunidade de fazer com que o cavaleiro e seu escudeiro falassem sobre Dulcineia — assunto que logicamente deveria estar no centro da confusão mental de Dom Quixote (embora se possa argumentar que ele se encontra mais interessado em descobrir Dulcineia como uma bela visão no espelho da cavalaria do que na pessoa real a quem se pode enviar uma mensagem). No final do capítulo, o burro cinzento está de volta (devido a uma interpolação na segunda edição), e Dom Quixote pergunta sobre Dulcineia e a tarefa de que incumbira Sancho Pança.

CAPÍTULO 31

"'Chegaste, e o que fazia aquela rainha da formosura? Decerto a encontraste engranzando pérolas ou bordando alguma divisa com ouro em canutilho para este seu cativo cavaleiro.'

"'Não a achei', respondeu Sancho, 'senão joeirando duas sacas de trigo num quintal de sua casa.'

"'Pois faze conta', disse Dom Quixote, 'que os grãos daquele trigo eram grãos de pérolas, tocados por suas mãos. E viste, amigo, se o trigo era candial ou tremês?'

"'Era só trigo vermelho', respondeu Sancho.

"'Pois eu tenho para mim', disse Dom Quixote, 'que, joeirado por suas mãos, sem dúvida alguma deu pão candial. Mas segue adiante: quando lhe entregaste a minha carta, ela a beijou? Colocou-a sobre a cabeça? Fez alguma cerimônia digna de tal carta? Ou que outra coisa fez?'

"'Quando lha ia entregar', respondeu Sancho, 'ela estava sacudindo a peneira com gana para dar cabo do tanto que tinha ali metido, e me disse: "Deixa, amigo, essa carta em cima daquela saca, que não a poderei ler enquanto não acabar de peneirar tudo o que aqui está".'

"'Discreta senhora!', disse Dom Quixote. 'Isso deve de ter sido para lê-la sem pressa e recrear-se com ela.'"

Nota importante de estrutura: a fim de manter a coesão do romance (que ameaça se espraiar nesse ponto), Cervantes faz com que os personagens relembrem acontecimentos passados e com que reapareçam personagens de capítulos anteriores. Assim, ao levar a carta para Dulcineia, Sancho atravessa a aldeia onde fora jogado para o alto numa manta. Assim também os escravos da galé são mencionados pelo padre; assim também o sujeito que roubou o burro de Sancho volta a ser visto com roupas de cigano; assim também o rapaz que Dom Quixote tinha tentado salvar de um camponês brutal abraçou de novo as pernas do cavaleiro. A continuação e o desenvolvimento desses episódios em paralelo ao curso principal da história (que, afinal, começou com as bolhas da paródia e depois fluiu como o relato das tresloucadas fantasias de uma criatura patética e nobre) dão ao livro o tipo de unidade abrangente que associamos mentalmente ao romance como gênero literário.

CAPÍTULO 32

Na estalagem onde o variegado grupo se hospeda ocorre uma admirável discussão sobre livros de cavalaria — esse é outro assunto que Cervantes com grande habilidade traz a lume, a fim de promover e preservar a unidade estrutural do livro. O que a criada Maritornes, rapariga não muito feliz e não muito bonita, tem a dizer sobre a questão vale ser citado:

"'Isso é verdade', disse Maritornes, 'e à boa-fé que eu também gosto muito de ouvir essas coisas, que são lindas, e mais quando contam que está a outra senhora embaixo de umas laranjeiras abraçada ao seu cavaleiro, tendo uma duenha por sentinela, morta de inveja e com muito susto. E digo que tudo isto é mel na boca.' [Notem as laranjeiras e a dama de companhia.]

"'E a vós que vos parece, senhora donzela?', disse o padre, falando com a filha do estalajadeiro.

"'Não sei, senhor, por minha alma', respondeu ela. 'Também eu o escuto, e é verdade que, se bem o não entenda, tenho gosto em ouvi-lo; mas não gosto dos golpes de que meu pai gosta, e sim dos lamentos que os cavaleiros dão quando estão longe de suas senhoras, que em verdade às vezes me fazem chorar, de compaixão que por eles tenho.'

"'Então os remediaríeis, senhora donzela', disse Dorotea, 'se por vós chorassem?'

"'Não sei o que faria', respondeu a moça, 'só sei que há algumas daquelas senhoras tão cruéis que seus cavaleiros as chamam tigres e leões e outras mil imundícies. E, Jesus!, eu não sei que gente é essa tão desalmada e tão sem consideração que, por não olhar um homem honrado, o deixam morrer ou acabar louco. Não sei para que tanto melindre: se o fazem por honradas, que se casem com eles, que eles não desejam outra coisa.'"

Toda a conversa é muito engraçada. O episódio original da queima dos livros volta a ser mencionado quando o padre tenta pôr fogo em alguns livros de cavalaria que foram deixados com o estalajadeiro. O padre parece preferir neles uma aparência de realidade ou história.

CAPÍTULOS 33-5

Uma interpolação, certa história em manuscrito que se encontrava na pequena porém seleta biblioteca do estalajadeiro. O padre se propõe a lê-la em voz alta caso não fosse melhor dormir, mas na última hora Cervantes se lembra de que Dorotea pode não estar no estado de espírito propício ao sono. "'Grande repouso será para mim', disse Dorotea, 'entreter o tempo ouvindo algum conto, 'pois ainda não tenho o espírito tão sossegado que me permita dormir quando seria razão.'" Assim encorajado, no capítulo 33 o padre começa a ler a "História daquele que era curioso demais para seu próprio bem" (com frequência conhecida como *Novela do curioso impertinente*). O triângulo formado por dois amigos, Anselmo e Lotario, e a mulher de Anselmo, Camila, que ele deseja testar com resultados infelizes, pertence à tradição da Renascença. Essas narrativas de intrigas eram devoradas pelos leitores contemporâneos. Desejo que notem a metáfora sustentada pela mina: "Pois se a mina da sua honra, formosura, honestidade e recato te dá sem nenhum trabalho toda a riqueza que tem e tu podes desejar, para que queres escavar a terra e buscar novos veios de novo e nunca visto tesouro, arriscando-te a que toda ela venha abaixo, pois afinal se sustenta sobre os fracos arrimos de sua débil natureza? Cuida que quem busca o impossível, é justo que o possível se lhe negue". Chamaremos isso de "símile do caçador de ouro".

A trama corre sinuosa. E tudo não passa de um incrível absurdo em que os embustes e as escutas à socapa são, como de costume, as molas da cama que sustenta a narrativa.

CAPÍTULO 36

Quatro homens mascarados chegam à estalagem acompanhando uma mulher chorosa. Numa série de desmascaramentos e reconhecimentos mútuos, Luscinda, essa senhora, é reunida com Cardenio, ao mesmo tempo que dom Fernando se junta a Dorotea. Tudo isso acontece enquanto Dom Quixote dorme no andar de cima.

CAPÍTULO 37

No começo do capítulo 35, a leitura do conto feita pelo padre foi interrompida pelo sonho de Dom Quixote de que está matando o gigante que oprimiu Dorotea; em vez disso, ele apenas cortou a espadadas odres de vinho pendurados à parede. Decidiu-se agora que o artifício aplicado ao Dom continuaria e que Dorotea, após alguma dúvida se tinha sido ou não encantada numa donzela comum, é mais uma vez a rainha de Micomicão. Chega à estalagem um estranho que havia sido cativo dos mouros e acompanha uma donzela moura cujo rosto está coberto por um véu. Dom Quixote inicia seu elaborado discurso acerca da cavalaria andante.

CAPÍTULO 38

Dom Quixote continua a discursar. No entanto, um comentarista do texto em espanhol observa que "essa discussão do tema das armas e das letras — quem sofre mais, o intelectual sem tostão ou o guerreiro etc. — tem suas raízes na antiga literatura dos tempos medievais e chega a ser um lugar-comum em autores do século 16". No caso em tela, sua importância é estrutural: reforça e faz florescer na hora certa e no lugar certo a personalidade de Dom Quixote. Notem as duras palavras que ele dirige à artilharia, cujo advento tinha posto fim ao tipo de cavalaria e método de luta propugnados por Dom Quixote:

"Bem hajam aqueles benditos séculos que careceram da espantável fúria desses endemoninhados instrumentos da artilharia, a cujo inventor tenho para mim que no inferno está recebendo o prêmio por sua diabólica invenção, com a qual deu ocasião a que um infame e covarde braço tire a vida a um valoroso cavaleiro, e que, sem saber como ou por onde, em meio à coragem e brio que inflama e anima os valentes peitos, chega uma bala desmandada (disparada por quem talvez fugiu e se espantou do brilho que fez o fogo ao disparar da maldita máquina) e num instante corta e acaba os pensamentos e a vida de quem a merecia gozar por longos séculos. E assim, considerando isto, estou para dizer que na alma me pesa o ter tomado este exercício de cavaleiro andante em idade tão detestável como é esta em que agora vivemos; porque, bem que nenhum perigo me dê medo, dá-me receio pensar que a pólvora e o estanho podem tirar-me a ocasião de ser famoso e conhecido pelo valor do meu braço e pelo fio da minha espada, por todo o descoberto da terra. Mas que seja como o céu quiser, pois, se eu alcançar o que pretendo, tanto mais serei estimado quanto os perigos que afronto forem maiores que aqueles afrontados pelos cavaleiros andantes dos passados séculos."

CAPÍTULOS 39-41

A história do cativo começa depois do discurso de Dom Quixote. Como pano de fundo estão os Aliados (Flandres, Veneza e Espanha) contra os Turcos (turcos, mouros, árabes), durante as décadas de 1560 e 1570. Mais uma vez o comentarista do texto espanhol assinala que aquele relato de um pai mandar os três filhos para o mundo a fim de escolherem suas carreiras era comum na literatura folclórica da Europa. Temos aqui a "Igreja ou mar ou casa real" ou, em palavras mais simples, letras, comércio e profissão militar. O modo como o cativo (que havia escolhido as armas) foi capturado tem interesse porque a história se assemelha à vida do próprio Cervantes. Em Lepanto, "saltei na galera contrária, a qual, esquivando-se daquela que a investira, impediu que meus soldados me seguissem, e assim me achei só entre meus inimigos, aos quais não pude fazer frente, por serem tantos: por fim me renderam cheio de feridas". Essa história interpolada pertence a uma espécie inteiramente diferente das que já encontramos. Mas será que o tom "realista" vai perdurar?

O autor menciona um soldado espanhol chamado Saavedra: "[...] ainda que tenha feito coisas que por muitos anos ficarão na memória daquela gente, e todas por alcançar a liberdade, jamais recebeu nenhum açoite, nem lho mandou dar o seu senhor, nem o repreendeu de palavra; e pela menor coisa das muitas que fez temíamos todos que havia de ser empalado, e o mesmo temeu ele mais de uma vez; e se o tempo me desse lugar, eu vos diria agora coisas que esse soldado fez que seriam parte para vos entreter e admirar muito melhor que o conto da minha história".*

Neste capítulo 40, a história do cativo sofre uma inflexão romântica que a torna bem ruim. No capítulo 41 se arrasta o relato sobre a bela Zoraida, que ajudou o jovem espanhol e com ele escapou. [Cumpre notar que seu pai se chama Hadji Morato.] No entanto, a narrativa ganha alguma vitalidade quando o velho mouro amaldiçoa amargamente a filha fugidia: "'Oh moça infame e mal-aconselhada rapariga! Aonde vais, cega e desatinada, em poder desses cães, naturais inimigos nossos? Maldita seja a hora em que eu te gerei e malditos sejam os regalos e deleites em que te criei!'". Todavia, de modo geral, a essa altura o relato está apenas um pouco acima do nível das tramas ita-

---

* Após a citação, VN acrescentou um curto parágrafo: "O que nos faz lembrar vividamente a maneira como muitos nazistas costumavam se defender quando julgados por seus crimes". A referência parece ser ao relato do cativo de como certos renegados cristãos se protegeram com depoimentos de presos sob sua guarda caso tivessem retornado a seus países de origem. Esse renegado específico ajuda o cativo e foge com ele.

lianas nas interpolações anteriores. Há, contudo, retratos agradáveis, como o do galante pirata francês: "Perto do meio-dia seria quando nos largaram na barca, dando-nos dois barris de água e algum biscoito; e o capitão, movido não sei de que misericórdia, quando embarcou a formosíssima Zoraida, lhe deu cerca de quarenta escudos de ouro e não consentiu que seus soldados lhe tirassem estes mesmos vestidos que agora traz". E é encantadora a descrição do primeiro patrício que o narrador vê ao desembarcarem na Espanha: "[...] pouco menos de um quarto de légua devíamos de ter andado, quando chegou aos nossos ouvidos o som de um chocalho, sinal claro de que havia gado por perto, e, olhando todos com atenção por ver se algum aparecia, vimos ao pé de um sobreiro um moço pastor que com grande sossego e descuido estava lavrando um galho com uma faca".

CAPÍTULO 42

Novos acontecimentos na estalagem ocorrem imediatamente após o soldado terminar seu relato. Chega uma carruagem e "já então saíra da carruagem um homem, que nos trajes logo mostrou o seu ofício e cargo, pois a roupa longa com as mangas enfunadas que vestia mostrou ser ele ouvidor, como seu criado tinha dito. Trazia pela mão uma donzela, aparentando cerca de dezesseis anos, vestida para viagem, tão bizarra, tão formosa e tão galharda que sua vista a todos admirou, e de tal sorte que, se não tivessem já visto Dorotea e Luscinda e Zoraida, que na estalagem estavam, cuidariam que outra formosura como a dessa donzela dificilmente se poderia achar".

Grande surpresa! É o irmão do soldado e sua filha. De todos os lugares possíveis, o juiz segue caminho para o México. Cervantes está acumulando eventos de forma bem descuidada e, quando todos se sentam para jantar, esquece que os hóspedes na estalagem já tinham comido. O terceiro dos três irmãos está no Peru, onde ficou imensamente rico. Notem quanto terreno foi coberto nos últimos capítulos — Bélgica, França, Itália, Ásia Menor, África, Américas Central e do Sul. Quando os irmãos se abraçam, "as palavras que [...] se disseram, os sentimentos que mostraram, creio que mal se podem pensar, quanto mais escrever". O autor caiu muito. Entretanto, um esforço é feito para chegar ao nível de Dom Quixote: "Ali Dom Quixote estava atento, sem dizer palavra, considerando aqueles tão estranhos sucessos, atribuindo-os todos a quimeras da andante cavalaria". Mais tarde, quando todos se recolhem para dormir, "Dom Quixote se ofereceu para fazer a guarda do castelo, por que não fossem acometidos de algum gigante ou outro mal-andante velhaco, cobiçosos do grande tesouro de formosura que naquele castelo se encerrava".

Enquanto Dom Quixote fica de guarda do lado de fora da estalagem onde os outros dormem, o capítulo termina de forma bem encantadora, com uma canção ouvida na escuridão. "Por vezes parecia cantar no pátio; por vezes, na cavalariça, e, estando nesta confusão muito atentas [as donzelas], chegou Cardenio à porta do aposento e disse: 'Quem não dorme, que escute, pois ouvirá a voz de um moço de mulas que de tal maneira canta, que encanta'. 'Já o ouvimos, senhor', respondeu Dorotea. E com isto se foi Cardenio [...]."

CAPÍTULO 43

A estalagem está ficando bem cheia de gente. Devemos notar também que Cervantes emprega o recurso conveniente da "ilha", o qual consiste em reunir os personagens em algum local restrito e isolado — uma ilha, um hotel, um navio, um avião, uma casa de campo, um vagão ferroviário. Na verdade, esse é o recurso usado igualmente por Dostoiévski em seus romances completamente irresponsáveis e algo antiquados, em que uma dúzia de pessoas tem uma tremenda discussão na cabine de um trem — um trem que não se move. E, indo ainda mais longe, é obviamente usado nas histórias de mistério modernas em que vários suspeitos em potencial são isolados num hotel cercado de neve ou em solitária mansão campestre et cetera, de forma a limitar claramente as pistas possíveis na cabecinha do leitor.

Luscinda, Dorotea e Zoraida acertaram suas contas com o leitor, mas há ainda Clara, a filha do juiz. E, sem dúvida, o condutor de mulas que canta lá fora é seu namorado.* Ah, ele não é um muleteiro, e sim o filho de um fidalgo. Clara conta sua história ao pé do ouvido de Dorotea.

A criada Maritornes e a filha do estalajadeiro pregam uma peça em Dom Quixote. Trata-se de uma cena excelente do ponto de vista artístico, mas sua crueldade é horrenda. Dom Quixote fica de pé na sela de Rocinante a fim de atingir o peitoril da janela onde, imaginou, se encontrava uma donzela de coração partido. "'Tomai, senhora, esta mão [...] a qual não tocou outra de mulher alguma, nem sequer a daquela que tem inteira possessão de todo o meu corpo. Não vo-la dou para que a beijeis, senão para que olheis a contextura dos seus nervos, o fornimento dos seus músculos, a largura e vasteza das suas veias, donde tirareis quão tamanha será a força do braço que em semelhante mão se arremata.' 'Agora veremos', disse Maritornes. E, fazendo um nó corrediço no cabresto, enlaçou seu pulso e, descendo da brecha, amarrou a ponta ao ferrolho da porta do palheiro, bem fortemente."

Então, como se aproximam cavaleiros, Rocinante dá alguns passos e, podemos sugerir, Dom Quixote fica suspenso da sombra de uma cruz.

CAPÍTULO 44

Continua o romance Clara-Luis, e a história do jovem agora corre em paralelo a novo acontecimento: o dono da estalagem está sendo surrado por dois hóspedes, uma briga na qual Dom Quixote por fim intervém a fim de resolvê-la com o uso de raciocínios serenos e persuasivos. Luis confessa o amor por Clara ao pai dela, que, embora perplexo, simpatiza com o enlace. Num retrospecto, o barbeiro antes encontrado na estrada aparece e acusa Dom Quixote de roubar sua bacia e Sancho, sua albarda.

---

* Putnam observa que o segundo poema, a balada, "teria sido musicado por dom Salvatore Luis, em 1591, catorze anos antes de *Dom Quixote* ser publicado". (N.A.)

CAPÍTULO 45

O barbeiro amigo de Dom Quixote, o padre e outros se juntam para se divertir com a afirmação do cavaleiro de que a bacia é um elmo. Trata-se de uma cena excelente. "'E a quem o contrário disser', disse Dom Quixote, 'eu mostrarei que mente, se for cavaleiro, e, se escudeiro, que mil vezes remente.' O nosso barbeiro, que a tudo assistia, como já tão bem conhecia o humor de Dom Quixote, quis atiçar seu desatino e levar a burla avante, para o riso de todos, e disse, dirigindo-se ao outro barbeiro: 'Senhor barbeiro, ou lá quem fordes, sabei que eu também sou de vosso ofício, e há mais de vinte anos tenho carta de exame e conheço muito bem todos os instrumentos da barbearia, sem exceção; e igualmente fui por algum tempo soldado na minha mocidade, e sei também o que é elmo, o que é morrião e o que é celada, e outras coisas tocantes à milícia, ou seja, aos gêneros de armas dos soldados; e afirmo, salvo melhor parecer, sempre me remetendo ao melhor entendimento, que esta peça que está aqui diante e que este bom senhor tem nas mãos não só não é bacia de barbeiro, mas está tão longe de sê-lo como está longe o branco do preto e a verdade da mentira; também digo que este, conquanto seja elmo, não é elmo inteiro.'"

Todos os demais apoiam o primeiro barbeiro dizendo se tratar de fato de um elmo. "'Valha-me Deus!', disse então o burlado barbeiro. 'É possível que tanta gente honrada diga que isto não é bacia, e sim elmo? Parece coisa de deixar admirada toda uma universidade, por mais discreta que seja. Basta. Se esta bacia for elmo, também esta albarda será jaez de cavalo, como este senhor disse.' 'Pois a mim albarda me parece', disse Dom Quixote, 'mas já disse que nisso não me intrometo.'" O grupo decide que Fernando deveria conduzir um voto secreto. "Para aqueles que a tinham [notícia] do humor de Dom Quixote, era tudo matéria de grandíssimo riso, mas para os que o ignoravam parecia o maior disparate do mundo, especialmente para os quatro criados de dom Luis, e igualmente para dom Luis e para outros três viajantes que acaso tinham chegado à estalagem, que pareciam ser quadrilheiros, como de feito o eram. Mas quem mais se desesperava era o barbeiro, cuja bacia ali diante de seus olhos se transformara em elmo de Mambrino, e cuja albarda pensava sem dúvida alguma que se havia de transformar em rico jaez de cavalo [...]."

Dom Fernando anuncia o resultado da votação no sentido de que a albarda é de fato o jaez de um cavalo, porém um dos criados de dom Luis protesta e um dos quadrilheiros, que agora se envolvem, grita com indignação: "'Tão albarda é como sou filho do meu pai, e quem outra coisa disse ou disser deve de estar mais bêbado que um tonel'. 'Mentis como velhaco vilão', respondeu Dom Quixote. E, levantando o chuço, que jamais largava, ia dando-lhe tamanho golpe na cabeça que, se não se desviasse o quadrilheiro, o teria deixado ali estirado".

Tem início um vale-tudo que é subitamente interrompido por Dom Quixote, ao declarar que ninguém sabe por que está brigando. Depois que se declara a paz, o cavaleiro é quase detido por um zeloso membro da Irmandade como o salteador de estrada que havia libertado os condenados à galé. Dom Quixote desdenha da acusação: "'Vinde aqui, quadrilha de ladrões, e não quadrilheiros, salteadores de estradas com licença da Santa Irmandade, dizei-me: quem foi o ignorante que firmou mandado de prisão contra semelhante cavaleiro como eu sou? Quem o que ignorou que são isentos os cavaleiros andantes de todo judicial foro e que sua lei é sua espada, seus foros os seus brios, sua pragmática a sua vontade? Quem foi o mentecapto, volto a dizer, que não sabe que não há carta de fidalguia com tantas preeminências nem isenções como a que adquire um cavaleiro andante no dia em que se arma cavaleiro e se entrega ao duro exercício da cavalaria? Que cavaleiro andante pagou peita, alcavala, chapim de rainha, visitação, pedágio ou barcagem? Que alfaiate lhe cobrou feitio de roupa que lhe fizesse? Que castelão o acolheu em seu castelo que lhe tenha pedido escote? Que rei não o assentou à sua mesa? Que donzela não se lhe afeiçoou e se lhe entregou rendida a todo o seu talante e sua vontade? E, finalmente, que cavaleiro andante houve, há ou haverá no mundo que não tenha brios para dar, ele sozinho, quatrocentas pauladas em quatrocentos quadrilheiros que se lhe ponham diante?'".

CAPÍTULO 46

As pendências são finalmente resolvidas quando o padre convence os quadrilheiros da loucura de Dom Quixote e dá algum dinheiro ao barbeiro por sua bacia. Como ainda tem a tarefa de libertar Dorotea do "gigante", Dom Quixote se enfurece com Sancho, que, tendo visto dom Fernando roubar um beijo de Dorotea, conta ao cavaleiro que ela não é nenhuma rainha. Dom Fernando, como pacificador, reconcilia os dois ao garantir que Sancho tinha sido enfeitiçado, explicação que o Dom prontamente acolhe. Os serviços que oferece à rainha do Micomicão são gentilmente aceitos, mas no final se decidiu que o padre e o barbeiro levarão Dom Quixote de volta à sua aldeia sem incomodar dom Fernando e sua noiva. Disfarçando-se, os membros do grupo "com grandíssimo silêncio entraram onde ele estava dormindo e descansando das passadas refregas. Chegaram-se a ele, que dormia inocente e desprevenido de tal acontecimento, e, segurando-o fortemente, lhe amarraram muito bem as mãos e os pés, de modo que, quando ele acordou sobressaltado, não se pôde mexer nem nada além de se admirar e aturdir ao ver diante de si tão estranhas visagens; e logo se lhe afigurou o que sua contínua e desvairada imaginação lhe representava, e acreditou que todas aquelas figuras eram fantasmas daquele encantado castelo, e que sem dúvida alguma já estava encantado, pois não se podia mexer nem defender: tudo exatamente como pensara o padre, maquinador daquele enredo".

Ao colocá-lo na jaula que havia sido construída, o barbeiro, com voz tenebrosa, lança uma profecia de que a prisão só vai acelerar o acasalamento entre o leão manchego e a pomba tobosina. "Ficou Dom Quixote consolado com a dita profecia, pois de tudo logo coligiu de todo a sua significação e viu que encerrava a promessa de se ver ajuntado em santo e devido matrimônio com sua querida Dulcineia d'El Toboso, de cujo feliz ventre sairiam as crias, que eram seus filhos, para a perpétua glória de La Mancha [...]."

CAPÍTULO 47

Por fim, só aqui, o autor consegue se ver livre das marionetes que pusera para trabalhar no capítulo 23. "Todos se abraçaram e prometeram de se dar notícia [...]." Nenhum deles deu a menor importância a Dom Quixote nessa altura. Enquanto a jaula segue pela estrada com o enfeitiçado cavaleiro, o padre se encontra com um cônego e tem início uma longa discussão sobre os livros de cavalaria como causa da loucura do dom, durante a qual ambos concordam que o senso estético não deve ser acompanhado de falsidades e absurdos. De forma menos detalhada, ouvimos isso sendo dito pelo padre no capítulo sobre a queima dos livros.

CAPÍTULO 48

O cônego continua a discorrer sobre os defeitos dos romances de cavalaria, e a conversa se desloca para as tolas comédias da época. "Se estas agora em voga, assim as imaginadas como as de história, são todas ou as mais notórios disparates e coisas sem pés nem cabeça, e, ainda assim, o vulgo as ouve com gosto, e as aprova e tem por boas, estando tão longe de sê-lo; e se os autores que as compõem e os atores que as representam dizem que elas assim devem de ser, porque assim as quer o vulgo, e não de outra maneira; e se as comédias que miram e seguem a fábula como pede a arte não servem senão para quatro discretos que as entendem, ficando todos os demais jejunos de entender seu artifício [...]."

O padre apoia o cônego em suas críticas ao denunciar os pecados contra a unidade de tempo e lugar nas peças: "'[...] tendo eu visto comédia em que a primeira jornada começou na Europa, a segunda na Ásia, a terceira acabou na África, e ainda que fosse de quatro jornadas, a quarta acabaria na América, e assim se dariam em todas as quatro partes do mundo?'". Ele é favorável à verdade na literatura (tal como Tolstói). O padre critica Lope de Vega: "E como prova desta verdade [isto é, que as peças não serão compradas a menos que se conformem ao padrão] aí estão as muitas e infinitas comédias que compôs um felicíssimo engenho destes reinos, com tanta gala, com tanto donaire, com tão elegante verso, com tão boas razões, com tão graves sentenças, e, finalmente, tão cheias de elocução e alteza de estilo que sua fama se espalhou pelo mundo; e por querer contentar o gosto dos representantes, não chegaram todas, como chegaram algumas, ao requerido ponto da perfeição". Por fim, ele propõe um tipo de censura que é típica dos modernos Estados totalitários e deriva de Platão.

CAPÍTULO 49

Sancho tenta provar a Dom Quixote que ele não está encantado porque precisa satisfazer as necessidades humildes e comezinhas da natureza. Dom Quixote responde que, talvez, a forma dos encantamentos tenha mudado.

"'Eu lhe pergunto, falando com acatamento, se acaso depois que vossa mercê foi enjaulado e a seu parecer encantado nessa jaula teve vontade e necessidade de fazer águas, como se diz, ou outras obras mais consistentes.'

"'Não entendo que é isso de "fazer águas", Sancho; fala mais claro, se queres que eu te responda direito.'

"'Será possível que vossa mercê não entenda o que é fazer águas, se na escola desmamam os garotos com esses dizeres? Pois saiba que eu quero dizer se vossa mercê teve vontade de fazer o que ninguém pode no seu lugar.'

"'Ah, entendi, Sancho! Tive, sim, e muitas vezes, e agora mesmo a tenho. Tira-me deste perigo, que não cheira nada bem.'

"'Ah', disse Sancho, 'apanhei vossa mercê!' [no início do capítulo 49]. 'Isto é o que eu queria saber com toda a minha alma e com toda a minha vida. Pense comigo, senhor. Pode vossa mercê negar o que se costuma dizer por aí quando uma pessoa anda de maus humores: "Não sei o que tem fulano, que não come, nem bebe, nem dorme, nem responde direito ao que lhe perguntam, que até parece que está encantado"? Donde se tira que quem não come, nem bebe, nem dorme, nem faz as obras naturais que digo, esses tais estão encantados, mas não aqueles que têm a vontade que vossa mercê tem, e que bebe quando lhe dão de beber e come quando tem o que comer e responde a tudo o que lhe perguntam.'

"'Verdade dizes, Sancho', respondeu Dom Quixote, 'mas já te disse que há muitos gêneros de encantamentos, e pode ser que com o tempo eles tenham mudado e que agora seja uso que os encantados façam tudo o que eu faço, ainda que antes o não fizessem. De modo que contra o uso dos tempos não há o que arguir nem concluir. Eu sei e tenho para mim que estou encantado, e isto basta para a segurança da minha consciência, e muito a carregaria se eu pensasse que não estou encantado e me deixasse estar nesta jaula preguiçoso e covarde, negando o socorro que pudera dar a muitos desvalidos e necessitados que, ora agora, devem de ter precisa e extrema necessidade da minha ajuda e amparo.'"

Dom Quixote discute com o cônego acerca da realidade dos cavaleiros andantes e suas aventuras nos livros de cavalaria. E "admirado ficou o cônego de ouvir a mistura que Dom Quixote fazia de verdades e mentiras, e de ver a notícia que tinha de todas aquelas coisas tocantes e concernentes aos feitos de sua andante cavalaria [...]".

CAPÍTULO 50

Dom Quixote continua a defender os livros de cavalaria que tanto aprecia. "'São acaso mentira os livros impressos com licença dos reis e com aprovação daqueles a quem foram dedicados, e que com gosto geral são lidos e celebrados por grandes e pequenos, por pobres e ricos, letrados e ignorantes, plebeus e cavaleiros..., enfim, por todo gênero de pessoas de qualquer estado e condição que sejam? E mais com tanta aparência de verdade, pois nos contam o pai, a mãe, a pátria, os parentes, a idade, o lugar e as façanhas, ponto por ponto e dia por dia, que o tal cavaleiro fez, ou cavaleiros fizeram? Cale-se vossa mercê, não diga tal blasfêmia [...].'" E prossegue com a deliciosa acolhida do Cavaleiro do Lago, citada anteriormente, até concluir: "'De mim sei dizer que, desde que sou cavaleiro andante, sou valente, comedido, liberal, bem-criado, generoso, cortês, atrevido, brando, paciente, sofredor de trabalhos, de prisões, de encantos; e ainda que há tão pouco me tenha visto preso numa jaula como louco, penso, pelo valor do meu braço, favorecendo-me o céu e não me sendo contrária a fortuna, em poucos dias ver-me rei de algum reino, onde eu possa mostrar o agradecimento e liberalidade que o meu peito encerra. Pois, à minha fé, senhor, o pobre é impedido de poder mostrar a virtude da liberalidade com quem quer que seja, ainda que em sumo grau a possua, e a gratidão que não passa de desejo é coisa morta, como é morta a fé sem obras. Por isso quisera que a fortuna me oferecesse logo alguma ocasião em que me fizesse imperador, para mostrar as virtudes do meu peito fazendo bem aos meus amigos, especialmente a este pobre Sancho Pança, meu escudeiro, que é o melhor homem do mundo, e quisera dar-lhe um condado que lhe tenho há muitos dias prometido, se bem eu tema que não há de ter habilidade para governar o seu Estado'.

"Só estas últimas palavras ouviu Sancho do seu amo, a quem disse: 'Trabalhe vossa mercê, senhor Dom Quixote, para me dar esse condado tão prometido por vossa mercê quanto por mim esperado, que eu lhe prometo que não me há de faltar a habilidade para governá-lo; e quando me faltar, eu ouvi dizer que há homens no mundo que tomam em arrendamento os Estados dos senhores e lhes dão um tanto por ano, e eles se encarregam do governo, enquanto o senhor vive à larga, desfrutando da renda que lhe dão, sem cuidar de outra coisa: e assim farei eu, e não me porei a regatear, mas logo desistiu de tudo para desfrutar da minha renda como um duque, e os outros lá que se arranjem.'"

CAPÍTULO 51

Enquanto todos comem, um guardador de cabras conta ainda outra história sobre pastores apaixonados e donzelas perseguidas. Ele tornou-se misógino, em contraste com os outros pastores, que passam o tempo lamentando a volúvel Leandra, agora trancada em segurança pelo pai num convento depois de outra fuga com um soldado.

CAPÍTULO 52

Se, como reza, ele pode ser liberado de seu encantamento por um mago ainda mais poderoso, Dom Quixote oferece seus serviços ao pastor Eugênio para tirar Leandra do convento.

"Olhou-o o cabreiro e, ao ver Dom Quixote de tão má roupagem e catadura, admirou-se e perguntou ao barbeiro, que tinha perto de si: 'Senhor, quem é esse homem que de tal jeito se apresenta e de tal maneira fala?'.

"'Quem há de ser', respondeu o barbeiro, 'senão o famoso Dom Quixote de La Mancha, desfazedor de agravos, endireitador de tortos, o amparo das donzelas, o espanto dos gigantes e o vencedor das batalhas?'

"'Isso me parece', respondeu o cabreiro, 'o que se lê nos livros de cavaleiros andantes, que faziam tudo isso que vossa mercê diz desse homem, posto que tenho para mim, ou que vossa mercê faz burla, ou que este gentil-homem deve ter vazios os aposentos da cabeça.'

"'Sois um grandíssimo velhaco', disse então Dom Quixote, 'e sois vós o vazio e o frouxo, pois eu estou mais rijo e pleno do que jamais esteve a mui fideputa puta que vos pariu.' E passando da palavra à ação, apanhou um pão que tinha junto de si e deu com ele em pleno rosto do cabreiro, com tamanha fúria que lhe amassou os narizes [...]."

Segue-se uma luta entre os dois, na qual Dom Quixote leva a pior, interrompida pelo surgimento de uma procissão que traz a estátua da Virgem Maria, uma visão que o Dom imediatamente toma por um grupo de assaltantes de estrada sequestrando uma dama distinta. Quando os ataca com a espada, recebe de um dos penitentes um golpe com o pedaço de um bastão que o joga ao chão desacordado.

"Com as vozes e gemidos de Sancho reviveu Dom Quixote, e a primeira palavra que disse foi: 'Este que de vós vive ausente, dulcíssima Dulcineia, a maiores misérias que estas está sujeito. Ajuda-me, Sancho amigo, a pôr-me sobre o carro encantado, que já não estou para apertar a sela de Rocinante, pois tenho todo este ombro feito em pedaços'.

"'Tal farei de muito bom grado, senhor meu', respondeu Sancho, 'e voltemos à minha aldeia na companhia destes senhores que seu bem desejam, e ali trataremos de preparar outra saída que nos seja de mais proveito e fama.'

"'Bem dizes, Sancho', respondeu Dom Quixote, 'e será grande prudência deixar passar o mau influxo das estrelas agora em curso.'"

Esse é o fim da primeira parte de Cervantes e da segunda incursão de Dom Quixote. Ele ficará em casa, descansando e sonhando, durante pelo menos um mês. Notem, por favor, que, no curso desses 52 capítulos (mais de quatrocentas páginas), não encontramos ainda Dulcineia. Após três epitáfios e alguns sonetos mal traduzidos e supostamente escritos em louvor a Dom Quixote, Sancho, Rocinante e Dulcineia, todos encerrando a primeira parte, Cervantes sugere a possibilidade de uma terceira incursão.

Narrativa e comentário: segunda parte (1615)

As grotescas aprovações que servem de prefácio a este volume estão conformes ao espírito das modernas ditaduras fascistas e soviética, e teriam sido endossadas por Platão, um excelente artista-filósofo, porém sociólogo malévolo.

O próprio Cervantes, pessoa educada, considera "engraçadas" formas de crueldade que são absolutamente impensáveis nos dias de hoje neste país ou na Inglaterra, sendo obviamente criticadas por todos os povos civilizados da atualidade. Fica-se com a suspeita de que o autor não se dá conta por inteiro de quão repugnantemente cruéis são os padres, barbeiros, estalajadeiros e outros no seu relacionamento com Dom Quixote.

CAPÍTULO 1

Quando o barbeiro e o padre foram visitar Dom Quixote, encontraram-no "sentado na cama, vestindo uma almilha de baeta verde, com um gorro vermelho de malha, tão magro e amumiado que parecia um peixe seco. Foram por ele muito bem recebidos, perguntaram-lhe por sua saúde, e ele deu conta de si e dela com muito juízo e elegantes palavras". Mesmo quando conversaram sobre questões de Estado, "falou Dom Quixote com tanta discrição sobre todas as matérias tratadas que os dois examinadores creram indubitavelmente que ele estava de todo bom e em seu inteiro juízo". Mas, para completar o teste, o padre observou que os Turcos estavam prestes a atacar a cristandade.

"'Corpo de tal!', disse então Dom Quixote. 'Que mais houvera de fazer Sua Majestade senão mandar por público pregão que num dia concertado se reunissem na corte todos os cavaleiros andantes que vagam pela Espanha? Pois, ainda que só meia dúzia se apresentasse, poderia vir entre eles aquele que sozinho bastaria para destruir todo o poderio do Turco. Estejam vossas mercês atentos e me acompanhem. Porventura é novidade um só cavaleiro andante desbaratar um exército de duzentos mil homens, como se todos juntos tivessem um só pescoço ou fossem feitos de alfenim? Pois que me digam quantas histórias estão cheias dessas maravilhas. Havia de viver hoje, em má hora para mim, que não quero dizer para outro, o famoso dom Belianis ou algum dos da inumerável linhagem de Amadis de Gaula! Pois se algum deles hoje vivesse e com o Turco se batesse, à fé que não quisera estar no lugar dele. Mas Deus olhará por seu povo e lhe deparará algum que, se não tão bravo como os passados andantes cavaleiros, ao menos não lhes será inferior no ânimo. E Deus me entende, e não digo mais.'

"'Ai!', disse a sobrinha neste ponto. 'Que me matem se meu senhor não quer voltar a ser cavaleiro andante!'

"Ao que disse Dom Quixote: 'Cavaleiro andante hei de morrer, e venha ou vá o Turco quando bem quiser e quão poderosamente puder, que eu torno a dizer que Deus me entende.'"

O barbeiro conta sobre um licenciado louco em Sevilha que, parecendo estar curado, estava prestes a sair do manicômio quando outro louco, enciumado com sua partida, disse ser Júpiter e ameaçou impedir que voltasse a chover em Sevilha.

"'Às vozes e razões do louco estiveram os circunstantes atentos, mas nosso licenciado, virando-se para o nosso capelão e tomando-lhe as mãos, disse: "Não tema vossa mercê, senhor meu, nem faça caso do que disse este louco, pois, se ele é Júpiter e não quer chover, eu, que sou Netuno, pai e deus das águas, choverei quantas vezes me houver vontade e mister".'

"'Ao que respondeu o capelão: "Contudo, senhor Netuno, não convém irritar o senhor Júpiter. Vossa mercê fique em sua casa, que outro dia, havendo mais cômodo e mais espaço, voltaremos por vossa mercê".'"

Dom Quixote entende, mas não aprecia o significado da história. "Eu, senhor barbeiro, não sou Netuno, o deus das águas, nem quero que ninguém me tome por discreto sem o ser. Meu único empenho é dar a entender ao mundo o erro em que está por não renovar em si o felicíssimo tempo em que campeava a ordem da andante cavalaria. Mas não é merecedora a degenerada idade nossa de gozar tanto bem como gozaram as idades em que os andantes cavaleiros tomaram a seu cargo e puseram sobre seus ombros a defesa dos reinos, o amparo das donzelas, o socorro dos órfãos e pupilos, o castigo dos soberbos e o prêmio dos humildes. Os mais dos cavaleiros que agora se usam preferem ranger damascos, brocados e outros ricos panos com que se vestem, que não a cota de sua armadura. Já não há cavaleiro que durma nos campos, exposto aos rigores do céu, armado desde os pés até a cabeça com todas as suas armas; e já não há quem, sem tirar os pés dos estribos, arrimado à sua lança, só faça, como dizem, descabeçar o sono como faziam os cavaleiros andantes. Já não há nenhum que saindo deste bosque entre naquela montanha, e dali pise uma estéril e deserta praia do mar, as mais vezes proceloso e alterado, e achando nela e em sua margem um pequeno batel sem remos, vela, mastro nem enxárcia alguma, com intrépido coração se lance nele, entregando-se às implacáveis ondas do mar profundo, que ora o erguem ao céu e ora o baixam ao abismo, e ele, de peito aberto à incontrastável borrasca, quando dá acordo de si já se encontra três mil e mais léguas distante do lugar onde se embarcou e, saltando em terra remota e não conhecida, lhe acontecem coisas dignas de estarem escritas, não em pergaminhos, senão em bronzes."

Este é um excelente capítulo.

CAPÍTULO 2

Apesar da gritaria da criada e da sobrinha, Sancho entra na casa para visitar Dom Quixote. Conversam sobre aventuras anteriores até que o Dom pergunta: "'[...] diz-me, Sancho amigo, que é o que dizem de mim pelo povoado. Em que opinião me tem o vulgo, e os fidalgos, e os cavaleiros? Que dizem eles da minha valentia, das minhas façanhas e da minha cortesia? Que se fala do cometimento que assumi de ressuscitar e tornar ao mundo a já esquecida ordem cavaleiresca?'".

Instado a responder, Sancho diz a verdade: "'Pois o primeiro que digo', disse, 'é que o vulgo tem vossa mercê por grandíssimo louco, e a mim por não menos mentecapto. Os fidalgos dizem que, não se contendo vossa mercê nos limites da fidalguia, tomou título de *don* e se aforou cavaleiro com não mais que quatro cepas e duas jugadas de terra, e uma mão na frente e outra atrás'". A resposta de Dom Quixote é digna: "'Isso', disse Dom Quixote, 'não tem que ver comigo, pois ando sempre bem-vestido, e jamais remendado. Surrado bem pudera ser, porém mais das armas que do tempo'". (Putnam tem uma nota acerca do provérbio espanhol: "O cavalheiro honrado prefere andar esfarrapado a remendado".)

Sancho também traz a notícia de que o filho de Bartolomé Carrasco, estudante de Salamanca recém-formado, acaba de voltar para casa anunciando que Dom Quixote e Sancho foram retratados num livro. A pedido do cavaleiro, Sancho sai em busca do jovem.

CAPÍTULO 3

"[...] o bacharel, bem que se chamasse Sansón, não muito grande de corpo, mas grandíssimo pulhista; de cor macilenta, mas de muito bom entendimento; teria perto de vinte e quatro anos, cara redonda, nariz chato e boca grande, sinais todos de ser de condição maliciosa e amigo de troças e de burlas [...]." Confirma que tal livro foi de fato publicado. Putnam tem uma nota sobre isso: "Supostamente, apenas um mês se passou desde que Dom Quixote retornou de suas andanças e, no entanto, a história já foi escrita e publicada, além de, como em breve nos será dito, ter 12 mil exemplares distribuídos. Apesar disso, Cervantes nunca se preocupa com discrepâncias de tal natureza e, nessa ocasião, explica o assunto recorrendo à arte da mágica". Ele é ainda o mestre dos magos, o inventor de Benengeli e de sua narrativa em árabe.

"'Mas vossa mercê me diga, senhor bacharel, que façanhas minhas são as que mais se prezam nessa história?'

"'Nisso', respondeu o bacharel, 'há diferentes opiniões, como há vários gostos: uns preferem a aventura dos moinhos de vento, que a vossa mercê pareceram Briaréus e gigantes; outros, a dos pisões; este, a descrição dos dois exércitos, que logo pareceram ser duas manadas de carneiros; aquele encarece a do morto que iam levando a enterrar em Segóvia; um diz que a todas faz vantagem a da liberdade dos galeotes; outro, que nenhuma se iguala à dos dois gigantes beneditinos, com a contenda do valoroso biscainho.'" Carrasco menciona que houve críticas às histórias inseridas e ao esquecimento do autor em questões tais como o roubo do burro de Sancho.

CAPÍTULO 4

Conquanto tente consertar as coisas, Sancho fracassa e, por fim, confessa: "'Disso', respondeu Sancho, 'não sei que dizer, senão que o historiador se enganou, ou então que foi descuido do impressor.' [...]

"'E porventura', disse Dom Quixote, 'promete o autor continuação?'

"'Promete sim', respondeu Sansón, 'mas diz que a não achou nem sabe quem a tenha, e assim estamos em dúvida se sairá ou não; e por isso, ou porque alguns dizem "nunca as continuações foram boas", e outros "das coisas de Dom Quixote bastam as já escritas", duvida-se que haja continuação, se bem alguns mais joviais que saturninos digam: "Que venham mais quixotadas, acometa Dom Quixote e fale Sancho Pança, e seja o que for, que com isso nos contentamos".'

"'E o autor, que diz?'

"'Diz ele', respondeu Sansón, 'que, em achando que achou a história, a qual anda buscando com extraordinárias diligências, logo a dará à estampa, levado mais do proveito que por dá-la se obtenha que de outro benefício algum.'"

Sancho imediatamente opina: "'Trate esse senhor mouro, ou lá o que seja, de olhar bem o que faz, que eu e meu senhor lhe encheremos as mãos de tantas aventuras e sucessos diferentes que poderá compor não uma, mas cem continuações. Sem dúvida deve de pensar o bom homem que nós aqui dormimos nas palhas; pois que nos venha ter o pé a ferrar, e verá de qual coxeamos. O que eu sei dizer é que, se meu senhor tomasse meu conselho, já havíamos de estar por esses campos desfazendo agravos e endireitando tortos, como é uso e costume dos bons andantes cavaleiros'.

"Mal acabara Sancho de dizer tais razões, quando chegaram a seus ouvidos relinchos de Rocinante, os quais relinchos tomou Dom Quixote por felicíssimo agouro, e determinou de dali a três ou quatro dias fazer outra saída [...]."

CAPÍTULO 5

Este capítulo consiste inteiramente na conversa entre Sancho e sua mulher, Teresa, quando ela fica sabendo que ele acompanhará o Dom em novas aventuras. No que parece ser algo em que pensou posteriormente, Cervantes abre o capítulo da seguinte forma: "Chegando a escrever o tradutor desta história este quinto capítulo, diz ele que o tem por apócrifo, porque aqui fala Sancho Pança em estilo diferente do que se pode esperar do seu parco engenho e diz coisas tão sutis que não tem por possível que ele as soubesse, mas que não quis deixar de traduzi-lo, por cumprir com o dever de seu ofício, e assim prosseguiu [...]".

De início, a mulher de Sancho lhe diz: "'Olhai, Sancho [...], depois que vos fizestes membro de cavaleiro andante, falais de maneira tão complicada que não há quem vos entenda'".

Depois de se tornar governador, Sancho planeja casar a filha com um conde. "'E não seria bem lhe fecharmos a porta agora que ela [a sorte] vem chamar à nossa; deixemo-nos levar deste vento favorável que nos sopra.'" (Por esse jeito de falar, e pelo que Sancho diz mais abaixo, o tradutor dessa história considerava este capítulo apócrifo.) Mais tarde, "'se mal não me lembro, [o padre] disse que todas as coisas presentes que os olhos estão vendo se apresentam, estão e assistem a nossa memória muito melhor e com mais veemência que as coisas passadas'". (Essas observações de Sancho são outra razão para o tradutor dizer o que disse acerca da natureza apócrifa do capítulo, uma vez que estão acima da capacidade mental do escudeiro.) "'E se aquele que a fortuna tirou do rascunho de sua baixeza (que nestas mesmas razões o disse o padre) e levantou à alteza de sua prosperidade for bem criado, liberal e cortês com todos, e não entrar em pleitos com aqueles que são nobres por antiguidade, tem por certo, Teresa, que não haverá quem se lembre daquilo que ele foi, mas só quem reverencie o que agora é, tirando os invejosos, de quem nenhuma próspera fortuna está a salvo.'"

Mas o tópico especial são as perspectivas de Sancho. "'[...] pois não vamos a festas, mas a rodear o mundo e a ter dares e tomares com gigantes, com endríagos e avejões, e a ouvir silvos, rugidos, urros e bramidos, e ainda tudo isso seriam flores se não nos tivéssemos que haver com brutos arreeiros e mouros encantados.'

"'Bem creio eu, marido', replicou Teresa, 'que os escudeiros andantes não comem o pão sem trabalhos, e assim ficarei rogando a Nosso Senhor que vos tire logo de tanta má ventura.'

"'Eu vos digo, mulher', respondeu Sancho, 'que se não pensasse em logo me ver governador de uma ínsula, cairia morto aqui mesmo.'

"'Isso não, marido meu', disse Teresa, 'pois viva a galinha com sua pevide, vivei vós, e dou ao demo quantos governos há no mundo. Sem governo saístes do ventre de vossa mãe, sem governo vivestes até agora e sem governo ireis, ou vos levarão, à sepultura quando Deus for servido. Está o mundo assim de quem vive sem governo, e nem por isso deixam todos de viver e de ser contados no número das gentes. O melhor tempero do mundo é a fome, e como esta não falta aos pobres, sempre comemos com gosto. Mas olhai, Sancho, se porventura vos virdes com algum governo, não vos esqueçais de mim nem de vossos filhos. Lembrai que Sanchico já tem quinze anos completos, e é razão que vá à escola, se é que seu tio o vigário cumpre e o encarreira para a Igreja. Olhai também que Mari Sancha, vossa filha, não morrerá se a casarmos, pois me vai dando a entender que tanto ela deseja ter marido como vós desejais ter governo, e enfim, enfim, mais vale filha malcasada que bem amancebada.'"

Contudo, o plano de Sancho de fazer da filha condessa e casá-la com um nobre não agrada a Teresa, que começa a chorar para valer. "Sancho a consolou dizendo-lhe que, já que a teria de fazer condessa, seria o mais tarde que pudesse. Assim se acabou a conversação, e Sancho voltou para ver Dom Quixote e fazer prestes para a partida."

CAPÍTULO 6

Dom Quixote tem uma conversa paralela com a sobrinha, que diz: "'Perceba vossa mercê que tudo isso que diz dos cavaleiros andantes é fábula e mentira, e suas histórias mereciam, quando não queimar na fogueira, cada uma receber uma carocha* ou outro sinal por que fosse conhecida como infame e inimiga dos bons costumes'". A reação do Dom é previsível:

"'Pelo Deus que me sustenta', disse Dom Quixote, 'que, se não fosses minha sobrinha direta, filha da minha mesma irmã, eu te daria tamanho castigo pela blasfêmia que disseste que haveria de soar por todo o mundo. Como é possível que uma raparigota que mal sabe mexer os doze pauzinhos das rendas se atreva a dar à língua e a censurar as histórias dos cavaleiros andantes? Que diria o senhor Amadis se semelhante coisa ouvisse? Mas por certo que ele te haveria de perdoar, pois foi o mais humilde e cortês cavaleiro do seu tempo, e mais, um grande protetor de donzelas [...].'"

Ele assinala que todas as pessoas no mundo podem ser organizadas em quatro categorias: a) as de origem humilde que atingiram a grandeza; b) as que eram e permanecem grandes; c) aquelas cuja grandeza original foi desbaratada; e d) as que eram e permanecem ordinárias. Então se dirige à sobrinha e à criada: "'[...] o possuidor das riquezas não se faz ditoso em tê-las, mas em gastá-las, e não em gastá-las como bem quiser, mas em sabê-las bem gastar. Ao cavaleiro pobre não resta

---

* VN cita a nota de Putnam: "Carocha era a indumentária usada por aqueles que, tendo sido julgados pela Inquisição, haviam confessado e se arrependido. Era uma espécie de saco de baeta amarela pintado com demônios e chamas, sendo usado pelos condenados a caminho de onde seriam queimados".

outro caminho para mostrar que é cavaleiro senão o da virtude, sendo afável, bem-criado, cortês e comedido, e oficioso, não soberbo, não arrogante, não murmurador e sobretudo caridoso [...]. Dois caminhos há, filhas, por onde podem os homens seguir e chegar a ser ricos e honrados: um é o das letras, outro o das armas. Eu tenho mais armas do que letras e, segundo me inclino às armas, nasci sob a influência do planeta Marte, porquanto me é quase forçoso seguir o seu caminho, e por ele tenho de ir apesar de todo o mundo [...]'".

CAPÍTULO 7

Dom Quixote e Sancho conversam sobre a questão dos salários. "'[Teresa] diz', disse Sancho, 'que eu deixe tudo muito bem atado com vossa mercê, e que falem cartas e calem barbas, porque quem baralha não parte, e mais vale um "toma" que dois "te darei". E eu digo que conselho de mulher é pouco, mas quem o não toma é louco.'

"'E eu aqui digo o mesmo', respondeu Dom Quixote. 'Mas passai adiante, Sancho amigo, e dizei mais, que hoje deitais pérolas pela boca.'

"'O caso é que', replicou Sancho, 'como vossa mercê sabe melhor do que eu, a morte vem para todos, e hoje na nossa figura, amanhã na sepultura, e tão depressa morrem de cordeiros como de carneiros, e ninguém neste mundo pode contar mais horas de vida que as que Deus lhe quiser dar, porque a morte é surda e vem bater à porta quando menos esperamos, sempre vai com pressa e não a podem parar súplicas, nem forças, nem cetros, nem mitras, segundo é pública voz e fama, e segundo escutamos por esses púlpitos.'"

O fluxo constante de provérbios da parte de Sancho é um pouco tedioso. No entanto, quando Dom Quixote ataca de propósito com uma chuva de provérbios, a coisa ainda é engraçada: "'Portanto, Sancho meu, voltai a vossa casa e declarai minha intenção a vossa Teresa, e se ela gostar e vós gostardes de seguir comigo à mercê, *bene quidem*. Se não, fiquemos tão amigos como dantes, pois se no pombal houver milho, pombas não faltarão. E reparai, filho, que mais vale boa esperança que ruim posse, e boa queixa que mau pago. Falo deste jeito,

Sancho, para vos dar a entender que tão bem como vós sei despejar rifões às bateladas'". A ameaça de levar Carrasco como escudeiro faz Sancho se calar. Ele e Dom Quixote se abraçam e, com o encorajamento de Carrasco, partem três dias depois rumo a El Toboso.

CAPÍTULO 8

"Bendito seja o poderoso Alá!", exclama Cide Hamete Benengeli no início do oitavo capítulo, e repete três vezes "Bendito seja Alá!". Ele nos diz depois que o motivo dessas bênçãos é seu agradecimento ao ver Dom Quixote e Sancho mais uma vez juntos, e deseja que "os leitores de sua agradável história podem fazer conta que deste ponto em diante começam as façanhas e donaires de Dom Quixote e seu escudeiro. Persuade-os a esquecerem as passadas cavalarias do engenhoso fidalgo e porem os olhos nas que estão por vir, que agora no caminho de El Toboso começam, como as outras começaram nos campos de Montiel [...]".

Cervantes não quer correr nenhum risco: não deseja que o leitor olhe para trás e repare em todas as discrepâncias e repetições. Nesta segunda parte, além disso, Cervantes parece estar enxergando a Igreja com mais circunspecção do que na primeira parte. Isso pode justificar certos discursos, como o seguinte, ao avançarem pela estrada em direção a Dulcineia:

"'[...] [nós], os cristãos, católicos e andantes cavaleiros mais hajamos de atentar à glória dos séculos vindouros, eterna nas regiões etéreas e celestes, que à vaidade da fama que neste presente e acabável século se alcança, a qual fama, por muito que dure, finalmente se há de acabar com o mesmo mundo, cujo fim está assinalado. Portanto, oh Sancho, nossas obras não hão de sair do limite a nós posto pela religião cristã que professamos. Havemos de matar nos gigantes a soberba; a inveja, na generosidade e bom peito; a ira, na sossegada compostura e na quietude do ânimo; a gula e o sono, no pouco comer que comemos e no muito velar que velamos; a luxúria e a lascívia, na lealdade que guardamos àquelas que fizemos senhoras dos nossos pensamentos; a preguiça, em andar por todas as partes do mundo, buscando as ocasiões que nos possam fazer e façam, sobre cristãos, famosos cavaleiros. Aqui vês, Sancho, os meios pelos quais se alcançam os extremos de louvores que traz consigo a boa fama.' [...]

"Nestas e noutras semelhantes conversações passaram aquela noite e o dia seguinte, sem que lhes acontecesse coisa digna de conto, o que não pouco pesou a Dom Quixote. Por fim, ao anoitecer do outro dia descobriram a grande cidade de El Toboso, cuja vista alegrou os espíritos de Dom Quixote e entristeceu os de Sancho, porque não sabia a casa de Dulcineia nem nunca na vida a tinha visto, como tampouco a vira o seu senhor,* de modo que, um por vê-la e o outro por não tê-la visto, estavam ambos alvoroçados, e não imaginava Sancho o que haveria de fazer quando seu amo o enviasse a El Toboso. Finalmente, ordenou Dom Quixote entrar na cidade quando fosse bem entrada a noite, e enquanto a hora não chegava pousaram entre uns carvalhos que perto de El Toboso havia [...]."

CAPÍTULO 9

Quando os dois entram na cidade à meia-noite, há uma procura aos tropeços no escuro por um palácio num beco sem saída. Em desespero, Sancho por fim sugere que Dom Quixote se esconda numa floresta enquanto ele sai em busca de Dulcineia.

CAPÍTULO 10

Dom Quixote manda Sancho levar uma mensagem a Dulcineia, que o escudeiro mais uma vez não entrega. Ele decide se aproveitar das fantasias do cavaleiro: "Sendo, então, louco como é, e de loucura

---

* Cabe lembrar que Sancho havia esquecido a carta de Dom Quixote a ser levada para Dulcineia na Serra Morena e, consequentemente, foi forçado a inventar uma história sobre sua entrega e acolhimento. Como era natural, o cavaleiro espera que Sancho o conduza ao palácio dela.

que as mais vezes toma umas coisas por outras, julgando o branco por preto e o preto por branco, como quando disse que os moinhos de vento eram gigantes, e as mulas dos religiosos dromedários, e as manadas de carneiros exércitos de inimigos, e outras muitas coisas nessa toada, não será muito difícil fazer ele crer que uma lavradora, a primeira que eu topar por aqui, é a senhora Dulcineia; e se ele não crer, jurarei eu, e se ele jurar, tornarei eu a jurar, e se ele teimar, teimarei eu mais, de maneira que hei de ficar sempre a pé firme, venha o que vier. Talvez com essa teima eu consiga que não me torne a mandar a semelhantes recados, vendo as resultas que lhe trago, ou talvez pense, como imagino, que algum mau encantador desses que ele diz que lhe querem mal a terá mudado de figura, para lhe fazer mal e dano".

Três jovens camponesas cavalgam burrinhos, uma das quais Sancho descreve como Dulcineia em toda a sua glória dourada, embora para Dom Quixote ela não passe de uma rapariga feia, de nariz achatado e cheirando a alho cru. O cavaleiro aceita a explicação de que Dulcineia está enfeitiçada e, com grande tristeza, os dois partem em direção a Saragoça, enquanto Sancho ri por dentro devido à facilidade com que tapeou seu amo. A partir desse ponto e por toda a segunda parte, Dom Quixote se preocupará em conseguir desencantar Dulcineia: como transformar a horrorosa camponesa que viu de volta numa bela princesa.

CAPÍTULO 11

Seguem rumo a Saragoça, Dom Quixote, pensativo, deixando que Rocinante se farte do capim abundante. Sancho o anima. Ele é muito maior, mais astuto e mais maldoso que na primeira parte.* Encontram

---

* VN cita a nota de Putnam: "Essas falas de Sancho parecem decididamente pouco características do personagem, mas isso é algo que o autor não desconhece. Na primeira parte, Cervantes nunca se preocupou muito com o assunto e, na segunda, não há dúvida de que tenciona retratar certo crescimento da parte tanto do escudeiro quanto do cavaleiro. No entanto, é concebível que Sancho, por mais simplório que pareça vez por outra, não seja ignorante, podendo haver aprendido com o amo boa dose do palavreado da cavalaria e de sua linguagem rebuscada".

"um carro que surgiu de través no caminho carregado dos mais diversos e estranhos personagens e figuras que se possam imaginar. Quem guiava as mulas e servia de carreiro era um feio demônio. Vinha o carro a céu aberto, sem toldo nem coberta alguma. A primeira figura que se ofereceu aos olhos de Dom Quixote foi a da própria Morte, com rosto humano; junto dela vinha um anjo com grandes asas pintadas; a um lado estava um imperador com uma coroa, parecendo ser de ouro, na cabeça; aos pés da Morte estava o deus que chamam Cupido, sem venda nos olhos, mas com seu arco, sua aljava e suas setas. Vinha também um cavaleiro armado de ponto em branco, exceto por não trazer morrião nem celada, mas um chapéu cheio de plumas de diversas cores".

Eram atores ambulantes e, muito curiosamente, Dom Quixote, que havia desafiado o grupo, fica satisfeito com a explicação. Todavia, um barulho forte assusta Rocinante e só então Dom Quixote se prepara para atacar o ator fantasiado de demônio, porém é detido pelo sábio conselho de Sancho e deixa que os "fantasmas" sigam seu caminho. Uma curiosa aventura quando comparada às anteriores, porém o autor tinha advertido o leitor para não fazer comparações.

CAPÍTULO 12

Dom Quixote compara a vida a uma comédia em que, no final, imperadores e comerciantes, cavaleiros e tolos tiram os trajes que os diferenciavam e ficam iguais na sepultura. Sancho compara a vida a uma partida de xadrez, após a qual reis e peões voltam para um saco. Essa comparação é encontrada na tradução feita por Edward Fitzgerald do *Rubaiyat*, de Omar Khayyam, baseando-se num poema persa do século 12:

> *Mas, impotentes, as peças com que ele joga no tabuleiro das noites e dos dias*
> *Se movem aqui e ali, dão xeques e matam. Mas uma a uma voltam à gaveta*
> *escura.*

Por fim, Dom Quixote encontra um "cavaleiro andante" em carne e osso, além, obviamente, de apaixonado! Nós o ouvimos declamando um soneto de amor, com relação ao qual Putnam cita Ormsby: "Os versos apresentados na segunda parte são mais ou menos burlescos e às vezes, como aqui e no capítulo 18, imitações da poesia afetada daquela época. Os versos da primeira parte (excetuados, é claro, os elogiosos e aqueles no final do último capítulo) são esforços sérios e evidentemente tidos por Cervantes com certa complacência. A diferença é significativa".

O Cavaleiro do Bosque (mais tarde Cavaleiro dos Espelhos) e Dom Quixote têm uma conversa solene.

CAPÍTULO 13

Enquanto isso, os escudeiros dos dois cavaleiros mantêm sua própria conversa. Ambos consideram os amos loucos e deploram seus infortúnios, embora preservando a expectativa das riquezas prometidas. O escudeiro do Cavaleiro do Bosque goza de melhores condições em matéria de comida e bebida do que Sancho.

"'À fé, irmão', replicou o do bosque, 'que não tenho o estômago feito para cardos, nem peras bravas, nem raízes dos matos. Que os nossos amos lá se avenham com suas opiniões e leis cavaleirescas e comam o que bem quiserem; pelo sim ou pelo não, eu trago um bom farnel e esta bota pendurada do arção, e ela é tão minha devota e a quero tão bem que pouco tempo se passa sem que eu lhe dê mil beijos e abraços.'

"E dizendo isto a colocou nas mãos de Sancho, o qual, empinando-a rente à boca, esteve fitando as estrelas por um bom pedaço, e em acabando de beber deixou cair a cabeça para um lado, e dando um grande suspiro [...]."

Essa é uma boa descrição de um gesto imemorial, mas aqui abruptamente localizado.

CAPÍTULO 14

Ao contar as ordens que sua amada Cacildeia de Vandália lhe impôs, bem como os cavaleiros que venceu em homenagem a ela, o Cavaleiro do Bosque conclui: "'Mas do que eu mais me prezo e ufano é de ter vencido em singular batalha aquele tão famoso cavaleiro Dom Quixote de La Mancha, fazendo-o confessar que é mais formosa a minha Cacildeia do que a sua Dulcineia'".

Dom Quixote ouve incrédulo e, por fim, presume que o Cavaleiro do Bosque venceu algum falso cavaleiro criado por um mago inimigo que lhe deu o nome do dom. Ele desafia o Cavaleiro do Bosque, que calmamente o persuade a esperar pela luz do dia. Nas primeiras horas da manhã, eles se enfrentam, mas, graças a um deslize, Dom Quixote derruba o Cavaleiro dos Espelhos (assim chamado agora), pegando-o desprevenido quando sua montaria se recusa a se mover. Desamarrando os laços que prendiam o elmo do adversário, o Dom ficou pasmo ao divisar os traços do bacharel Sansón Carrasco. Por sua vez, o escudeiro do cavaleiro comprova ser um camarada antigo de Sancho que está usando um disfarce. Dom Quixote crê que tudo isso decorre de um encantamento pelo qual dois estranhos foram transformados na última hora em velhos amigos. Isso é compatível com a delicada fantasia de Dom Quixote, mas não do astuto Sancho, ele próprio um embusteiro. É inútil procurar uma unidade de estrutura neste livro.

CAPÍTULO 15

"Em extremo contente, ufano e vanglorioso ia Dom Quixote por ter obtido vitória sobre tão valente cavaleiro como ele imaginava que era o dos Espelhos [...]." Tais vitórias não ocorriam com frequência e nunca foram totalmente completas (nem aquela em que o "encantamento" prejudicou um pouco o prazer final). Recebemos então a explicação de que o barbeiro, o padre e Carrasco tinham concordado em que o bacharel devia se fazer passar por cavaleiro, vencer Dom Quixote e exigir seu retorno à aldeia onde eles esperavam que pudesse ser curado. Mas teremos de acompanhar Dom Quixote em doze encontros antes que Carrasco esteja recuperado após a surra que levou, podendo assim mais uma vez enfrentar o Dom num combate.

CAPÍTULO 16

Encontram na estrada um homem a cavalo vestido de verde. "[...] e se o de verde muito mirava a Dom Quixote, muito mais mirava Dom Quixote ao de verde, parecendo-lhe homem de chapa. A idade mostrava ser de cinquenta anos; as cãs, poucas, e o rosto, aquilino; o olhar, entre alegre e grave; enfim, no traje e na postura mostrava ser homem de boas prendas.

"O que o de verde julgou de Dom Quixote de La Mancha foi que jamais vira semelhante maneira nem parecer de homem: admirou-o a compridez do seu cavalo, a grandeza do seu corpo, a magreza e amarelidão do seu rosto, suas armas, seu porte e compostura, figura e retrato não vistos naquela terra desde longes tempos atrás."

Seu nome é dom Diego de Miranda, um culto proprietário de terras. Trata-se de um dos raros indivíduos bons (realmente simpáticos com Dom Quixote) em todo o livro. Dom Quixote se descreve como cavaleiro andante, e o homem fica surpreso: "'Como é possível haver hoje cavaleiros andantes no mundo e haver histórias impressas de verdadeiras cavalarias? Não me posso persuadir que haja na terra quem favoreça viúvas, ampare donzelas, nem honre casadas, nem socorra órfãos, e jamais o crera se o não tivesse visto em vossa mercê com meus olhos. Bendito seja o céu, pois com essa história que vossa mercê diz que está impressa das suas altas e verdadeiras cavalarias se terão posto em esquecimento as inumeráveis dos fingidos cavaleiros andantes, de que estava cheio o mundo, tão em dano dos bons costumes e tão em prejuízo e descrédito das boas histórias'".

Quando o senhor vestido de verde se queixa de que o filho não pode ser persuadido a estudar direito ou teologia, teimando em escrever poesia, Dom Quixote se lança numa defesa eloquente: "'Seja, pois, a conclusão da minha fala, senhor fidalgo, que vossa mercê deixe o seu filho caminhar aonde sua estrela o chama, pois, sendo ele tão bom estudante como deve de ser, e tendo já galgado felizmente o primeiro degrau das ciências, que é o das línguas, com elas por si mesmo galgará até os píncaros das letras humanas, as quais tão bem parecem em um cavaleiro de capa e espada e assim o adornam, honram e engrandecem como as mitras aos bispos ou as garnachas aos peritos jurisconsultos. [...] e quando os reis e príncipes veem a milagrosa ciência da poesia em sujeitos prudentes, virtuosos e graves, sempre os honram, estimam e enriquecem, e até os coroam com as folhas da árvore que o raio não ofende, como em sinal de que não hão de ser ofendidos por ninguém aqueles que com tais coroas se veem honrados e adornada sua testa'".

E, depois desse delicado discurso feito por Dom Quixote (e soprado por Cervantes), o pobre cavaleiro está prestes a sofrer uma provação horrível e desconcertante.

CAPÍTULO 17

Após a cena farsesca dos requeijões no elmo que Sancho entrega a Dom Quixote, temos a aventura dos leões, um macho e uma fêmea, que estão sendo transportados como presente do governador de Orã para o rei da Espanha.* Dom Quixote faz parar a carreta e exige que os leões sejam retirados das jaulas a fim de enfrentá-lo. "Ao ver o tratador Dom Quixote já posto em posição e que não podia deixar de soltar o leão macho, sob pena de cair na desgraça do indignado e atrevido cavaleiro, abriu de par em par a primeira jaula, onde estava, como já se disse, o leão, o qual pareceu de grandeza extraordinária e de assustosa e feia catadura. A primeira coisa que este fez foi revolver-se na jaula onde vinha deitado e estender as garras e se espreguiçar todo. Depois abriu a boca e bocejou muito de espaço, e com quase dois palmos de língua que pôs fora limpou os olhos e lavou a cara. Isto feito, pôs a cabeça fora da jaula e por toda a parte correu os olhos feitos brasas, vista e parecer de meter medo à temeridade mesma. Só Dom Quixote o olhava atentamente, desejando que saltasse logo do carro e com ele viesse às mãos, entre as quais pensava fazê-lo em pedaços. Até aqui chegou o extremo da sua nunca vista loucura."

---

* VN cita a nota de Putnam: "Leões vindos de Orã teriam sido desembarcados em Cartagena, não podendo assim ser encontrados por Dom Quixote e seus companheiros na estrada para Saragoça".

Dom Quixote revela uma coragem genuína.

"Mas o generoso leão, mais comedido que arrogante, sem fazer caso de ninharias nem bravatas, depois de espiar para um e outro lado, como já se disse, virou as costas e mostrou suas traseiras partes a Dom Quixote, e com grande fleuma e pachorra tornou a se deitar na jaula. Em vendo o qual Dom Quixote, mandou que o tratador o tocasse com uma vara e o irritasse para que saísse fora.

"'Isso não farei', respondeu o tratador, 'porque, se eu bulir com ele, ao primeiro que fará em pedaços será a mim mesmo. Vossa mercê, senhor cavaleiro, contente-se com o feito, que mais não pode haver em gênero de valentia, e não queira tentar segunda fortuna. O leão tem a porta aberta, em sua mão está sair ou não sair; mas, como não saiu até agora, não sairá em todo o dia. A grandeza do coração de vossa mercê já está bem declarada; nenhum bravo combatente, segundo entendo, está obrigado a mais que a desafiar seu inimigo e esperá-lo em campo raso, e se o contrário não acode, nele fica a infâmia e o expectante ganha a coroa do vencimento.'

"'Assim é verdade', respondeu Dom Quixote. 'Fecha a porta, amigo, e dai testemunho na melhor forma que puderes do que aqui me viste fazer. Convém a saber: como tu abriste para o leão, eu o esperei, ele não saiu, tornei a esperá-lo, tornou a não sair e tornou a se deitar. Não devo ir além, e encantos fora, e Deus ajude a razão e a verdade e a verdadeira cavalaria, e fecha, como tenho dito, enquanto faço sinais aos fugidos e ausentes para que venham conhecer esta façanha da tua boca.'"

Quando são chamados de volta os demais, que tinham fugido, Dom Quixote exulta: "'Que me dizes disso, Sancho?', perguntou Dom Quixote. 'Há encantos que valham contra a verdadeira valentia? Bem poderão os encantadores tirar-me a ventura, mas o esforço e o ânimo, será impossível'". Ao saírem cavalgando, Dom Quixote volta a elogiar as virtudes do cavaleiro andante para dom Diego: "'[...] que o andante cavaleiro busque os recantos do mundo, adentre os mais intrincados labirintos, acometa a cada passo o impossível, resista nos desertos ermos aos ardentes raios do sol em pleno verão, e no inverno à dura inclemência dos ventos e dos gelos, que não o espantem leões, nem o assustem avejões, nem o atemorizem endríagos, pois buscar estes, acometer aqueles e vencer a todos são seus principais e verdadeiros exercícios. Pois eu, como me caiu em sorte ser um do número da andante cavalaria, não posso deixar de acometer tudo aquilo que me parece entrar na jurisdição dos meus exercícios [...]'".

Ele agora deseja ser chamado de Cavaleiro dos Leões em vez de Cavaleiro da Triste Figura.

CAPÍTULO 18

Mais uma vez, ao chegarem à casa de dom Diego, ele o apresenta à sua mulher e é o primeiro homem a fazer um elogio perfeitamente sério a Dom Quixote: "'Recebei, senhora, com vosso costumeiro agrado o senhor Dom Quixote de La Mancha, que é quem tendes diante, andante cavaleiro, e o mais valente e mais discreto que tem o mundo'" — embora duvide de sua sanidade mental. Dom Quixote explica para o filho de dom Diego, dom Lorenzo, por que a cavalaria andante é um ramo do conhecimento — de fato, uma árvore do conhecimento. Ele lá passa quatro dias hospedado antes de partir para o torneio que terá lugar em Saragoça. Havendo Sancho enchido os alforjes, os dois se vão enquanto pai e filho se maravilham com a mistura das "entressachadas razões de Dom Quixote, ora discretas, ora disparatadas, e da sua teima e o seu afinco em se entregar de todo em todo à busca das suas desventuradas aventuras [...]".

CAPÍTULO 19

Encontram na estrada um grupo de estudantes e pastores, que os convidam para assistir ao casamento de Quiteria, a Formosa, e Camacho, o Rico. Um dos estudantes explica que ela é amada por um jovem, Basilio, que é seu vizinho. "'Foi crescendo a idade, e resolveu o pai de Quiteria barrar a Basilio a ordinária entrada que ele em sua casa tinha, e para não ter de andar receoso e cheio de suspeitas, tratou de casar sua filha com o rico Camacho, não lhe parecendo bem casá-la com Basilio, que não tinha tantos bens de fortuna como de natureza. Pois a dizer a verdade sem inveja, ele é o mais ágil mancebo que conhecemos, grande lançador de barra, lutador extremado e grande jogador de choca; corre como um gamo, salta mais que uma cabra e no jogo da bola acerta os pinos como por encanto; canta como uma cotovia e toca uma guitarra de jeito que a faz falar, mas sobretudo meneia a espada como ninguém.'

"'Só por essa prenda', disse então Dom Quixote, 'merecia esse mancebo não só casar com a formosa Quiteria, mas com a mesmíssima rainha Guinevra, se hoje fosse viva, a despeito de Lançarote e de todos aqueles que estorvá-lo quisessem.'

"'À minha mulher com essa!', disse Sancho Pança, que até então escutara calado. 'Pois ela acha que cada só pode casar com seu igual, atendendo àquele ditado que diz "cada ovelha com sua parelha". O que eu queria é que esse bom Basilio, que já vai ganhando minha amizade, se casasse com essa senhora Quiteria, e que tenha boa vida e bom descanso (já ia dizendo o contrário) quem estorva o casamento dos que se querem bem.'"

O estudante continua: "'Não me resta mais nada a dizer, senão que, desde a hora em que Basilio soube que a formosa Quiteria se casaria com Camacho, o Rico, nunca mais o viram rir nem falar coisa com coisa, e sempre anda pensativo e triste, falando consigo mesmo, com o que dá sinais claros e certos de que vai perdendo o juízo. Come pouco e dorme pouco, e o que come são frutas, e onde dorme, quando dorme, é no campo, sobre a dura terra, como animal bruto. Fita o céu de quando em quando, e outras vezes crava os olhos na terra, tão abismado que não parece senão santo de roca a que o vento balança a roupa. Enfim, ele dá tais mostras de ter apaixonado o coração que todos os que o conhecemos tememos que o dar sim amanhã a formosa Quiteria há de ser sua sentença de morte'".

CAPÍTULO 20

A maravilhosa variedade de carnes na festa do casamento pode ser comparada ao paraíso dos glutões em *Almas mortas*, de Gógol. ("Enfiado num espeto de um olmo inteiro, um inteiro novilho"; "no dilatado ventre do novilho havia doze tenros e pequenos leitões que, lá dentro costurados, serviam para o amaciar e lhe dar sabor"; as grandes panelas "encerravam em si carneiros inteiros, que neles se sumiam como se fossem pombinhos"; "mais de sessenta odres de mais de duas arrobas cada um, e todos, como depois se viu, cheios de generosos vinhos".) Sancho comprova ser bom de garfo. "Três galinhas e dois gansos" (apenas para "quebrar o jejum") é o que lhe foi servido de gigantesca caçarola. Várias exibições de dança ocorrem enquanto Sancho ataca sua comida, que o fez passar para o lado de Camacho. Ele aborrece o leitor com seus provérbios tanto quanto a Dom Quixote.

CAPÍTULO 21

Basilio executa uma trapaça para obter sua amada. Crava no chão um longo estoque e "com ligeira desenvoltura e determinado propósito se jogou sobre ele, e num pronto mostrou a ponta ensanguentada às costas, com metade da acerada lâmina, ficando o triste banhado em seu sangue e estirado no chão, de suas próprias armas trespassado". Persuade o padre, com a ajuda de Dom Quixote, a casá-lo com Quiteria antes de morrer, após o que ela pode se casar com Camacho. O padre, choroso, os abençoou. Basilio, assim que recebeu a bênção, "com pronta ligeireza se pôs de pé e com nunca vista desenvoltura tirou o estoque a que seu corpo servia de bainha. Ficaram todos os circunstantes admirados, e alguns deles, mais simples que curiosos, a altos brados pegaram a dizer: 'Milagre, milagre!'.

"Mas Basilio replicou: 'Milagre nada, astúcia, astúcia!'.

"O padre, pasmo e atônito, acudiu com ambas as mãos a apalpar a ferida e notou que a lâmina havia passado, não pela carne e pelas costelas de Basilio, mas por um cano de ferro que cheio de sangue tinha bem acomodado, e preparado o sangue (como depois se soube) de modo que não coalhasse."

Dom Quixote ganha mais uma vitória moral quando faz cessar a briga entre as duas facções de apoiadores. Em altos brados, afirma:

"'[...] pois os dois que Deus junta o homem não pode separar, e quem o tentar, antes terá de passar pela ponta desta lança.'

"E então a brandiu tão forte e tão destramente que meteu grande medo em todos os que o não conheciam". Assim, Camacho se consolou e declarou que o resto da festa homagearia Quiteria e Basilio.

CAPÍTULO 22

Na casa de dom Diego, Dom Quixote havia declarado a intenção de explorar a gruta de Montesinos no caminho para Saragoça. Depois de ser recepcionado pelo novo casal durante três dias, ele arranjou um guia e partiu. O guia o lembrou de que necessitaria de cordas a fim de descer às profundezas da caverna. "Dom Quixote disse que ele havia de ver onde a gruta terminava, ainda que fosse nos abismos. E assim compraram quase cem braças de corda e no dia seguinte às duas da tarde chegaram à gruta, cuja boca é espaçosa e larga, mas cheia de espinheiros e figueiras-bravas, de sarças e matos tão espessos e enredados que de todo em todo a cegam e encobrem. Ao vê-la se apearam o primo, Sancho e Dom Quixote, que logo com as cordas foi fortissimamente amarrado pelos dois. E, enquanto o atavam e cingiam, Sancho lhe disse:

"'Olhe vossa mercê, senhor meu, o que vai fazer. Não se queira sepultar em vida nem se meta onde mais parecerá frasco posto a esfriar num poço. E olhe que a vossa mercê não toca nem tange ser esquadrinhador desta que deve de ser pior que masmorra.'

"'Amarra e cala', respondeu Dom Quixote, 'que tal empresa como aquesta, Sancho amigo, para mim era guardada.'"

De pé na entrada, Dom Quixote reza para Dulcineia: "'[...] te rogo que as [preces] escutes, pois não são outras senão rogar-te que me não negues teu favor e amparo agora que tanto dele hei mister. Eu me vou despenhar, encovar e afundar no abismo que aqui se me apresenta, só por que o mundo conheça que, se tu me favoreces, não há impossível que eu não acometa e acabe'".

Dom Quixote desce por cem braças (180 metros) e, depois de meia hora, é içado de volta num desmaio beatífico.

CAPÍTULO 23

Dom Quixote narra suas aventuras. Descobriu uma concavidade na caverna, não muito abaixo da entrada, e caiu num sono profundo. Ao acordar, estava no meio de um belo campo. Viu então um suntuoso castelo feito do mais puro cristal, de onde surgiu Montesinos para saudá-lo. "'Longos tempos há, valoroso cavaleiro Dom Quixote de La Mancha, que os que estamos nestas soledades encantados esperamos ver-te, por que dês notícia ao mundo do que encerra e cobre a profunda gruta por onde entraste, chamada gruta de Montesinos: façanha guardada para só ser acometida por teu invencível coração e teu ânimo estupendo. Vem comigo, senhor claríssimo, que te quero mostrar as maravilhas solapadas neste transparente alcácer, do qual eu sou alcaide e tesoureiro perpétuo, pois sou o mesmo Montesinos de quem a gruta empresta o nome.'"

Montesinos esclareceu Dom Quixote sobre o fato de haver retirado o coração de Durandarte, morto em Roncesvalles, a fim de levá-lo para sua senhora, conduzindo-o depois ao túmulo onde jaz um cavaleiro com a mão direita sobre o coração. "Esse é meu amigo Durandarte, flor e espelho dos cavaleiros enamorados e valentes de seu tempo. Ele aqui está, como eu e outros muitos e muitas, por encantamento de Merlim, aquele francês encantador que dizem que foi filho do diabo, e o que eu creio é que não foi filho do diabo, senão que sabia mais que o diabo, como dizem. O como e o porquê de nos ter encantado ninguém sabe, mas o há de dizer andando o tempo e chegando aquele que, segundo imagino, não há de estar muito longe.'" Embora todos estejam por quinhentos anos submetidos ao feitiço de Merlim, nenhum deles morreu. Muitas outras maravilhas são vistas, inclusive uma procissão de que participa a senhora Belerma, a amada de Durandarte, carregando na mão o coração dele. A dor prejudicou sua beleza. "'[...] e, a não ser por isso, apenas a igualaria em formosura, donaire e brio a grande Dulcineia d'El Toboso, tão celebrada em todos estes contornos, e até em todo o mundo.' 'Alto lá, senhor dom Montesinos', disse eu então, 'conte vossa mercê a sua história como deve, pois bem sabe que toda comparação é odiosa, e assim não há por que comparar ninguém com ninguém. A sem-par Dulcineia d'El Toboso é quem é, e a senhora dona Belerma é quem é e quem foi, e fique o caso por aqui.'" Montesinos se desculpa.

Embora Dom Quixote houvesse permanecido na caverna durante apenas meia hora, passou três dias sem comer ou dormir na terra mágica governada por Montesinos. Num campo, vê as três camponesas que Sancho identificara como Dulcineia e suas aias. "'Perguntei a Montesinos se as conhecia; respondeu-me que não, mas que ele imaginava que deviam de ser algumas senhoras principais encantadas que havia poucos dias naqueles prados apareceram, e que me não maravilhasse disso, porque lá havia outras muitas senhoras dos passados e presentes séculos encantadas em diversas e estranhas figuras, entre as quais conhecia ele a rainha Ginevra e sua duenha Quintañona, escançando o vinho a Lançarote quando da Bretanha vindo.'"

Dom Quixote relata como uma das camponesas o procurou para pedir dinheiro emprestado para sua ama Dulcineia, e ele lhe deu o que tinha, acrescentando que "'assim farei eu, de não sossegar e de andar as sete partidas do mundo com mais pontualidade que o infante dom Pedro de Portugal, até desencantá-la'. 'Tudo isso e mais deve vossa mercê a minha senhora', respondeu-me a donzela. E, apanhando os quatro reais, em vez de fazer uma reverência, deu uma cabriola, levantando-se duas varas pelos ares".

CAPÍTULO 24

Outros episódios fantásticos são sempre explicados realisticamente por alguém haver tapeado Dom Quixote ou por ele rearrumar suas impressões de modo a tapear a si próprio. Mas aqui o fator tempo e o fator espaço são difíceis de ignorar, pois, afinal de contas, mesmo Dom Quixote deveria saber se estava sonhando ou não. Este capítulo tem início com o tradutor tentando explicar as coisas.

"Diz quem traduziu esta grande história do original daquela escrita pelo seu primeiro autor, Cide Hamete Benengeli, que, chegando ao capítulo da aventura da gruta de Montesinos, à margem dele estavam escritas por mão do mesmo Hamete estas mesmas razões:

"'Não me posso convencer nem persuadir que ao valoroso Dom Quixote tenha sucedido pontualmente tudo o que no capítulo anterior fica escrito. A razão é que todas as aventuras até aqui sucedidas foram factíveis e verissímeis, mas nesta desta gruta não acho brecha alguma para tomá-la por verdadeira, por ir tão desviada dos termos razoáveis. Porque pensar que Dom Quixote mentiu, sendo o mais verdadeiro fidalgo e o mais nobre cavaleiro do seu tempo, não me é possível, pois nem que o asseteassem diria ele uma mentira. Por outra parte, considero que ele a contou e disse com todas as circunstâncias ditas, e que em tão breve espaço não pôde fabricar tamanha máquina de disparates, e se esta aventura parece apócrifa, eu não tenho culpa, e assim sem afirmá-la por falsa nem por verdadeira a escrevo. Tu, leitor, como és prudente, julga o que te parecer, que eu não devo nem posso mais, ainda que se tenha por certo que ao tempo do seu fim e morte dizem que se retratou dela e disse que a inventara, por lhe parecer que convinha e quadrava bem com as aventuras que tinha lido em suas histórias.'"*

No final do capítulo, eles chegam a uma estalagem "e não sem gosto de Sancho, ao ver que seu senhor a julgou por verdadeira estalagem, e não por castelo, como costumava".

CAPÍTULO 25

Chega à estalagem o mestre titereiro Pedro com uma venda de tafetá verde que cobria um olho e todo um lado de seu rosto. Trazia com ele um macaco adivinho.

"'Senhor, este animal não responde nem dá notícia das coisas que estão por vir. Das passadas sabe algum pouco, e das presentes, algum tanto.'

"'Voto a Rus', disse Sancho, 'que eu não dou um cobre para que me digam o que por mim já passou! Pois quem o pode saber melhor que

---

* A retratação de Dom Quixote no leito de morte sobre os livros de cavalaria não contém nenhuma menção à gruta de Montesinos.

eu mesmo? E pagar para que me digam o que já sei seria uma grande asneira. Mas, como sabe das coisas presentes, tome aqui meus dois reais, e diga-me o senhor grão-macaco que é que a minha mulher Teresa Pança está fazendo agora e como vai passando o tempo.'

"Não quis mestre Pedro aceitar o dinheiro, dizendo: 'Não quero receber prêmios adiantados, sem que os tenham precedido os serviços'. E dando com a mão direita dois toques sobre o ombro esquerdo, de um salto se lhe pôs o macaco nele e, chegando a boca ao seu ouvido, deu dente contra dente muito depressa. E depois de feita essa figuraria no espaço de um credo, de outro salto voltou ao chão. E então, com grandíssima pressa, foi-se mestre Pedro ajoelhar ao pé de Dom Quixote e, abraçando-lhe as pernas, disse:

"'Estas pernas abraço, bem assim como se abraçasse as duas colunas de Hércules, oh ressuscitador insigne da já posta em esquecimento andante cavalaria, oh nunca jamais bastantemente louvado cavaleiro Dom Quixote de La Mancha, alento dos desmaiados, arrimo dos que vão cair, braço dos caídos, báculo e consolo de todos os desditosos!'

"Ficou pasmo Dom Quixote, absorto Sancho, suspenso o primo, atônito o pajem, embasbacado o do zurro, confuso o estalajadeiro e, enfim, espantados todos os que ouviram as razões do titereiro, o qual prosseguiu dizendo:

"'E tu, oh bom Sancho Pança, melhor escudeiro do melhor cavaleiro do mundo, alegra-te, pois tua boa mulher Teresa está bem, e agora está rastelando uma libra de linho, e digo ainda que ela tem ao seu lado esquerdo um jarro desbeiçado com uma boa pouca de vinho, com que se ajuda a passar o tempo do seu trabalho.'"

Enquanto Pedro começa a preparar o espetáculo de marionetes, Dom Quixote imagina que ele tem um pacto com o demônio.

CAPÍTULO 26

Um rapaz narra os fatos que os bonecos encenam.

"'Esta verdadeira história que aqui a vossas mercês se representa é tirada ao pé da letra das crônicas francesas e dos romances espanhóis que andam na boca das gentes e dos rapazes pelas ruas. Trata da liberdade dada pelo senhor dom Gaifeiros a sua esposa Melisendra, que estava cativa na Espanha, em poder dos mouros, na cidade de Sansonha, que assim se chamava então a hoje chamada Saragoça.' [...] 'Não faltaram alguns ociosos olhos, que tudo soem ver, que não vissem a descida e a subida de Melisendra, da qual deram notícia ao rei Marsílio, que logo mandou tocar a rebate; e olhem com que pressa, pois já a cidade se funde com o som dos sinos que em todas as torres das mesquitas soam.'

"'Isso não!', disse então Dom Quixote. 'Nisso dos sinos vai mestre Pedro muito errado, porque entre mouros não se usam sinos, mas atabais e um gênero de doçaina parecido com as nossas charamelas; e isso de soarem os sinos em Sansonha sem dúvida que é grande disparate.'

"O qual ouvido por mestre Pedro, cessou o repicar e disse: 'Não repare vossa mercê em ninharias, senhor Dom Quixote, nem queira levar tudo tão a ferro e fogo que acabe por se queimar. Acaso não se representam por aí quase de ordinário mil comédias cheias de mil impróprios disparates e, ainda assim, correm felicissimamente sua carreira e se assistem não só com aplauso, mas com admiração e tudo? Prossegue, rapaz, e deixa falar, pois contanto que eu encha a minha bolsa, pouco se me dá representar mais impropriedades que átomos tem o sol'."

O rapaz continua e então, de repente, a loucura ataca Dom Quixote, que pula no palco e com a espada destroça os títeres mouros até pôr abaixo todo o teatro. Pedro lamenta sua perda e Sancho sugere a Dom Quixote que devia pagar pelo prejuízo. "'Agora acabo de crer', disse neste ponto Dom Quixote, 'o que outras muitas vezes ia crendo: que esses encantadores que me perseguem não fazem senão pôr-me as figuras diante dos olhos como elas são, para logo as mudarem e trocarem nas que eles querem. Real e verdadeiramente vos digo, senhores que me ouvis, que tudo quanto aqui se passou a mim me pareceu que se passava ao pé da letra: que Melisendra era Melisendra; dom Gaifeiros, dom Gaifeiros; Marsílio, Marsílio e Carlos Magno, Carlos Magno. Por isso se me alterou a cólera, e por cumprir com a minha profissão de cavaleiro andante quis dar ajuda e favor aos que fugiam, e com esta boa intenção fiz o que vistes. Se me saiu às avessas, não foi por culpa minha, mas dos malvados que me perseguem. E contudo, deste meu erro, ainda que o não tenha feito por malícia, quero eu mesmo fazer-me cargo das custas. Veja mestre Pedro quanto quer pelas figuras desfeitas, que eu lhe ofereço pronta paga em boa e corrente moeda castelhana.'"

Todos jantam juntos após Dom Quixote haver pago por cada boneco. Mestre Pedro madrugou e partiu antes que o cavaleiro e seu escudeiro tomassem de novo a estrada.

CAPÍTULO 27

Fica-se sabendo que o mestre titereiro Pedro, com a venda verde, é na verdade Ginés de Pasamonte, um dos galeotes que Dom Quixote havia libertado no capítulo 22 da primeira parte. O macaco adivinho era, obviamente, uma fraude, pois seu dono buscava informações antes de visitar alguma cidadezinha e depois fingia que o macaco as comunicara a ele. Claro que, tendo reconhecido Dom Quixote e Sancho ao entrar na estalagem, foi capaz de impressioná-los. Na estrada, graças a longo discurso Dom Quixote gera a paz entre duas aldeias cujos habitantes tinham se desentendido devido a uma competição de zurros. No entanto, a paz é rompida por Sancho ao exemplificar sua própria capacidade de zurrar, após o que leva uma surra e o Dom se vê forçado a fugir vergonhosamente.

CAPÍTULO 28

Sancho está tão alquebrado que deseja voltar para casa, e Dom Quixote começa a calcular o salário que lhe deve. Mas Sancho se enche de remorso e, com voz aflita e pesarosa, diz: "'Senhor meu, confesso que para ser um asno completo não me falta mais que o rabo. Se vossa mercê mo quiser colocar, eu o darei por bem colocado e o servirei como jumento todos os dias que me restarem de vida. Vossa mercê me perdoe e tenha dó de minha mocidade, e veja que sei pouco e que, se falo muito, isso mais procede de doença que de malícia; mas quem erra e se emenda, a Deus se encomenda'".

CAPÍTULO 29

Chegando ao rio Ebro, Dom Quixote supõe que um bote vazio o convida a auxiliar algum cavaleiro em apuros. "E saltando para dentro dele, seguido de Sancho, cortou a corda, e o barco aos poucos se foi afastando da ribeira, e quando Sancho se viu cerca de duas varas dentro do rio, começou a tremer, temendo sua perdição, mas nenhuma coisa lhe doeu mais que ouvir o ruço ornejar e ver que Rocinante pelejava para se desatar [...]."*

Eles veem alguns grandes moinhos d'água localizados no meio do rio "e assim como Dom Quixote as [azenhas] viu, em voz alta disse a Sancho: 'Olha lá, oh amigo! Aí se descobre a cidade, castelo ou fortaleza onde deve de estar algum cavaleiro oprimido, ou alguma rainha, infanta ou princesa malparada, para cujo socorro aqui fui trazido'.

"'Que diabo de cidade, fortaleza ou castelo é esse que vossa mercê diz, senhor?', disse Sancho. 'Não vê que aquelas são azenhas postas no rio, onde se mói o trigo?'

"'Cala-te, Sancho', disse Dom Quixote, 'pois ainda que pareçam azenhas não o são, e já te disse que todas as coisas os encantamentos mudam e transtornam do seu ser natural. Não quero dizer que as mudem realmente de um em outro ser, senão que assim parece, como a experiência nos mostrou na transformação de Dulcineia, único refúgio das minhas esperanças.'

"Nisto o barco, colhido pela corrente maior do rio, começou a avançar não mais tão lentamente como até então. Os moleiros das azenhas, vendo vir aquele barco pelo rio a jeito de embocar pela torrente das rodas, saíram com presteza muitos deles armados de longas varas para detê-lo, e como saíam enfarinhados e com o rosto e as roupas cobertos do pó da farinha, representavam uma feia visão."

Dom Quixote grita ameaças e esgrime a espada no ar, mas os moleiros conseguem salvar o cavaleiro e Sancho, não sem fazer com que

---

* VN reproduz o comentário que Dom Quixote faz ao assustado Sancho: "'Acaso vais caminhando a pé e descalço pelos Montes Rifeus [...]?'". O curioso é que cerca de cinquenta (?) anos depois, um exilado genuíno, o infeliz e perseguido padre Avvakum (que foi o primeiro grande escritor de prosa russo), atravessou a pé os Montes Urais.

caiam na água. O dono do barco exige uma compensação pelo barco destruído, que Dom Quixote acaba pagando. "E levantando a voz prosseguiu dizendo e fitando as azenhas: 'Amigos, sejais quem fordes, que nessa prisão ficais trancados, perdoai-me, pois para a minha desgraça e para a vossa eu não vos posso tirar de vossa coita. Para outro cavaleiro deve de estar guardada e reservada esta aventura'."

É curioso que, neste episódio dos moinhos d'água, nem Dom Quixote nem seu escudeiro relembraram o encontro com os moinhos de vento na primeira parte.

CAPÍTULO 30

Dom Quixote encontra um duque e uma duquesa caçando. O casal o reconhece e convida para seu castelo, onde, para fins de divertimento de ambos, ele será tratado com todas as cerimônias de praxe devidas a um cavaleiro andante.

CAPÍTULO 31

Dom Quixote adverte Sancho para não dizer asneiras, mas a duquesa intervém: "'Por vida do duque', disse a duquesa, 'que Sancho não se há de arredar de mim um passo. Eu muito o estimo, porque sei que é discretíssimo'". Um religioso que participa da mesa do duque e possui bom senso censura Dom Quixote. "O eclesiástico, ao ouvir falar de gigantes, de malfeitores e de encantamentos, caiu na conta de que aquele devia de ser Dom Quixote de La Mancha, cuja história o duque lia de ordinário, e por isso ele o repreendera muitas vezes, dizendo-lhe ser disparate ler tais disparates; e vendo ser verdade o que suspeitava, com muita cólera, falando com o duque, lhe disse: 'Vossa excelência, senhor meu, tem de dar conta a Nosso Senhor das coisas que faz este bom homem. Este Dom Quixote, ou dom Tolo, ou como se chamar, imagino que não deve de ser tão mentecapto quanto vossa excelência quer que ele seja dando-lhe ocasião para que leve a termo suas sandices e ridicularias'. E voltando a palavra para Dom Quixote lhe disse: 'E a vós, alma de pomba, quem vos meteu na cabeça que sois cavaleiro andante e que venceis gigantes e prendeis bandidos? Ide embora, e então se vos diga: "Voltai à vossa casa e criai os vossos filhos, se os tiverdes, e cuidai da vossa fazenda, e deixai de andar vagando pelo mundo, bebendo vento e dando ocasião de riso a quantos vos conhecem e não conhecem". Onde, eramá, achastes que houve ou há agora cavaleiros andantes? Onde há gigantes na Espanha, ou malfeitores em La Mancha, ou Dulcineias encantadas, e todo o renque de tolices que de vós se contam?'."

CAPÍTULO 32

Dom Quixote responde ao religioso com eloquência: "'Porventura é cometimento vão ou é tempo malgasto o que se gasta em vagar pelo mundo, não buscando os regalos dele, senão as asperezas por onde os bons sobem ao assento da imortalidade?'". Fala sobre Dulcineia com o duque e a duquesa, dizendo: "'Deus sabe se há Dulcineia ou não no mundo, se é fantástica ou não é fantástica; e essas não são coisas cuja averiguação se possa levar até o fim. Nem eu engendrei nem pari minha senhora, porquanto a contemplo como convém a uma dama que em si contém os dotes e partes que a possam fazer famosa em todas as do mundo, como são: formosa sem tacha, grave sem soberba, amorosa com honestidade, agradecida por cortês, cortês por bem-criada e, finalmente, alta por linhagem, uma vez que sobre o bom sangue a formosura resplandece e campeia com mais graus de perfeição que nas formosas humildemente nascidas'".

A duquesa intervém ao afirmar sua crença em Dulcineia: "'Mas não posso escusar um escrúpulo e um não sei quê de ojeriza contra Sancho Pança. O escrúpulo é por dizer a referida história que o tal Sancho Pança achou a tal senhora Dulcineia, quando de parte de vossa mercê lhe levou uma epístola, peneirando um fardo de trigo, e por cima vermelho, coisa que me faz duvidar da alteza de sua linhagem'".

Dom Quixote reage: "'Assim creio que, quando meu escudeiro lhe levou minha embaixada, eles a transformaram em vilã e ocupada em tão baixo exercício como é o de peneirar trigo; mas, como já tenho dito, aquele trigo nem era vermelho nem trigo, senão grãos de pérolas orientais. E para prova desta verdade quero dizer a vossas magnitudes como, entrando há pouco em El Toboso, jamais pude achar os palácios de Dulcineia, e que no dia seguinte, tendo-a visto Sancho, meu escudeiro, em sua mesma figura, que é a mais bela do orbe, a mim me pareceu uma lavradora tosca e feia e nada bem entendida, quando ela é a discrição em pessoa; e como, segundo bom discurso, eu não estou encantado, nem o posso estar, é ela a encantada, a ofendida e a mudada, trocada e transtrocada, e nela se vingaram de mim meus inimigos, e por ela hei de viver em perpétuas lágrimas até vê-la em seu prístino estado'".

Sancho é objeto de zombaria pelos serviçais, mas protegido pela duquesa, que se apraz da situação. O duque lhe promete o governo de uma ilha.

CAPÍTULO 33

Um capítulo muito entediante de conversas entre Sancho e a duquesa. Ele lhe conta o segredo de como enganou Dom Quixote sobre a entrega das cartas e seu truque de identificar Dulcineia como uma das três moças camponesas que encontraram.

CAPÍTULOS 34-5

À noite, na floresta, o duque e a duquesa executam uma complexa brincadeira. Um dos criados, fantasiado de demônio, aparece para anunciar a Dom Quixote que Dulcineia está sendo trazida por seis tropas de magos que lhe informarão como ela pode ser desencantada.

"'Se vós fôsseis diabo, [respondeu Dom Quixote intrepidamente] como dizeis e como vossa figura o mostra, já teríeis conhecido o tal cavaleiro Dom Quixote de La Mancha, pois o tendes diante.'

"'Por Deus e minha consciência', respondeu o Diabo, 'que não reparava nisso, pois trago os pensamentos distraídos em tantas coisas que da principal a que eu vinha me esquecia.'

"'Sem dúvida', disse Sancho, 'que esse demônio deve de ser homem de bem e bom cristão, pois se o não fosse não teria jurado "por Deus e minha consciência". Agora eu tenho para mim que até no próprio inferno deve de haver boa gente.'

"Logo o demônio, sem se apear, dirigiu a vista para Dom Quixote e disse: 'A ti, Cavaleiro dos Leões (que entre as garras deles te veja eu), me envia o desventurado mas valente cavaleiro Montesinos, mandando-me que de sua parte te diga que o esperes no mesmo lugar que eu te encontrar, pois ele vem trazendo consigo a chamada Dulcineia d'El Toboso, com ordem de dar-te a que é mister para desencantá-la. E por não ser para mais minha vinda, não há de ser mais minha estada. Que os demônios como eu fiquem contigo, e os anjos bons com estes senhores'.

"E em dizendo isso, tocou o desmesurado corno, virou as costas e se foi, sem esperar resposta de ninguém.

"Renovou-se a admiração em todos, especialmente em Sancho e Dom Quixote: em Sancho, por ver que a despeito da verdade queriam que Dulcineia estivesse encantada; em Dom Quixote, por não se poder certificar se era verdade ou não o que lhe acontecera na gruta de Montesinos. E estando absorto nesses pensamentos, o duque lhe disse:

"'Pensa vossa mercê esperar, senhor Dom Quixote?'

"'Como não?', respondeu ele. 'Aqui esperarei, intrépido e forte, ainda que me venha investir o inferno todo.'"

Ouviu-se uma tempestade de sons e três magos passaram em carros de bois anunciando seus nomes. Depois "ao compasso da agradável música viram que a eles vinha um carro dos que chamam triunfais, tirado por seis mulas pardas, cobertas porém de linho branco, e sobre cada uma vinha um disciplinante de luz, também vestido de branco, trazendo acesa na mão uma grande tocha de cera. Era o carro duas ou até três vezes maior que os passados, e os lados e a cima dele eram ocupados por doze outros disciplinantes alvos como a neve, todos com suas tochas acesas, visão que admirava e espantava por junto; e num levantado trono vinha sentada uma ninfa [Dulcineia], vestida de mil véus tecidos de prata, brilhando por todos eles infinitas folhas de argentaria de ouro, que a faziam, se não rica, ao menos vistosamente vestida. Trazia o rosto coberto com um transparente e delicado cendal, de modo que, sem impedi-lo seus liços, por entre eles se descobria um formosíssimo rosto de donzela, e as muitas luzes davam lugar para distinguir sua beleza e juventude, que ao parecer não passavam dos vinte nem baixavam dos dezessete os seus anos.

"Junto dela vinha uma figura vestida com uma roupa das que chamam roçagantes, longa até os pés, coberta a cabeça com um véu negro. Mas quando o carro chegou a estar defronte aos duques e a Dom Quixote, cessou a música das charamelas, e depois a das harpas e alaúdes que no carro soavam, e, levantando-se em pé a figura coberta, abriu-a e, tirando o véu do rosto, mostrou patentemente ser a mesma figura da morte, descarnada e feia, do que Dom Quixote recebeu grande pesar e Sancho medo, e os duques afetaram um certo temor. Erguida e posta em pé essa morte viva, com voz um tanto dormente e com língua não muito desperta, começou a dizer desta maneira:

"'Merlim eu sou, aquele que as histórias
afirmam ter por pai o próprio diabo
(mentira autorizada pelos tempos),
príncipe sou da mágica e monarca,
e arquivo do saber de Zoroastro,
êmulo das idades e dos séculos
que solapar pretendem as façanhas
dos andantes e bravos cavaleiros,
por quem grande carinho tive e tenho.
E bem que seja dos encantadores,
dos mágicos ou magos ordinária
a dura condição, áspera e forte,
a minha é terna, branda e amorosa,
e dada a fazer bem a toda a gente.

Nas lôbregas cavernas de Plutão,
estando com minh'alma abstraída

em formar certos signos e figuras,
chegou-me a voz sentida da formosa
e sem-par Dulcineia d'El Toboso.
Soube do seu feitiço e sua desgraça:
ser da mais gentil dama transformada
em rústica aldeã; compadeci-me
e, encerrando o espírito no oco
desta carcaça horrenda e pavorosa,
depois de vasculhar uns cem mil livros
da minha ciência endemoniada e torpe,
venho a dar o remédio que convém
a tão grande pesar, a mal tamanho.

Oh tu, glória e orgulho dos que vestem
as túnicas de aço e de diamante,
luz e farol, vereda, norte e guia
daqueles que, deixando o lerdo sono
e as ociosas penas, bem se acolhem
a usar o exercício intolerável
das armas sanguinosas e pesadas!
A ti digo, varão como se deve
nunca jamais louvado! A ti, valente
por junto e tão discreto Dom Quixote,
de La Mancha esplendor, da Espanha estrela,
que para recobrar o estado primo
a sem-par Dulcineia d'El Toboso [...].'"

O resultado é que Sancho necessita prometer receber três mil e trezentos açoites em seu traseiro nu. De outro modo, '"Dulcineia voltará à gruta de Montesinos e a seu prístino estado de lavradora, ou no ser em que está será levada aos elíseos campos, onde ficará esperando que se cumpra o número do flagelo'". Sancho protesta energicamente, ao que Dulcineia retira o véu e "com desenvoltura varonil e uma voz não muito adamada", censura Sancho em vão até por fim ele consentir com grande relutância quando o duque ameaça voltar atrás na oferta do governo de uma ilha. Todo o espetáculo tinha sido encenado pelo mordomo do duque, que personificara Merlim e arranjara um pajem para fazer o papel de Dulcineia.

CAPÍTULO 36

Sancho escreve para sua mulher dizendo que ela é agora a esposa de um governador, e que está lhe mandando um traje verde de caçador dado pela duquesa a fim de que faça um bonito vestido para a filha. "[...] portanto, de um jeito ou de outro, tu hás de ser rica e ter boa ventura. [...] Deste castelo, a vinte de julho de 1614. Teu marido o governador Sancho Pança."

Outro espetáculo ridículo é encenado pelo mordomo. Um velho de rosto encovado, Trifraldin da Barba Branca (ecoando o Truffaldino do livro *Orlando Innamorato*, de Boiardo, e *Orlando Furioso*, de Ariosto), suplica a Dom Quixote que ajude sua senhora, a condessa Trifraldi, também conhecida como duenha Dolorida.

CAPÍTULO 37

Um capítulo curto e supérfluo em que são discutidas as amas, com Sancho sustentando a opinião de que elas são enxeridas e impertinentes.

CAPÍTULO 38

Acompanhada de doze duenhas, entra a condessa Trifraldi. Como principal ama da bela e jovem infanta Antonomásia, herdeira do reino de Candaia, ela foi convencida pelos encantos de um jovem cavaleiro, dom Cravijo, a permitir que ele entrasse no quarto da infanta como seu legítimo marido. A tramoia continuou por algum tempo até que a gravidez cada dia mais visível de Antonomásia ameaçou expor a situação. Decidiu-se então que dom Cravijo devia pedir ao vigário-

-geral a mão dela em casamento, uma vez que havia um contrato por escrito e a moça foi posta sob custódia protetora.

CAPÍTULO 39

O casamento ocorreu, mas a rainha, mãe da moça, ficou tão pesarosa que morreu três dias depois e foi enterrada. Então, "'montado num cavalo de madeira, apareceu sobre a sepultura da rainha o gigante Malambruno, primo-irmão de Magúncia [a rainha], que sobre cruel era encantador, o qual com suas artes, em vingança da morte de sua prima, e castigo do atrevimento de dom Cravijo, e despeito da demasia de Antonomásia, os deixou encantados sobre a mesma sepultura, ela transformada numa bugia de bronze, ele, num medonho crocodilo de um metal não conhecido, e entre os dois há um marco também de metal, e nele escritas em língua siríaca umas letras que, vertidas à candaiesca e agora à nossa, encerram esta sentença: "Não cobrarão sua primeira forma estes dois atrevidos amantes até que o valoroso manchego venha comigo às mãos em singular batalha, pois só para seu grande valor guardam os fados esta nunca vista aventura'".

Além disso, como punição às amas que haviam deixado de cumprir suas funções, ele infligiu uma penalidade duradoura: "E então a Dolorida e as demais duenhas suspenderam os véus com que cobriam o rosto e o descobriram todo cheio de barbas, umas louras, outras pretas, umas brancas e outras ruças, de cuja vista mostraram ficar admirados o duque e a duquesa, pasmados Dom Quixote e Sancho e atônitos todos os presentes".

CAPÍTULO 40

O capítulo tem início com um hino de louvor de Cervantes: "Real e verdadeiramente, todos os que gostam de histórias tais como esta devem gratidão a Cide Hamete, seu autor primeiro, pela curiosidade que teve em nos contar as semínimas dela, sem deixar coisa, por menor que fosse, que não trouxesse distintamente à luz: pinta os pensamentos, descobre as imaginações, responde às tácitas, esclarece as dúvidas, resolve os argumentos; enfim, todos os átomos do mais curioso desejo manifesta. Oh autor celebérrimo! Oh Dom Quixote ditoso! Oh Dulcineia famosa! Oh Sancho Pança gracioso! Que todos juntos e cada um por si vivais séculos infinitos, para gosto e geral passatempo dos viventes".

A duenha Dolorida então informa o grupo de que Malambruno mandará seu cavalo de madeira Cravilenho para fazer com que Dom Quixote, levando Sancho na garupa, voe três mil léguas até Candaia — e Dom Quixote aceita a empreitada.

CAPÍTULO 41

Quatro selvagens trazem o cavalo de madeira. Antes que eles montem no corcel mágico, Dom Quixote, "apartando Sancho para umas árvores do jardim, tomando-lhe ambas as mãos, lhe disse:

"'Já vês, Sancho irmão, a longa viagem que nos espera, e que só Deus sabe quando voltaremos dela, nem a comodidade e espaço que o negócio nos dará, portanto queria que agora te retirasses ao teu aposento, como se fosses buscar alguma coisa necessária para o caminho, e num abrir de olhos te desses, à conta dos três mil e trezentos açoites a que estás obrigado, pelo menos quinhentos, que assim partirias com algum tanto já dado, e trabalho bem começado é meio acabado.'

"'Pardeus', disse Sancho, 'que vossa mercê deve de estar variando! Isto é como aquilo que dizem: "Em trabalhos me vês, e donzelice me demandas!". Justo agora que tenho de ir sentado numa tábua rasa quer vossa mercê que eu castigue os meus fundilhos? Em verdade, em verdade que não tem vossa mercê razão. Vamos logo rapar essas duenhas, que na volta eu prometo a vossa mercê, por quem sou, de me dar tanta pressa quanta vossa mercê quiser por sair da minha obrigação, e não digo mais.' [...]

"'Com essa promessa, meu bom Sancho, parto consolado, e não duvido que a cumprirás, porque, de feito, apesar de tolo, és homem verídico.'

"'Não sou verdico, mas moreno curtido', disse Sancho, 'e ainda que fosse malhado cumpriria a minha palavra.'"

De olhos vendados, os dois montam no cavalo, a cravelha em seu pescoço é girada e, com o auxílio de vários truques do casal ducal, tais como foles para gerar vento e estopas para gerar calor, eles imaginam que estão sendo transportados pelo ar até que, no final, o cavalo explode e ambos caem ao chão meio chamuscados.

"Nesse tempo já desaparecera do jardim todo o barbado esquadrão das duenhas, com a Trifraldi e tudo, e os que estavam no jardim ficaram como desmaiados, estirados pelo chão. Dom Quixote e Sancho se levantaram alquebrados e, olhando por toda parte, ficaram atônitos por se verem no mesmo jardim donde haviam partido e de verem deitado por terra tanto número de gente. E mais cresceu sua admiração quando num canto do jardim viram fincada no chão uma grande lança, e pendente dela e de dois cadarços de seda verde um pergaminho liso e branco, no qual em grandes letras de ouro estava escrito o seguinte:

"O ínclito cavaleiro Dom Quixote de La Mancha rematou e acabou a aventura da condessa Trifraldi, por outro nome chamada a duenha Dolorida, e companhia, só de tentá-la. Malambruno se dá por contente e satisfeito em toda a sua vontade, e as barbas das duenhas já estão lisas e rasas, e os reis dom Cravijo e Antonomásia, em seu prístino estado. E quando se cumprir o escudeiril flagelo, a branca pomba se verá livre dos pestíferos gaviões que a perseguem e nos braços do seu querido arrulhador, pois assim foi determinado pelo sábio Merlim, protoencantador dos encantadores."

CAPÍTULOS 42-3

Para continuar a brincadeira, o duque instruiu seus criados sobre como se comportar com relação a Sancho durante seu governo, comunicando ao escudeiro que no dia seguinte devia seguir para tomar conta da ilha. Dom Quixote dá longos conselhos a Sancho, em geral preceitos clássicos, enquanto dele jorram provérbios.

CAPÍTULO 44

Tendo Sancho partido, Dom Quixote se sente só, não tanto devido à falta do escudeiro, mas porque sua solidão está agora povoada por sonhos melancólicos sobre Dulcineia. Naquela noite, debaixo de sua janela, a aia da duquesa, Altisidora, cumpre instruções entoando uma canção de amor. "Nisto se ouviu tocar uma harpa suavissimamente. Escutando o qual, abismou-se Dom Quixote, porque no mesmo instante lhe vieram à memória as infinitas aventuras semelhantes àquela, de janelas, grades e jardins, músicas, requestas e desvarios que nos seus desvairados livros de cavalarias tinha lido. Logo imaginou que alguma donzela da duquesa estava dele enamorada e que a honestidade a forçava a manter sua vontade em segredo; temeu que o rendesse e se propôs em pensamento a não se deixar vencer; e encomendando-se de todo bom ânimo e bom talante a sua senhora Dulcineia d'El Toboso, determinou de escutar a música, e para dar a entender que lá estava deu um fingido espirro, o qual não pouco alegrou as donzelas, pois outra coisa não desejavam senão que Dom Quixote as ouvisse."

Após a música ele se repreende e reafirma sua total devoção a Dulcineia. "E com isto fechou a janela de um golpe e, despeitado e pesaroso como se tivesse sofrido alguma grande desgraça, deitou-se em seu leito [...]."

CAPÍTULO 45

Sancho assume o governo de uma aldeia com cerca de mil habitantes, uma das melhores dos domínios do duque, cercada por uma muralha. Valendo-se de sua boa memória, ele comprova ser um verdadeiro Salomão em seus julgamentos. Enquanto julga três casos, somos agraciados com todo tipo de divertimento medieval e senso comum dos mais rasteiros.

CAPÍTULO 46

Na noite seguinte, Dom Quixote se retira para seu quarto e encontra uma viola. "Dedilhou-a, abriu a janela e ouviu que havia gente no jardim, e, tendo percorrido os trastes da *vihuela* e afinado suas cordas o melhor que soube, cuspiu e limpou o peito. Então, com uma voz rouquenha porém afinada, cantou o seguinte romance, que ele mesmo havia naquele dia composto" em homenagem à sua Dulcineia. O duque e a duquesa o atormentam, interrompendo a canção ao deixar cair de uma varanda acima de sua janela um grande número de gatos com chocalhos atados nas caudas, os quais criaram um pandemônio quando Dom Quixote os atacou com a espada. Ele acaba ferido, pois um dos gatos crava os dentes em seu rosto e precisa ser arrancado dali pelo duque.

CAPÍTULO 47

De volta a Sancho, Cervantes faz uma caricatura do costume que de fato existiu na Espanha segundo o qual havia um médico à mesa dos príncipes a fim de aconselhá-los sobre o que deviam comer e como controlar os apetites reais. O médico de Sancho, como parte da brincadeira, retira todas as guloseimas de que Sancho gosta e o mantém quase esfomeado. Temos o episódio boboca do camponês que pede seiscentos ducados para o casamento do filho e que Sancho — ainda esbanjando salutar senso comum — trata de escorraçar.

CAPÍTULO 48

Fomos confrontados com um padrão duplo de encantamentos — aqueles que vêm do casal ducal e os que são causados pela criadagem.

Neste capítulo, encontramos uma ama, dona Rodríguez, que na verdade acredita em Dom Quixote e é séria ao se queixar com ele. "O acabar essas razões e o abrir da porta foi tudo num mesmo tempo. Pôs-se ele em pé sobre a cama, envolto de cima a baixo numa colcha de cetim amarelo, um gorro na cabeça e o rosto e os bigodes enfaixados — o rosto, por causa das arranhaduras; os bigodes, para que não se lhe desmaiassem e caíssem —, no qual traje parecia o mais extraordinário fantasma que se pudesse pensar. Cravou os olhos na porta e, quando esperava ver entrar por ela a rendida e lastimada Altisidora, viu entrar uma reverendíssima duenha com umas toucas brancas refolhadas e longas, tanto que a cobriam e emantavam desde os pés até a cabeça. Entre os dedos da mão esquerda trazia meia vela acesa, e com a direita se fazia sombra para que a luz não lhe ferisse os olhos, os quais cobriam uns grandíssimos óculos. Vinha pisando leve e movia os pés brandamente."

Ela lhe conta que o filho de um camponês rico, prometendo casar-se, tinha seduzido sua filha e agora se recusava a cumprir o prometido. Além disso, o duque não interferia, uma vez que o rico camponês com frequência lhe emprestava o dinheiro de que necessitava. "Quisera pois, senhor meu, que vossa mercê tomasse a seu cargo o desfazer este agravo, seja por rogos ou já por armas, pois, segundo todo o mundo diz, vossa mercê nasceu nele para os desfazer e para endireitar os tortos e amparar os miseráveis [...]."

Infelizmente, ela também conta o curioso fato de que as pernas da bela duquesa são cobertas de furúnculos. Naquele momento, a porta é aberta com um repelão e, no escuro, entram malfeitores, que dão uma surra na ama. Depois os verdugos silenciosos partem para cima do cavaleiro. "[...] despojando-o do lençol e da colcha, o beliscaram tão miúda e rijamente que não pôde deixar de se defender às punhadas, e tudo isto em silêncio admirável. Durou a batalha quase meia hora, foram-se os fantasmas, recolheu dona Rodríguez as saias e, gemendo sua desgraça, se foi pela porta afora, sem dizer palavra a Dom Quixote, o qual, doloroso e beliscado, confuso e pensativo, ficou só, onde o deixaremos desejoso de saber quem era o perverso encantador que assim o havia deixado."

CAPÍTULO 49

Diz Sancho: "[...] é minha intenção limpar esta ínsula de todo gênero de imundícia e de gente vagamunda, gandaieira e mal ocupada. Pois quero que saibais, amigos, que a gente vadia e preguiçosa é na república o mesmo que os zangões nas colmeias, que comem o mel feito pelas trabalhadoras abelhas. Penso favorecer os lavradores, guardar as preeminências dos fidalgos, premiar os virtuosos e, sobretudo, ter respeito à religião e à honra dos religiosos".

Sancho está aqui manifestando as próprias opiniões de Cervantes sobre a sociedade e o governo. A sabedoria de suas máximas surpreende aqueles que perpetraram e participam do embuste. No caso que envolve dinheiro, Sancho decide que uma parcela seja distribuída entre prisioneiros pobres. O episódio do rapaz e da moça que é levado a ele (irmão e irmã que trocaram de roupas) *não* é encenado como os demais. A moça é filha de um homem rico que a mantém tão isolada que ela se torna infeliz e quer ver o mundo à sua volta. "'Não é outra minha desgraça, nem meu infortúnio é outro senão ter rogado ao meu irmão que me emprestasse suas roupas para vestir-me em hábitos de homem e me levasse uma noite para ver todo o povoado, quando nosso pai dormisse; ele, importunado dos meus rogos, condescendeu com o meu desejo e, pondo-me eu estas roupas e vestindo-se ele de outras minhas, que lhe caíram como fossem dele, porque não tem pelo de barba e parece tal e qual uma donzela formosíssima, esta noite, faz coisa de uma hora, pouco mais ou menos, saímos de casa e, guiados pelo nosso jovem e desbaratado discurso, rodeamos todo o povoado [...].'" Vendo os guardas em sua ronda, eles procuraram fugir, porém ela foi apanhada e levada a julgamento. "E para acabar de confirmar a verdade do que a donzela dizia, chegaram os beleguins trazendo preso o irmão dela, que um deles alcançara ao se escapulir da irmã. Não trazia senão um rico fraldelim e uma mantilha de damasco azul com passamanes de ouro fino, a cabeça sem touca nem outra coisa adornada que não seus próprios cabelos, que eram anéis de ouro, segundo eram louros e riçados." Sancho ordena que os dois sejam levados à casa do pai sem perturbá-lo, enquanto secretamente planeja casar o jovem com sua filha, um plano que é frustrado pela derrubada do governo.

CAPÍTULO 50

Curiosa com respeito ao que sua ama queria de Dom Quixote, a duquesa e uma criada "com grande tento e sossego, pé ante pé se foram pôr junto à porta do aposento, e tão perto que ouviam tudo o que dentro falavam, e quando a duquesa ouviu que a Rodríguez ia apregoando a abundância das suas fontes, não se pôde conter, nem menos Altisidora [que a ama dissera ter mau hálito], e assim cheias de cólera e desejosas de vingança entraram em tropel no aposento e crivaram Dom Quixote [...]".

Mais uma vez vemos aqui a passagem de uma tramoia que termina para o planejamento de outra. Agora o casal ducal manda o pajem (que personificara Dulcineia) com presentes, um bilhete simpático da duquesa e a carta de Sancho para Teresa, que fica muito entusiasmada com a notícia.

"'Senhor padre, veja se há por aí alguém que vá a Madri ou a Toledo para que me compre uma saia de roda, de boa obra e feitio, que seja ao uso e das melhores que houver, pois em verdade, em verdade que tenho de honrar o governo do meu marido em tudo quanto eu puder, e querendo ou não me toca ir a essa corte a andar de coche como todas, que mulher de marido governador o pode muito bem ter e sustentar.'

"'E como, mãe!', disse Sanchica. 'Quisera Deus que antes fosse hoje que amanhã, por mais que dissesse quem me visse sentada com a minha senhora mãe naquele coche: "Olhai aquela tal, filha do farto de alhos, como vai no coche metida e engomada, como se fosse uma papisa!". Mas eles que pisem a lama, e ande eu no meu coche, levantados os pés do chão. Mau ano e mau mês para quantos murmuradores há no mundo, e ande eu quente, e ria-se a gente! Digo bem, minha mãe?'

"'E como dizes bem, filha!', respondeu Teresa. 'E todas essas venturas, e até maiores, já me profetizou o meu bom Sancho, e verás, filha, como ele não para até me fazer condessa, pois tudo é começar a ser venturosas. E como muitas vezes ouvi dizer do teu bom pai (que assim é teu como dos ditados), quando te derem o bacorinho, corre com o baracinho: quando te derem um governo, apanha-o; quando te derem um condado, agarra-o; e quando te assoviarem com alguma boa dádiva, embucha o que vier. Não, senão dormi e não respondais às venturas e ditas que estão chamando à porta da vossa casa!'

"'Pois a mim não se me dá uma mínima', acrescentou Sanchica, 'que diga quem quiser, quando me veja toda arrebicada e pomposa, "lá vai a gralha com penas de pavão...", e tudo o mais.'"

CAPÍTULO 51

Sancho recebe uma carta repleta de conselhos de Dom Quixote, e de novo serve como magistrado numa situação na qual se vê defrontado com a velha e surrada questão de falar a verdade. "'A lei [...] era desta forma: "Se alguém passar por esta ponte de uma parte a outra, há de jurar primeiro aonde e a que vai; e se jurar verdade, que o deixem passar, e se disser mentira, morra por isso enforcado na forca que lá se mostra, sem remissão alguma". [...] Aconteceu, pois, que, tomando juramento de um homem, este jurou e deu por jura que ia para morrer naquela forca que lá estava, e não outra coisa. Repararam os juízes no juramento e disseram: "Se deixarmos este homem passar livremente, terá mentido no seu juramento, e conforme a lei deve morrer; e se o enforcarmos, como ele jurou que ia para morrer naquela forca, terá jurado verdade, e pela mesma lei deve ser livre". Pede-se a vossa mercê, senhor governador, que farão os juízes do tal homem, que até agora estão duvidosos e suspensos e, tendo notícia do agudo e elevado entendimento de vossa mercê, me enviaram para que da sua parte suplicasse a vossa mercê desse o seu parecer em tão intricado e duvidoso caso.'"

Após algum debate, Sancho sentencia: "'Vinde cá, senhor bom homem [...], esse passante que dizeis, ou eu sou um zote, ou ele tem a mesma razão para morrer que para viver e passar a ponte, pois se a verdade o salva, a mentira o condena; e sendo isto assim, como é, sou de parecer que digais a esses senhores que para mim vos enviaram que, postas em balança e pesando igualmente as razões de o condenar ou absolver, eles o deixem passar livremente, pois sempre é mais louvado o fazer bem que mal. E isto eu o daria assinado com meu próprio nome, se soubesse assinar, e neste caso não falei de meu tino, mas de um preceito que me veio à memória, entre outros muitos que me deu meu amo Dom Quixote a noite antes de eu vir a ser governador desta ínsula, e foi que quando a justiça estivesse em dúvida eu me decantasse e acolhesse à misericórdia, e Deus quis que agora o lembrasse, por cair como luva neste caso'". Essa decisão foi aclamada como digna de Licurgo.

Sancho passou a tarde formulando uma série de regulamentos com vistas à boa administração da ilha: "[...] ordenou que não houvesse regatões de mantimentos na república e que pudessem entrar nela vinho trazido de onde quisessem, contanto que declarassem o lugar de onde era, para lhe pôr o preço segundo sua estimação, bondade e fama, e quem o aguasse ou lhe trocasse o nome perdesse a vida por isso.

"Moderou o preço de todo calçado, principalmente o dos sapatos, por lhe parecer que corria com exorbitância; regulou o salário dos criados, que andavam a rédea solta pelo caminho do interesse; pôs gravíssimas penas aos que cantassem cantares lascivos e indecentes, nem de noite nem de dia; ordenou que nenhum cego cantasse milagre em coplas se não trouxesse testemunho autêntico de ser verdadeiro, por lhe parecer que os mais que os cegos cantam são fingidos, em prejuízo dos verdadeiros.

"Fez e criou um meirinho de pobres, não para que os perseguisse, mas para que os examinasse se o eram, porque à sombra do aleijão fingido e da chaga falsa andam os braços ladrões e a saúde bêbada. Em suma, ele ordenou coisas tão boas, que até hoje se guardam naquele lugar, com o nome de 'As constituições do grande governador Sancho Pança'."

CAPÍTULO 52

Dona Rodríguez e sua filha suplicam a Dom Quixote que repare a afronta que sofreram e ele se propõe a procurar o jovem a fim de desafiá-lo. Mas o duque concorda em formalizar o desafio e organizar um combate dentro de seis dias entre o cavaleiro e o jovem. Chegam cartas de Teresa para a duquesa e para Sancho, esta última trazendo notícias da aldeia: "O padre, o barbeiro, o bacharel e até o sacristão não podem crer que és governador e dizem que é tudo engodo ou coisa de encantamento, como são todas as de Dom Quixote teu amo; e diz Sansón que te há de procurar para tirar-te o governo da cabeça, e a Dom Quixote a loucura do casco. Eu não faço senão rir e olhar o meu ramal e imaginar a roupa que hei de fazer da tua para a nossa filha. Umas bolotas enviei a minha senhora a duquesa, que eu quisera que fossem de ouro. Envia-me tu alguns ramais de pérolas, se é que se usam nessa ínsula. [...] Ogano não temos azeitonas, nem se acha uma gota de vinagre em todo este povoado. Por aqui passou uma companhia de soldados, que levaram de caminho três moças do lugar; não te quero dizer quem são elas, pois talvez voltem e não faltará quem as tome por mulheres, com suas tachas boas ou más. Sanchica anda fazendo lavores de renda; ganha a cada dia oito maravedis limpos, que os vai pondo num mealheiro para ajudar com seu enxoval, mas agora que é filha de um governador, tu lhe darás o dote sem que ela o trabalhe. O chafariz da praça secou, um raio caiu na picota, e tanto se me dá como se me deu".

CAPÍTULO 53

A brincadeira culminante com Sancho consiste em anunciar a invasão da ilha por um inimigo. Sancho é gravemente pisoteado no tumulto. Alquebrado e cheio de dores, ele caminha até a estrebaria, sela seu burro e se dirige aos presentes: "'Vossas mercês fiquem com Deus e digam ao duque meu senhor que nu entrei no mundo e nu me acho: não perco nem ganho; quero dizer que sem um cobre entrei neste governo e dele saio sem nenhum, bem ao contrário de como costumam sair os governadores de outras ínsulas'". Após alguma discussão, "todos estiveram de acordo [com sua renúncia] e o deixaram ir, não sem antes lhe oferecer acompanhamento e tudo aquilo que quisesse para o regalo da sua pessoa e a comodidade da sua viagem. Sancho disse que não queria mais que um pouco de cevada para o ruço e meio queijo e meio pão para ele, já que, sendo tão curto o caminho, não havia mister maior nem melhor farnel. Abraçaram-no todos, e ele, chorando, abraçou a todos, e os deixou admirados, assim das suas razões como da sua determinação tão resoluta e tão discreta".

CAPÍTULO 54

A partir deste ponto, as intercalações entre Dom Quixote e Sancho são feitas dentro dos capítulos e não mais em capítulos separados. "Resolveram o duque e a duquesa que o desafio que Dom Quixote fizera ao seu vassalo pela causa já referida passasse adiante; e como o moço estava em Flandres, aonde fugira para não ter dona Rodríguez por sogra, deram ordem para pôr no seu lugar um lacaio gascão chamado Tosilos, tratando de primeiro o industriar muito bem de tudo o que havia de fazer."

Voltando para a companhia de Dom Quixote, Sancho se encontra com Ricote, comerciante mourisco de sua aldeia, agora um peregrino que pedia esmolas disfarçado de holandês (os mouros haviam sido expulsos para a África por decretos reais entre 1609 e 1613). O grupo de mendigos era composto de belos jovens e seus alforjes se revelaram bem abastecidos. "Acomodaram-se no chão e, fazendo da relva toalha, puseram sobre ela pão, sal, facas, nozes, lascas de queijo e ossos nus de presunto, que, se não se deixavam mascar, não se escusavam de ser chupados. Puseram também um manjar preto que diziam chamar-se *caviale*, feito de ovas de peixe e grande chamador de vinho. Não faltaram azeitonas, ainda que secas e sem tempero algum, mas saborosas e bem apetecidas."

O velho mourisco Ricote voltava ao país disfarçado para buscar algum tesouro enterrado no chão perto de sua aldeia, após o que traria a família de Argel e se fixaria na Alemanha, onde encontrara a liberdade. Sua história não é importante.

CAPÍTULO 55

Retomando o caminho depois se de atrasar para ouvir o relato de Ricote, Sancho foi alcançado pela escuridão da noite e, junto com o burro, acabou caindo num fosso profundo. Seus gritos são ouvidos na manhã seguinte por Dom Quixote, que estava se exercitando para o combate iminente.

"Pareceu a Dom Quixote que ouvia a voz de Sancho Pança, do que ficou suspenso e assombrado, e levantando a voz tudo quanto pôde disse: 'Quem está aí embaixo? Quem se queixa?'.

"'Quem pode estar aqui ou quem se há de queixar', responderam, 'senão o traquejado Sancho Pança, governador, por seus pecados e por sua mal-andança, da ínsula Baratária, escudeiro que foi do famoso cavaleiro Dom Quixote de La Mancha?'

"Ouvindo o qual Dom Quixote, redobrou-se-lhe a admiração e se lhe acrescentou o pasmo, vindo ao seu pensamento que Sancho Pança devia de estar morto e que lá estava penando sua alma, e levado desta imaginação disse: 'Conjuro-te por tudo aquilo que te posso conjurar como católico cristão que me digas quem és; e se és alma penada, diz-me o que queres que faça por ti, pois sendo a minha profissão favorecer e acorrer aos necessitados deste mundo, também o serei para acorrer e ajudar aos necessitados do outro mundo, que se não podem ajudar por si mesmos'."

Houve um reconhecimento mútuo, ajudado pelo zurro do burrico de Sancho, após o quê Dom Quixote voltou ao castelo e os criados do duque usaram cordas para retirar Sancho e o burro do fosso. Sancho obtém o perdão do casal ducal por renunciar ao governo da ilha sem avisar previamente o duque. "'Portanto, meus senhores duque e duquesa, aqui está o vosso governador Sancho Pança, que em apenas dez dias que teve o governo granjeou o conhecimento de que não se lhe há de dar nada por ser governador, nem digo de uma ínsula, mas do mundo inteiro. E com este pressuposto, beijando os pés de vossas mercês, imitando o jogo dos rapazes quando dizem "salta e passa", salto fora do governo e me passo ao serviço do meu senhor Dom Quixote, pois nele, afinal, por mais que coma o pão com sobressalto, ao menos me farto, e a mim, como esteja farto, tanto me faz que seja de nabos como de perdizes.'"

CAPÍTULO 56

Dom Quixote chega ao campo de batalha e então, "acompanhado de muitas trombetas, surgiu por um lado da praça sobre um poderoso cavalo, aturdindo-a inteira, o grande lacaio Tosilos, baixada a viseira e todo encouraçado com uma forte e reluzente armadura. O cavalo mostrava ser frisão, corpulento e de cor tordilha, com uma arroba de lã pendendo de cada mão e pé. Vinha o valoroso combatente bem informado pelo duque seu senhor sobre como se havia de portar com o valoroso Dom Quixote de La Mancha, advertido que de nenhuma maneira o matasse, mas que procurasse esquivar o primeiro encontro, para escusar o perigo de sua morte, que era certo se de cheio em cheio o colhesse. Passeou pela praça e, chegando aonde as duenhas estavam, se pôs algum tanto a mirar aquela que por esposo o pedia. [...] Já nesse tempo estavam o duque e a duquesa postos numa galeria que dava para a estacada, toda a qual estava coroada de infinita gente à espera de ver aquele rigoroso transe nunca visto. Foi condição dos combatentes que, se Dom Quixote vencesse, seu contrário se havia de casar com a filha de dona Rodríguez, e se ele fosse vencido, ficaria livre seu contendor da palavra que se lhe pedia, sem dar outra satisfação alguma".

Enquanto o lacaio aguardava o sinal para o combate, ao olhar a filha, ela "lhe pareceu a mais formosa mulher que tinha visto em toda a vida", e Cupido trespassou seu coração com uma flecha de quase dois metros; quando deram o sinal para a arremetida, estava nosso lacaio "transportado, pensando na formosura daquela que ele já havia tornado em senhora da sua liberdade, e assim não atentou ao som da trombeta, como fez Dom Quixote, que mal a ouvira quando arremeteu e a todo o correr que permitia Rocinante partiu contra o seu inimigo [...]".

Tosilos não se mexeu e gritou para o mestre de campo: "'Pois eu', disse o lacaio, 'sou temeroso da minha consciência e a poria em grande cargo se passasse adiante nesta batalha; e assim digo que me dou por vencido e que quero me casar logo com aquela senhora'". Retirado seu elmo, revela-se o rosto do lacaio.

"'Engano! Isso é engano! Quem aí está é Tosilos, o lacaio do duque meu senhor, que nos puseram em lugar do meu verdadeiro esposo! Justiça de Deus e do rei por tanta malícia, para não dizer velhacaria!', gritaram dona Rodríguez e a filha.

"'Não vos acoiteis, senhoras', disse Dom Quixote, 'pois isto não é malícia nem velhacaria; e se é, não há de ter sido o duque a sua causa, senão os maus encantadores que me perseguem, os quais, invejosos de que eu alcançasse a glória deste vencimento, transformaram o rosto do vosso esposo no deste que dizeis ser lacaio do duque. Tomai o meu conselho e, apesar da malícia dos meus inimigos, casai-vos com ele, pois sem dúvida é o mesmo que desejais alcançar por esposo.'"

O duque, ao ouvir isso, esteve para arrebentar em riso toda a sua cólera, mas disse: "'São tão extraordinárias as coisas que acontecem ao senhor Dom Quixote que estou para crer que este meu lacaio não o seja'". Propõe então que o lacaio fique preso por algum tempo a fim de se verificar se vai voltar à sua aparência anterior, "'pois não há de durar tanto o rancor que os encantadores têm do senhor Dom Quixote, e mais quando eles ganham tão pouco em usar tais embustes e transformações'". A filha de dona Rodríguez anuncia sua intenção de casar com ele, caso se transforme ou não, e assim a aventura termina com risos e satisfação geral.

CAPÍTULO 57

Dom Quixote diz adeus ao duque e à duquesa para prosseguir rumo a Saragoça. Altisidora, numa última brincadeira, o acusa de haver roubado suas ligas, cantando uma desavergonhada canção de despedida.

CAPÍTULO 58

Na estrada, os dois encontram num campo verdejante um grupo de homens comendo, cercados de objetos cobertos com lençóis. São imagens talhadas em relevo que carregam para sua aldeia. Dom Quixote corretamente identifica cada santo guerreiro e discursa sobre seus feitos. Lamenta que o encantamento de Dulcineia o impeça de ter melhor sorte e um espírito mais claro, demonstrando um grau de consciência de sua loucura que prepara o ambiente para o capítulo final. Não obstante, o encontro com tais imagens parece ser para Dom Quixote um bom augúrio, e Sancho também aprecia o ameno episódio.

Continuando a viagem, "foram-se entrando por uma selva que desviada do caminho estava, e a desoras, sem atinar como, achou-se Dom Quixote enredado entre umas redes de linha verde [reparem no *verde*, a cor predileta de Cervantes] que de umas árvores a outras estavam estendidas [...]". Ao tomar isso por novo feitiço, talvez como vingança por seu tratamento severo de Altisidora, "e querendo passar adiante rompendo tudo, de improviso se lhe ofereceram aos olhos, saindo dentre umas árvores, duas formosíssimas pastoras; ou ao menos vestidas como pastoras, mas com os pelicos e os saiais todos de fino brocado [...]".

Ressurge o tema das pastoras. É nossa intenção, dizem elas, aqui criar "'uma nova e pastoril Arcádia, vestindo-nos as donzelas de zagalas e os mancebos de pastores. Trazemos estudadas duas éclogas [...] as quais ainda não representamos'". O objetivo das redes verdes é capturar pássaros.

As moças e seus irmãos leram sobre Dom Quixote e Sancho, tendo grande admiração por ambos. A fim de mostrar reciprocidade, Dom Quixote se planta no meio da estrada e anuncia: "'Oh vós, passantes e viandantes, cavaleiros, escudeiros, gente a pé e a cavalo que por esta estrada passais ou haveis de passar nestes dois dias seguintes, sabei que Dom Quixote de La Mancha, cavaleiro andante, está aqui posto para defender que a todas as formosuras e cortesias do mundo excedem as que se encerram nas ninfas habitadoras destes prados e bosques, deixando de parte a senhora da minha alma Dulcineia d'El Toboso. Por isso, quem for de parecer contrário acuda, que aqui o espero'".

Um grande número de homens com lanças se aproxima num galope desordenado, e o que vem na frente grita para Dom Quixote: "'Sai do caminho, homem do diabo, que estes touros te farão em pedaços!'". Quando Dom Quixote se recusa, a manada de touros selvagens passa por cima do cavaleiro, de Sancho, de Rocinante e do burro, deixando-os por terra bem avariados. (Trata-se de uma reversão à primeira parte, capítulo 18, em que Dom Quixote lutou com carneiros, que tinha confundido com exércitos.) Moídos e feridos, "tornaram a montar amo e criado, e sem voltar para se despedir da Arcádia fingida ou contrafeita, e com mais vergonha do que gosto, seguiram seu caminho".

CAPÍTULO 59

Sentam-se à beira de uma fonte clara e limpa. "'Come, Sancho amigo', disse Dom Quixote, 'sustenta a vida, que mais do que a mim te importa, deixa-me morrer nas mãos dos meus pensamentos e à força das minhas desgraças. Eu, Sancho, nasci para viver morrendo e tu para morrer comendo; e para que vejas que te digo a verdade, considera-me impresso em histórias, famoso nas armas, comedido nas ações, respeitado de príncipes, solicitado de donzelas: ao cabo do cabo, quando eu esperava palmas, triunfos e coroas, granjeadas e merecidas por minhas valorosas façanhas, me vi esta manhã pisado e escoiceado e moído dos pés de animais imundos e soezes. Esta consideração me embota os dentes, entorpece os queixais e intumesce as mãos e tira de todo em todo a vontade do comer, de maneira que penso deixar-me morrer de fome, morte a mais cruel das mortes.'" Mas, com Dulcineia ainda enfeitiçada, ele se recupera o suficiente para pedir a Sancho que se dê trezentos ou quatrocentos açoites como pagamento de uma conta de 3 mil e poucos que ainda não foi paga. Sancho, como de costume, promete um pagamento no futuro.

Pouco depois eles param numa estalagem. Dom Quixote ouve vozes no quarto ao lado mencionando seu nome. "'Por vida de vossa mercê, senhor dom Jerónimo, que enquanto não nos trazem o jantar leiamos outro capítulo da segunda parte de *Dom Quixote de La Mancha*.'*

"Apenas ouviu seu nome Dom Quixote, quando se pôs em pé e com ouvido atento escutou o que dele tratavam e ouviu que o tal dom Jerónimo referido respondeu:

"'Para que quer vossa mercê, senhor dom Juan, que leiamos estes disparates? Pois quem tiver lido a primeira parte da história de Dom Quixote de La Mancha não é possível que possa ter gosto em ler esta segunda.'

---

* VN cita a nota de Putnam: "A alusão é à espúria continuação da primeira parte por Fernández de Avellaneda. Rodríguez Marin: 'Cervantes estava pensando em escrever este capítulo quando lhe chegou às mãos o *Segundo volume do engenhoso cavaleiro Dom Quixote de La Mancha*, supostamente escrito por Alonso Fernández de Avellaneda e publicado em Tarragona em 1614'. Ver o Prólogo à segunda parte".

"'Ainda assim', disse o dom Juan, 'será bom lê-la, pois não há livro tão ruim que não tenha alguma coisa boa. O que neste mais me desagrada é que pinte a Dom Quixote já desenamorado de Dulcineia d'El Toboso.'"*

Cheio de raiva e de despeito, Dom Quixote os desafia em seu próprio nome. Os dois cavaleiros entram no quarto e "um deles, lançando os braços ao pescoço de Dom Quixote, lhe disse:

"'Nem vossa presença pode desmentir vosso nome, nem vosso nome pode não acreditar vossa presença: sem dúvida vós, senhor, sois o verdadeiro Dom Quixote de La Mancha, norte e farol da andante cavalaria, a despeito e pesar de quem quis usurpar vosso nome e aniquilar vossas façanhas, como o fez o autor deste livro que aqui vos entrego.'"

Dom Quixote folheia o livro e o devolve logo depois, dizendo que viu o bastante. Há certas frases no prefácio que não deviam ser usadas, a linguagem é o aragonês, e não o castelhano, e o autor acha que a mulher de Sancho é Mari Gutiérrez, e não Teresa,** "e quem erra nesta parte tão principal, bem se poderá temer que erre em todas as demais da história'".

Quando Sancho pergunta como é retratado, a resposta é: "'Pois à fé', disse o cavaleiro, 'que não vos trata este autor moderno com a limpeza que em vossa pessoa se mostra: pinta-vos comilão e simples e nada gracioso, bem diferente do Sancho que na primeira parte da história do vosso amo se descreve'". ***

---

* VN cita Ormsby na nota de Putnam: "Avellaneda, no capítulo II de sua continuação, faz com que Aldonza Lorenzo escreva para Dom Quixote ameaçando dar-lhe uma surra por chamá-la de Princesa e Dulcineia; ferido por sua ingratidão, Dom Quixote decide procurar outra amada".

** VN cita a nota de Putnam: "Foi o próprio Cervantes quem, no capítulo VII da primeira parte, chamou a mulher de Sancho de Mari Gutiérrez; algumas linhas acima, no mesmo capítulo, se referira a ela como Juana Gutiérrez e, no capítulo LII da primeira parte, a chama de Juana".

*** VN cita a nota de Putnam: "Neste capítulo, o autor claramente revela sua própria concepção da personalidade de Sancho, e podemos ver o respeito que tinha pelo escudeiro e pelos camponeses em geral. Esse é um ponto que Aubrey F. G. Bell [que tende a idealizar Sancho — VN] enfatiza ao longo de seu livro *Cervantes*. Sancho não é um comilão, um bêbado ou um bufão vulgar — ele é engraçado, coisa bem diferente. Esse é um dos maiores pecados de Motteux e certos outros tradutores para o inglês, que o transformaram num palhaço que usa o linguajar das áreas pobres de Londres".

Como sempre com relação a personagens positivos no livro, os dois senhores ficam pasmos com a combinação de sabedoria e loucura na fala de Dom Quixote (assim como outros ficam pasmos com a combinação de senso comum e rusticidade em Sancho).

Dom Quixote decide não comparecer ao torneio em Saragoça como tencionara, oferecendo a seguinte razão surpreendente: "Disse-lhe dom Juan que aquela nova história contava como Dom Quixote, ou lá quem fosse, se achara num torneio falto de invenção, pobre de letras, pobríssimo de librés, mas rico de tolices.

"'Por isso mesmo', respondeu Dom Quixote, 'eu não porei os pés em Saragoça, e assim publicarei na praça do mundo a mentira desse historiador moderno, e verão as gentes como eu não sou o Dom Quixote que ele diz.'"

CAPÍTULO 60

"Era fresca a manhã e dava mostras de o ser também o dia em que Dom Quixote saiu da estalagem, tendo antes perguntado qual era o mais direito caminho para ir a Barcelona sem tocar em Saragoça: tanto era o desejo que tinha de deixar por mentiroso aquele novo historiador que tanto diziam que o vituperava." Viajam seis dias sem incidentes e, à noite, se acomodam tão confortavelmente quanto possível num denso bosque de "carvalhos ou sobreiros, que nisso não guarda Cide Hamete a pontualidade que costuma em outras coisas". Enquanto Sancho dorme, "Dom Quixote, a quem suas imaginações desvelavam muito mais do que a fome, não conseguia pregar os olhos, antes ia e vinha com o pensamento por mil gêneros de lugares. Ora lhe parecia estar na gruta de Montesinos, ora ver saltar e montar em sua jerica a transformada em lavradora Dulcineia, ora que lhe soavam nos ouvidos as palavras do sábio Merlim ditando-lhe as condições e diligências que se haviam de fazer e ter no desencantamento de Dulcineia. Desespera-se em ver a frouxura e caridade pouca de Sancho seu escudeiro, pois, segundo lhe constava, só cinco açoites se dera, número desproporcionado e ínfimo frente aos infinitos que lhe faltavam [...]". O cavaleiro então tenta aplicar ele mesmo alguns açoites, mas Sancho resiste com tal violência que derruba Dom Quixote e o mantém imobilizado no chão até que ele jure que jamais voltará a tentar chicotear Sancho com as próprias mãos.

Quando Dom Quixote é surpreendido sem sua lança e não pode oferecer resistência, ele e Sancho são aprisionados por um bandoleiro ao estilo de Robin Hood que se chama Roque Guinart. Roque, que ouviu falar em Dom Quixote, mas não podia acreditar que suas aventuras fossem verdadeiras, simpatiza muito com ele. Uma moça disfarçada de rapaz, vestida de verde, chega a galope com a história de sempre: um homem prometeu casar-se com ela, mas está prestes a se casar com outra. Ela dá um tiro nele, mas fica sabendo que os rumores eram falsos e termina se jogando sobre o corpo do amado quando ele exala o último suspiro. Uma idiotice.

Os bandoleiros capturam dois capitães da infantaria espanhola e alguns peregrinos a caminho de Roma. Material corriqueiro.

CAPÍTULO 61

Roque faz comunicações prévias e depois acompanha Dom Quixote e Sancho até Barcelona, onde os deixa na praia à espera do amanhecer. Eles se maravilham com a primeira visão do mar. "Nisto chegaram correndo, com grita, alalás e algazarra, os [cavaleiros] das librés onde Dom Quixote suspenso e atônito estava, e um deles, que era o avisado por Roque, disse em alta voz a Dom Quixote:

"'Bem-vindo seja a nossa cidade o espelho, o farol, a estrela e o norte de toda a cavalaria andante, onde se contém por extenso; bem-vindo seja, digo, o valoroso Dom Quixote de La Mancha: não o falso, não o fictício, não o apócrifo que em falsas histórias por estes dias nos mostraram, mas o verdadeiro, o legal e o fiel que nos descreveu Cide Hamete Benengeli, flor dos historiadores'." Os cavaleiros acompanham Dom Quixote até a casa de dom Antonio Moreno, onde ficará hospedado.

CAPÍTULO 62

Dom Antonio, que gostava de se divertir embora no que é descrito como uma forma bondosa e inocente, exibe Dom Quixote aos habitantes da cidade numa varanda, levando-o depois para um passeio em que ele carrega nas costas, sem saber, um cartaz com seu nome — causando grande pasmo ao cavaleiro o número de pessoas que, por isso, o reconheciam nas ruas. Dom Antonio mostra a Dom Quixote uma cabeça mágica esculpida por um grande mago, a qual é capaz de responder a qualquer pergunta. (Mais tarde se revela que um atilado jovem é posto debaixo da mesa e sua voz, transmitida por um tubo, parece sair da cabeça de bronze.) Vários amigos de dom Antonio fazem perguntas e recebem respostas.

"Chegou-se então Dom Quixote e disse: 'Dize-me tu, que respondes: foi verdade ou foi sonho o que eu conto que me aconteceu na gruta de Montesinos? Serão dados os açoites de Sancho, meu escudeiro? Terá efeito o desencantamento de Dulcineia?'.

"'Sobre o caso da gruta', responderam, 'há muito que dizer: de tudo tem um pouco; os açoites de Sancho virão devagar; o desencantamento de Dulcineia terá enfim a devida execução.'

"'Não quero saber mais', disse Dom Quixote, 'pois como eu veja Dulcineia desencantada, farei conta que de um golpe me vêm todas as venturas que eu acerte a desejar.'"

Depois de revelar como a voz era produzida com um truque, "diz ainda Cide Hamete que cerca de dez ou doze dias durou essa maravilhosa invenção, mas que, divulgando-se pela cidade que dom Antonio tinha em sua casa uma cabeça encantada que respondia a quantos lhe perguntavam, temendo ele que chegasse aos ouvidos das vigilantes sentinelas da nossa Fé, declarou o caso aos senhores inquisidores, e estes lhe mandaram desfazê-lo e não passar mais adiante, por que o vulgo ignorante não se escandalizasse [...]".*

Dom Quixote visita uma impressora onde estão sendo corrigidas as provas de um livro e, quando pergunta qual é seu título, lhe é dito

---

* VN acrescenta uma nota: "Notem que é duvidoso que qualquer observação desse tipo pudesse ser feita hoje na Rússia com respeito à polícia política".

que se trata do *Segundo volume do engenhoso cavaleiro Dom Quixote de La Mancha*, escrito por um cidadão nascido em Tordesilhas. "Já tenho notícia deste livro', disse Dom Quixote, 'e em verdade e em minha consciência pensei que, por impertinente, já estivesse queimado e reduzido a pó; mas já lhe há de vir seu São Martinho, como a cada porco, pois as histórias fingidas tanto têm de boas e de deleitáveis quanto se chegam à verdade ou à semelhança dela, e as verdadeiras tanto são melhores quanto mais verdadeiras.'

"E dizendo isto, com mostras de algum despeito, deixou a oficina [...]."

CAPÍTULO 63

Dom Quixote é levado para inspecionar uma galé e recebido com grandes honrarias pelo comandante. Ao zarparem, "fez sinal o comitre que levantassem ferros e, saltando no meio da coxia com o tagante ou chicote, começou a dar nas costas da chusma e a largar um pouco ao mar". Dom Quixote, vendo com que atenção Sancho observava tudo, comentou: "'Ah, Sancho amigo, com que brevidade e pouco custo vos poderíeis, se quisésseis, desnudar da cintura acima e sentar entre esses senhores para acabar com o encantamento de Dulcineia! Pois junto à miséria e pena de tantos não sentiríeis muito a vossa, e mais, poderia ser que o sábio Merlim contasse cada um destes açoites, por serem dados de boa mão, como dez dos que enfim vos haveis de dar'".*

Um bergantim turco é capturado e temos outro disfarce (tratem de contar quantos são!). A tripulação capturada indica quem é o arrais: um belo jovem que o comandante se propõe enforcar na verga da vela.

"Mirou-o o vice-rei, e vendo-o tão formoso, e tão galhardo, e tão humilde, dando-lhe de pronto sua formosura uma carta de recomendação, veio-lhe o desejo de escusar sua morte, e assim lhe perguntou:

---

* A lápis, VN anotou na margem do que ia ler para os alunos: "O DQ reparador de malfeitos aqui se rende ao DQ defensor de uma donzela imaginária — esquece que libertou os escravos e egoisticamente se concentra no sonho cada vez mais distante".

"'Dize-me, arrais, és turco de nação, ou mouro, ou renegado?'

"Ao que o moço respondeu, também em língua castelhana:

"'Nem sou turco de nação, nem mouro, nem renegado.'

"'Que és então?', replicou o vice-rei.

"'Mulher cristã', respondeu o mancebo.

"'Mulher e cristã, nesses trajes e neste trago? Mais é coisa para admirar que para crer.'

"'Suspendei, oh senhores', disse o moço, 'a execução da minha morte, pois não se perderá muito em dilatar vossa vingança enquanto eu vos contar a minha vida.'"

A moça é a filha cristã de Ricote, o Mouro, amada por um vizinho, dom Gregorio, mas levada contra sua vontade para Argel (tendo Gregorio resolvido acompanhá-la). Enquanto ele vive em Argel disfarçado de mulher, ela teve permissão de retornar à Espanha, sob supervisão, a fim de recuperar o tesouro da família para o rei de Argel. Ricote, que subiu a bordo disfarçado de velho peregrino, reconhece a filha e há um reencontro choroso. A história não merece ser lida, mas pode se dizer que são feitos planos para salvar dom Gregorio e tudo terá um final feliz.

CAPÍTULOS 64-5

"E uma manhã, saindo Dom Quixote a passear pela praia armado de todas as suas armas, pois, como muitas vezes dizia, elas eram seus arreios, e seu descanso o pelejar, e em nenhum ponto se achava sem elas, viu vir a ele um cavaleiro igualmente armado de ponto em branco, trazendo pintada no escudo uma lua resplandecente; o qual, chegando a uma distância em que podia ser ouvido, em altas vozes, dirigindo suas razões a Dom Quixote, disse: 'Insigne cavaleiro e nunca devidamente louvado Dom Quixote de La Mancha, eu sou o Cavaleiro da Branca Lua, cujas inauditas façanhas quiçá o hajam trazido à tua memória. Venho a contender contigo e a provar a força de teus braços, em razão de fazer-te conhecer e confessar que minha dama, seja ela quem for, é sem comparação mais formosa que tua Dulcineia d'El

Toboso [...]'." Trata-se realmente de Carrasco, que já se batera com Dom Quixote. Descreve-se o breve encontro. Uma cena muito fraca. O autor está cansado. Sugiro que ele poderia ter gerado muito mais diversão e interesse fantasiosos a partir desse episódio. Deveria ter sido o clímax, a batalha mais elaborada e furiosa de toda a obra! Mas tudo que ele consegue é: "[...] e sem toques de trombeta nem de outro instrumento bélico que lhes desse sinal de arremeter, viraram ambos no mesmo tempo as rédeas a seus cavalos, e como o da Branca Lua era mais ligeiro, alcançou Dom Quixote a dois terços da sua carreira, e ali o encontrou com tão poderosa força que, sem o tocar com a lança (pois a levantou, ao parecer de propósito), deu com Rocinante e Dom Quixote por terra numa perigosa queda. Avançou logo sobre ele e, pondo-lhe a lança sobre a viseira, lhe disse:

"'Vencido sois, cavaleiro, e morto sereis se não confessardes as condições de nosso desafio.'"

Dom Quixote cede e promete voltar à sua aldeia por um ano ou até que seja liberado de sua palavra, mas não confessa que Dulcineia tenha quem a iguale. Carrasco, no papel de Cavaleiro da Branca Lua, aceita a solução intermediária e permite que a beleza de Dulcineia permaneça inquestionável. Dom Quixote se recupera na casa de dom Antonio, onde recebe a notícia do salvamento de dom Gregorio e o final feliz da história da moça cristã. Não mais um cavaleiro andante, Dom Quixote inicia a viagem de volta à aldeia.

CAPÍTULO 66

Sancho dirime uma controvérsia entre dois grupos de camponeses. Encontra-se com Tosilos, o lacaio, trazendo cartas do duque para o vice-rei em Barcelona. Tosilos narra como, depois da partida de Dom Quixote, o duque lhe deu cem bordoadas com um porrete por desobedecer a suas ordens sobre o combate com o cavaleiro, dona Rodríguez voltou para Castela e sua filha entrou para um convento.

CAPÍTULO 67

No curso da viagem, Dom Quixote e Sancho chegam ao local onde haviam sido atropelados pelos touros. O cavaleiro reconheceu de imediato o lugar e observou.

"'Este é o prado onde topamos com as bizarras pastoras e galhardos pastores que nele queriam renovar e imitar a pastoral Arcádia, pensamento tão novo quanto discreto, a cuja imitação, se é que te parece bem, quisera, oh Sancho, que nos convertêssemos em pastores, ao menos no tempo que tenho de estar recolhido. Eu comprarei algumas ovelhas e todas as demais coisas que ao pastoral exercício são necessárias, e chamando-me eu "o pastor Quixotiz" e tu "o pastor Pancino", andaremos pelos montes, pelas selvas e pelos prados, cantando aqui, endechando ali, bebendo dos líquidos cristais das fontes, ou já dos limpos regatos ou dos caudalosos rios. Dar-nos-ão com abundantíssima mão do seu dulcíssimo fruto os carvalhos, assento os troncos dos duríssimos sobreiros, sombra os salgueiros, perfume as rosas, tapetes de mil cores variegadas os estendidos prados, alento o ar claro e puro, luz a lua e as estrelas, apesar da escuridão da noite, gosto o canto, alegria o choro, Apolo versos, o amor conceitos, com que nos poderemos fazer eternos e famosos, não só nos presentes, mas nos vindouros séculos.'"

Sancho aceita a ideia com entusiasmo, com a esperança de que o barbeiro, o padre e mesmo Sansón Carrasco possam ser persuadidos a se unir a eles.

CAPÍTULO 68

Mais uma vez, Dom Quixote sugere que Sancho se açoite e, mais uma vez, isso lhe é negado. Uma manada de porcos passa por cima deles e, mais tarde, são capturados por cavaleiros que usam disfarces e os levam para um lugar que reconhecem ser o castelo do duque.

CAPÍTULO 69

São conduzidos ao pátio, onde a linda donzela Altisidora jaz como morta num rico caixão cercado de velas acesas, acima do qual dois reis, Minos e Radamanto, estão sentados como juízes. Após certa dose de palavreado ininteligível, fica-se sabendo que ela só pode ser ressuscitada caso Sancho permita que lhe deem 24 puxões nas barbas, doze beliscões e seis alfinetadas nos braços e nas costas. Ele protesta violentamente. "Apareceram nisto perto de seis duenhas, que pelo pátio vinham em procissão uma após outra, quatro delas de óculos, e todas com a mão direita levantada, com quatro dedos de pulso de fora, para fazer as mãos mais longas, como agora se usa. Mal as vira Sancho, quando bramando como um touro disse:

"'Bem me poderei deixar bulir por todo o mundo, mas consentir que me toquem duenhas, isso não! Que me gateiem o rosto, como fizeram ao meu amo neste mesmo castelo; que me furem o corpo todo com pontas de finas adagas; que me atenazem os braços com tenazes de fogo, e tudo eu levarei em paciência, em tudo servindo a estes senhores; mas que me toquem duenhas não o consentirei nem que me leve o diabo.'

"Rompeu também o silêncio Dom Quixote, dizendo a Sancho: 'Tem paciência, filho, e dá gosto a estes senhores, e muitas graças ao céu por ter posto tal virtude em tua pessoa, que com o martírio dela desencantes os encantados e ressuscites os mortos'.

"Já estavam as duenhas perto de Sancho, quando ele, mais brando e persuadido, ajeitando-se na cadeira, deu rosto e barba à primeira, a qual lhe selou um bofetão muito bem dado, seguido de uma grande reverência. [...]

"Finalmente, todas as duenhas o selaram, e outras muitas gentes da casa o beliscaram; mas o que ele não pôde sofrer foi a pontada dos alfinetes, e assim se levantou da cadeira, ao parecer mofino, e, agarrando de uma tocha acesa que junto dele estava, arredou as duenhas e todos os seus verdugos, dizendo: 'Fora, ministros infernais, que eu não sou de bronze para não sentir tão extraordinários martírios!'."

Então Altisidora volta à vida e é aclamada.

"Assim como Dom Quixote viu rebulir Altisidora, foi-se pôr de joelhos diante de Sancho, dizendo-lhe:

"'Agora é tempo, filho das minhas entranhas, mais que escudeiro meu, que te dês alguns dos açoites a que estás obrigado pelo desencantamento de Dulcineia. Agora, digo, é o tempo em que tens madura a virtude, e com plena eficácia de obrar o bem o que de ti se espera.'

"Ao que Sancho respondeu: 'Isso me parece troça sobre troça, e não mel na sopa. Bom seria que depois dos beliscões, bofetões e alfinetadas viessem agora açoites. Não têm mais que fazer senão pegar uma grande pedra e amarrá-la ao meu pescoço e me atirar num poço, coisa que a mim não pesaria muito, se é que para curar males alheios serei sempre eu quem paga o pato. Deixem-me, senão por Deus que entorno o caldo, por mais que queime'."

CAPÍTULO 70

Altisidora vai ao quarto de Dom Quixote e Sancho naquela noite a fim de censurar o cavaleiro por sua crueldade com ela. Conta que, enquanto estava enfeitiçada e se imaginou às portas do inferno, viu uma dúzia de demônios jogando tênis com livros. "'Num deles, novo em folha e bem encadernado, acertaram tamanha pancada que o destriparam e espalharam suas folhas. E disse um diabo ao outro: "Olhai que livro é esse". E o diabo lhe respondeu: "Esta é a segunda parte da história de Dom Quixote de La Mancha, não composta por Cide Hamete, seu primeiro autor, mas por um aragonês que diz ser natural de Tordesilhas". "Tirai-o já daqui", respondeu o primeiro diabo, "e metei-o nos abismos do inferno, não mais o vejam meus olhos." "É tão ruim assim?", respondeu o outro. "Tão ruim", replicou o primeiro, "que se de propósito eu mesmo me pusesse a fazê-lo pior, não conseguiria." Prosseguiram seu jogo, castigando outros livros, e eu, por ter ouvido o nome de Dom Quixote, que tanto amo e quero, fiz força por guardar memória dessa visão.'"

CAPÍTULO 71

Partem do castelo rumo à aldeia. "Ia o vencido e traquejado Dom Quixote assaz pensativo por uma parte e muito alegre por outra. Causava sua tristeza o vencimento, e a alegria, o considerar na virtude de Sancho, que bem se mostrara na ressurreição de Altisidora, conquanto a custo se persuadisse de que a enamorada donzela estivesse então deveras morta." Ele permite que Sancho se remunere por cada açoite, e Sancho promete começar naquela noite. Após se dar umas seis ou oito lambadas, com Dom Quixote contando, Sancho se afastou para dentro de um bosque e lá espancou as árvores, sempre gemendo como se sentisse grandes dores até que Dom Quixote, apiedado, fosse até ele e pegasse as rédeas do burro (que já tinham desempenhado papéis relevantes em dois encantamentos), mandando-o parar por aquela noite. Retomando a viagem, chegaram a uma aldeia e "apearam-se numa pousada, que por tal a reconheceu Dom Quixote, e não por castelo com fundo fosso, torres, ponte e portão levadiços, que depois de vencido com mais juízo em todas as coisas discorria".

CAPÍTULO 72

Após se encontrar com um dos personagens do espúrio segundo volume de Avellaneda, Dom Quixote faz com que um escrivão prepare um documento em que se declara que os verdadeiros Dom Quixote e Sancho Pança não são aqueles constantes do mencionado livro. Naquela noite, em meio às árvores, que sofrem em vez de seus ombros (ou traseiro), Sancho completa o número devido de açoites e Dom Quixote agora passa a esperar encontrar a desencantada Dulcineia em cada mulher que aparece à sua frente.

CAPÍTULO 73

Ao entrar na aldeia, Dom Quixote entende o que vê como sinais de mau agouro, mas informa o padre e Carrasco de sua obrigação de ficar em casa por um ano, convidando-os a participar da vida arcádica que se prometeu. "Pasmaram-se todos de ver a nova loucura de Dom Quixote, mas por que outra vez não se lhes fosse da aldeia para suas cavalarias, na esperança de que naquele ano se pudesse curar, concordaram com sua nova intenção e aprovaram por discreta sua loucura, oferecendo-se como companheiros no seu exercício. [...] Com isto se despediram dele, e lhe rogaram e aconselharam que cuidasse da saúde, olhando bem por si."

Entretanto, Dom Quixote não se sentiu bem e foi se deitar na cama.

CAPÍTULO 74

No leito de morte, a mente de Dom Quixote fica livre e clara. Quando os amigos vêm visitá-lo, exclama: "'Dai-me alvíssaras, bons senhores, de que eu já não sou Dom Quixote de La Mancha, senão Alonso Quijano, a quem meus costumes deram renome de 'bom'. Já sou inimigo de Amadis de Gaula e de toda a infinita caterva da sua linhagem; já me são odiosas todas as histórias profanas da andante cavalaria; já conheço minha necedade e o perigo em que me pôs a lição delas; já, por misericórdia de Deus escarmentado em cabeça própria, as abomino'".

Quando os três ouviram isso, sem dúvida imaginaram que alguma nova loucura havia tomado conta dele. Sansón lhe disse:

"'Agora, senhor Dom Quixote, que temos nova que está a senhora Dulcineia desencantada, sai vossa mercê com essa? E agora que estamos tão a pique de ser pastores, para passarmos a vida cantando como príncipes, quer vossa mercê fazer-se ermitão? Cale-se, por vida sua, torne em si e deixe de histórias.'

"'As que até aqui passei', replicou Dom Quixote, 'que foram verdadeiras em meu dano, há de torná-las minha morte, com a ajuda do céu, em meu proveito. Eu, senhores, sinto que vou morrendo a toda pressa: deixem as burlas de parte e tragam-me um confessor e um escrivão que faça meu testamento, pois em tais transes como este o homem não se há de burlar da alma; e assim suplico que, enquanto o senhor padre me confessa, vão chamar o escrivão.' [...] Acabou-se a confissão e saiu o padre dizendo: 'Verdadeiramente morre e verdadeiramente está são Alonso Quijano, o Bom; bem podemos entrar para que faça seu testamento'. [...]

"Por fim chegou o último de Dom Quixote, depois de recebidos todos os sacramentos e depois de ter abominado dos livros de cavalarias com muitas e eficazes razões. Achou-se o escrivão presente e disse que nunca tinha lido em nenhum livro de cavalarias que algum cavaleiro andante morresse em seu leito tão sossegadamente e tão cristão como Dom Quixote, o qual, entre compaixões e lágrimas dos que ali se achavam, entregou seu espírito (quero dizer que morreu).

"Vendo o qual o padre, pediu ao escrivão lhe desse testemunho de que Alonso Quijano, o Bom, comumente chamado 'Dom Quixote de La Mancha', tinha passado desta presente vida e morrido de naturalmente dizendo que tal testemunho lhe pedia para evitar a ocasião de que algum outro autor senão Cide Hamete Benengeli o ressuscitasse falsamente e fizesse intermináveis histórias das suas façanhas. Este fim teve o engenhoso fidalgo de La Mancha, cujo lugar não quis declarar Cide Hamete, para deixar que todas as vilas e lugares de La Mancha brigassem entre si por afilhá-lo e tê-lo por seu, como brigavam as sete cidades da Grécia por Homero."

Cide Hamete (falando em nome de Cervantes) conclui: "'Só para mim nasceu Dom Quixote, e eu para ele; ele soube atuar e eu escrever, só nós dois somos um para o outro, a despeito e pesar do escritor fingido e tordesilhesco que se atreveu ou se atreverá a escrever com pena de avestruz grosseira e mal cortada as façanhas do meu valoroso cavaleiro, porque não é carga para seus ombros nem assunto para seu frio engenho, a quem advertirás (se acaso o chegares a conhecer) que deixe repousar na sepultura os cansados e já apodrecidos ossos de Dom Quixote, e não o queira levar, contra todos os foros da morte, para Castela-a-Velha, fazendo-o sair da fossa onde real e verdadeiramente jaz deitado de longo a longo, impossibilitado de fazer terceira jornada e saída nova, pois para fazer burla de tantas quantas fizeram tantos andantes cavaleiros bastam as duas que ele fez [...], assim nestes como nos estrangeiros reinos. [...] e eu ficarei satisfeito e ufano de ter sido o primeiro a gozar do fruto dos seus escritos inteiramente, como desejava, pois não foi outro o meu desejo senão fazer detestáveis aos homens as fingidas e disparatadas histórias dos livros de cavalarias, que nas do meu verdadeiro Dom Quixote já vão tropeçando, e sem dúvida alguma hão de cair de todo'. *Vale*".

Anexos

Trechos exemplificativos de romances de cavalaria mimeografados e distribuídos aos alunos de Vladimir Nabokov como leitura contextual.

Extraídos de Le morte d'Arthur, *ou* O livro completo do Rei Artur e seus nobres cavaleiros da Távola Redonda, *de Thomas Malory, 1469-70*

DO VOLUME I, LIVRO IV, CAPÍTULO 22:
Foi então que no mês de maio [a senhora Ettarde, esposa de sir Pelleas] e sir Galvão saíram do castelo e cearam numa tenda. Pouco depois, sir Pelleas os encontrou dormindo abraçados e, desembainhando a espada, a depositou sobre a garganta dos dois, e isso selou o triste destino de ambos [...].

DO VOLUME I, LIVRO V, CAPÍTULO 23:
Como sir Pelleas deixou de amar Ettarde por causa da donzela do lago, que amou para sempre.

"Sir Pelleas, meu cavaleiro", disse a donzela do lago, "pegue seu cavalo e vamos sair juntos daqui, pois vossa mercê irá amar uma mulher que o ama." "Vou sim", disse sir Pelleas, "porque essa senhora Ettarde me desprezou e humilhou" — e então ele contou para ela o começo e o fim, como desejara não mais se levantar até morrer. "Depois recebi a dádiva de Deus e, graças ao Senhor Jesus Cristo, hoje a odeio tanto quanto um dia a amei!" "Agradeça a mim", disse a donzela do lago. Imediatamente, sir Pelleas pegou suas armas, montou no cavalo e ordenou a seus homens que levassem a tenda e seus pertences para onde o indicasse a donzela do lago. Por isso, a senhora Ettarde morreu de tristeza, enquanto a donzela do lago alegrou sir Pelleas e viveram felizes pelo resto de suas vidas.

DO VOLUME I, LIVRO V, CAPÍTULO 4:

E, quando o rei se deitou em sua cabine no navio, adormeceu e teve um sonho fantástico: pareceu-lhe que um terrível dragão tinha liquidado a maioria de sua gente ao chegar voando do Ocidente. Sua cabeça era revestida de um esmalte azul-celeste, os ombros reluziam como ouro, a barriga tinha escamas de um matiz encantador, a cauda era denteada, as patas cobertas de pelo negro, as garras de ouro fino; de sua boca saía pavorosa chama que punha fogo na terra e nas águas.

DO VOLUME I, LIVRO V, CAPÍTULO 5 (DESCRIÇÃO DO GIGANTE):

[...] viu onde ele estava jantando e roía a coxa de um homem, aquecendo as grossas pernas junto à fogueira, nu da cintura para baixo. Três louras donzelas, fazendo girar os espetos sobre as chamas, assavam doze crianças recém-nascidas como se fossem filhotes de passarinhos [...].

DO VOLUME I, LIVRO V, CAPÍTULO 5:

E assim, rolando e escorregando, eles desceram a colina e chegaram à praia; ainda rolando, Artur o atingiu com seu punhal.

[E então, ofegante, ele diz:]

"Este foi o mais feroz gigante que já encontrei, exceto um no monte da Arábia que também liquidei, mas esse era maior e mais violento."

DO VOLUME I, LIVRO VI, CAPÍTULO 3:

Enquanto seguiam viagem, ouviram ali perto o relincho ameaçador de um grande cavalo e repararam num cavaleiro que dormia, ainda armado, sob uma macieira. Tão logo viram seu rosto souberam que se tratava de sir Lançarote [...].

DO VOLUME I, LIVRO VI, CAPÍTULO 10:

Vemos agora sir Lançarote cavalgando com a donzela por uma boa estrada. "Sir", disse a donzela, "por aqui circula um cavaleiro que maltrata todas as senhoras, pelo menos as roubando e mentindo para elas." "Como?", disse sir Lançarote. "Esse cavaleiro é um ladrão e violador de mulheres? Envergonha a ordem da cavalaria e renega seu juramento. Mas, querida donzela, siga à frente que eu irei atrás, escondido: se ele a incomodar, vou protegê-la e ensinarei a ele o que significa ser cavaleiro."

DO VOLUME I, LIVRO VIII, CAPÍTULO 6:

Para encurtar esta história, quando sir Tristão chegou à ilha olhou para a margem oposta e lá viu seis barcos ancorados perto da praia, assim como, sob a sombra das embarcações, o nobre cavaleiro sir Marhaus da Irlanda. Sir Tristão ordenou então que seu criado desembarcasse seu cavalo e lhe pusesse os melhores arreios. Feito isso, Tristão montou e, com o escudo sobre o ombro, perguntou a Gouvernail: "Onde está esse cavaleiro que eu devo combater?". "Sir", disse Gouvernail, "não o vê? Pensei que vossa mercê o tivesse visto, montado em seu cavalo na sombra dos barcos, com a lança na mão e o escudo no ombro." "É verdade", disse o nobre cavaleiro sir Tristão, "agora o vejo muito bem."

DO VOLUME I, LIVRO VIII, CAPÍTULO 7:

Encaixaram então as lanças nos suportes e se chocaram com tamanha violência que ambos tombaram juntamente com seus cavalos, mas sir Marhaus havia feito uma grande ferida com a lança no lado do corpo de sir Tristão. Os dois abandonaram os cavalos, desembainharam as espadas e descartaram os escudos. Trocaram golpes de espada como homens determinados e corajosos e, depois de uma longa troca de espadadas, passaram a visar os buracos em seus elmos por onde respiravam e enxergavam. Quando se convenceram de que isso de nada servia, chocaram-se violentamente como carneiros a fim de atirar um ao outro ao solo. Lutaram assim por mais de doze horas, ambos tão feridos que o sangue corria até o chão. A essa altura, sir Tristão estava mais forte que sir Marhaus, tinha mais fôlego e potência. Com um golpe poderoso atingiu sir Marhaus no topo do elmo, atravessando a touca de aço e o crânio a ponto de Tristão não conseguir arrancar a espada após três tentativas. Marhaus caiu de joelhos com a lâmina da espada de Tristão cravada em seu crânio. E, de repente, sir Marhaus, humilhado, jogando sua espada e escudo para longe, correu para seus barcos e escapou de vez. E sir Tristão ficou para sempre com a espada e o escudo dele.

✳

Extraídos de Amadis de Gaula, *de Vasco Lobeira, autor português da segunda metade do século 14, escrito originalmente em francês ou português. Traduzido de uma versão em espanhol de Garciodonez de Montalvo por Robert Southey, o poeta inglês. Londres: John Russell Smith, 1872.*

DO VOLUME I, CAPÍTULO 27:
Como Amadis salvou a donzela do cavaleiro que a maltratava e como depois, enquanto ele dormia, outro cavaleiro a levou.

Amadis foi tão veloz que, tendo derrubado o cavaleiro que maltratava a donzela sem que ele soubesse de onde vinha o golpe, então lhe disse: "Senhor cavaleiro, vossa mercê vem cometendo grandes malfeitos. Rogo que não faça mais isso". "Que malfeitos?" "Os mais vergonhosos que podem ser imaginados, bater na donzela." "E veio me castigar?" "Não, e sim aconselhá-lo para seu próprio bem." "Será um bem maior para vossa mercê se der meia-volta e for embora", disse o cavaleiro. A ameaça enraiveceu Amadis. Ele se aproximou do cavaleiro e disse: "Largue a donzela ou vai morrer!". E o cavaleiro, amedrontado, a largou. "Senhor cavaleiro, vossa mercê vai pagar caro por isso", disse o outro cavaleiro. Amadis respondeu: "Veremos!", e, acelerando o passo, o arrancou da sela e estava prestes a liquidá-lo quando o cavaleiro pediu que o poupasse. "Jure que nunca mais vai importunar uma mulher ou donzela." E, quando se aproximava para receber o juramento, o traidor enfiou a espada no cavalo de Amadis — que se recuperou da queda e, com um só golpe, fez com que ele pagasse pela traição.

A donzela então suplicou que ele completasse sua cortesia acompanhando-a a um castelo para onde ia. Ele montou no cavalo do falecido e seguiram juntos, tendo no caminho conhecido a história de Antebon. Por volta da meia-noite, chegaram à margem de um rio e, como a donzela mostrou o desejo de dormir, pararam ali mesmo. Amadis abriu o manto de Gandalina para servir como cama para ela e descansou a cabeça em cima do elmo, dormindo todos. Surgiu um cavaleiro enquanto dormiam que, vendo a donzela, a despertou gentilmente com a ponta da lança. Deparando-se com um cavaleiro armado, ela pensou ser Amadis e perguntou: "Vossa mercê deseja partir?". Ele respondeu: "Está na hora!". "Que seja como Deus quiser", disse ela e, ainda sonolenta, permitiu que o estranho a pusesse à frente dele. Mas então, recordando-se: "O que é isso?", ela exclamou, "o escudeiro é quem deveria carregar-me". E, quando se certificou de que era um estranho, gritou em súplica a Amadis: "Não deixe que um estranho me leve!". Mas o cavaleiro fincou as esporas em seu cavalo e partiu a galope [levando-a].

DO VOLUME I, CAPÍTULO 44:
Como dom Galaor e Florestan, rumando para o reino de Sobradisa, encontraram-se com três donzelas na Fonte dos Olmos.

Cavalgaram por quatro dias sem que nada acontecesse. Na noite do quinto dia, chegaram a uma torre. Um cavaleiro, plantado no portão que dava acesso ao pátio, cortesmente os convidou a ali passar a noite, onde foram recebidos com grandes honras. O anfitrião era um bem-apessoado e sábio cavaleiro, de boa altura, mas com frequência parecia perdido em pensamentos e tristonho. Os irmãos se perguntaram o porquê daquilo, e finalmente dom Galaor lhe disse: "Meu senhor, acho que vossa mercê não é tão alegre quanto devia ser! Se sua tristeza se deve a alguma coisa que possamos remediar, diga-nos e estaremos a seu dispor". "Muito obrigado", respondeu o cavaleiro da torre. "Creio que o fariam como bons cavaleiros. Porém minha tristeza resulta da força do amor, e nada mais lhes direi agora porque isso muito me envergonharia." Chegou a hora de dormir, o anfitrião subiu para seus aposentos e os irmãos permaneceram num cômodo agradável, onde havia duas camas. Pela manhã, ele foi lhes fazer companhia a cavalo, embora desarmado; mas, vendo que os dois traziam suas armas, levou-os não pela estrada principal, e sim por atalhos até um local denominado Fonte dos Três Olmos, pois de fato havia três grandes e imponentes ulmeiros acima da fonte. Três lindas e bem-vestidas donzelas estavam junto à fonte, além de um anão trepado nas árvores. Florestan foi na frente e as saudou gentilmente, como homem cortês e bem-educado que era. "Deus o proteja, senhor cavaleiro", disse uma delas, "se vossa mercê for tão corajoso como é bonito. Deus o tratou muito bem." "Cara donzela", ele respondeu, "se minha beleza a agrada, minha coragem a agradaria mais caso fosse posta à prova." "Vossa mercê responde bem", disse ela, "vejamos agora se sua coragem é suficiente para me tirar daqui." "Sem dúvida", disse ele, "pouco se exige de mim se essa é sua vontade, mas vou fazê-lo." Ordenou a seus escudeiros que a fizessem montar num corcel que estava amarrado a um dos olmos, quando então o anão, do alto de uma árvore, gritou bem alto: "Venha, cavaleiro, venha logo! Estão levando embora sua amada!". Ouvindo isso, um cavaleiro bem armado e montado num grande cavalo subiu do vale e gritou para Florestan: "Cavaleiro, quem lhe mandou pôr as mãos nessa donzela?". "Não creio que ela possa ser sua", respondeu Florestan, "se de moto próprio desejou que eu a levasse daqui."

DO VOLUME II, LIVRO III, CAPÍTULO 6 (A DONZELA MUDA)

Como os Cavaleiros das Serpentes embarcaram rumo a Gaula e o destino os fez correr grande perigo de vida devido a uma traição comandada por Arcalaus, o Mago, e como, ao se libertarem, eles embarcaram e continuaram a viagem, assim como a maneira pela qual dom Galaor e Norandel se encontraram por acaso no caminho em busca de aventuras. E o que padeceram.

O rei Perion passou alguns dias descansando na floresta até ver que os ventos eram favoráveis para embarcar rumo a Gaula, onde chegaria em breve. Porém os ventos mudaram, e o mar enraivecido, após cinco dias de tempestade, fez com que retornassem à Grã-Bretanha, arribando num ponto distante da costa. Enquanto o tempo não mudava e seus homens colhiam água potável, eles saíram a campo a fim de saber onde estavam, levando três escudeiros, mas deixando Gandolin à espera na galera porque era bem conhecido. Atravessaram um vale estreito e chegaram a uma planície, deixando de ir adiante, pois encontraram uma fonte onde uma donzela deixava seu palafrém beber. Com rica indumentária, ela usava por cima das roupas um manto escarlate com botões dourados cujas casas eram costuradas com fios de ouro. Dois escudeiros e duas donzelas a acompanhavam com falcões e cães para a caça. Vendo as armas deles, ela compreendeu que se tratava dos Cavaleiros das Serpentes, aproximando-se com grandes demonstrações de alegria e os cumprimentando cortesmente. Fez sinais de que era muda, o que os entristeceu ao repararem como era bonita e quão gracioso era seu comportamento. Ela abraçou o que portava o elmo dourado e teria lhe beijado a mão; convidou-os a serem seus hóspedes naquela noite por meio de sinais, mas, como eles não os entenderam, ela mandou que seu escudeiro os explicasse. Reconhecendo sua hospitalidade e sabendo que já era tarde, eles cavalgaram ao lado dela com toda a confiança. Chegaram assim a um agradável castelo e compreenderam que a donzela era muito rica por ser a dona de tudo aquilo. Ao entrarem, encontraram um número suficiente de criados para recebê-los e diversas aias e damas de companhia que trataram a donzela muda como sua ama. Os cavalos foram levados, e eles, conduzidos a um rico aposento que ficava cerca de vinte côvados acima do solo. Ali foram desarmados e receberam roupas luxuosas; após conversarem com a donzela muda e outras pessoas presentes, foi trazido o jantar e se viram muito bem servidos. As donzelas se retiraram, mas logo voltaram com muitas velas e instrumentos de corda para deliciá-los. E, chegada a hora de dormir, mais uma vez se retiraram e excelentes camas foram preparadas naquele mesmo aposento, com as armas postas ao lado dos leitos, permitindo que eles se deitassem e dormissem o sono pesado de homens fatigados.

Mas agora precisa ser dito que aquele aposento tinha sido construído com grande esperteza, pois o assoalho não estava preso às paredes, e sim ajustado a uma moldura de madeira e apoiado num parafuso de ferro, como o de um lagar, podendo assim ser baixado ou levantado mediante o uso de uma alavanca de ferro. Por isso, ao acordarem de manhã, o aposento havia sido baixado pelos vinte côvados e, não vendo nenhuma luz, embora ouvissem a movimentação de pessoas acima deles, eles ficaram grandemente surpresos e, levantando-se das camas, procuraram às apalpadelas portas e janelas. Quando as encontraram e estenderam os braços, tocaram nos muros do castelo e entenderam que haviam sido traídos. Em meio a esse enorme problema, numa janela mais acima apareceu um cavaleiro muito alto e de membros longos, expressão carrancuda e cabelo e barba com mais fios brancos que negros. Ele usava trajes de luto e, na mão direita, uma luva de pano branco que ia até o cotovelo. "Vocês estão bem alojados aí", ele gritou, "e, pelo mal que me fizeram, terão o tratamento que eu quiser lhes dar, o qual será uma morte cruel e amarga; mesmo assim, não terei vingado o que fizeram no combate com o falso rei Lisvarte. Saibam que sou Arcalaus, o Mago; se nunca me viram antes, saibam também que ninguém jamais me feriu sem que eu me vingasse, exceto num caso que ainda tenho a esperança de ver alguém onde tenho vocês para cortar-lhe as mãos por conta da minha mão por ele decepada." A donzela estava a seu lado e, apontando para Amadis, disse: "Meu bom tio, é aquele jovem com o elmo dourado". Mas, ouvindo que se encontravam sob o poder de Arcalaus, eles ficaram com muito receio de morrer e bem surpresos de ouvir a donzela muda falar. Essa donzela era Dinarda, a filha de Ardan Canileo, perita em todo tipo de maldade e ali presente para levar a cabo a morte de Amadis, razão por que fingira ser muda.

Índice onomástico

Aldonza, *ver* Lorenzo, Aldonza (*Dom Quixote*)

Alighieri, Dante, 28, 82n

Almas mortas (Gógol), 23, 36, 44, 111, 235

Altisidora (*Dom Quixote*), 37, 112-3, 116-7, 144, 156, 255, 257, 259, 266-7, 277-9

Álvaro, dom (*Dom Quixote*), 124, 130

Amadis (*Amadis de Gaula*), 81, 164, 178, 189, 217, 223, 280, 286-7, 290-1

Amadis de Gaula (Lobeira), 12, 75, 81, 148, 187, 217, 286-7, 290

Anacreonte, 18

Andrés (*Dom Quixote*), 140

Anna Kariênina (Tolstói), 23, 34, 36, 44

Anselmo (*Dom Quixote*), 33, 71, 200

Antebon (*Amadis de Gaula*), 287

Antonomásia (*Dom Quixote*), 251, 252, 254

Arcalaus (*Amadis de Gaula*), 289-91

Ariosto, Ludovico, 52n, 142, 168

Artur, rei (*Le Morte d'Arthur*), 80, 81-2n, 284

Astrée, L' (Urfé), 30

Atena (*Odisseia*), 44

Austen, Jane, 8n, 55n, 66

Avellaneda, Alonso Fernández de, 11, 96n, 123-4, 126, 130, 162, 268-9n, 279

aventuras do sr. Pickwick, As (Dickens), 15

Avvakum, 30, 244n

barbeiro (*Dom Quixote*), 15, 70-3, 94-5, 99, 130-1, 142, 147-8, 151, 168-9, 184, 191-2, 196, 206-9, 214, 216-8, 230, 261, 276

Basilio (*Dom Quixote*), 47n, 234-7

Belerma (*Dom Quixote*), 238

Belianis, dom (*Dom Quixote*), 217

Bell, Aubrey F. G. V., 31-2, 51-2n, 90, 140, 269n

Benengeli, Cide Hamete (*Dom Quixote*), 67, 111, 117, 120-1, 162, 172, 179, 219, 225, 239, 270-2, 278, 281

Boccaccio, Giovanni, 59

Boiardo, Matteo, 147, 168, 251

Bowers, Fredson, 7, 14-5

Brandes, 32

Broun, James Andrew, 45

Bruegel, Pieter, 58

Bruno, Giordano, 30

Brunt, Henry van, 14

Buster Brown (Outcault), 74

Cacildeia (*Dom Quixote*), 122, 229-30

Camacho (*Dom Quixote*), 234-7

Camila (*Dom Quixote*), 200

Canileo, Ardan (*Amadis de Gaula*), 291

Capitão cativo (Cervantes), 67, 69

Cardenio (*Dom Quixote*), 33, 69-72, 82, 148, 185-8, 190, 192-4, 201, 205

Carlos Magno, 154, 242

Carlos V, 33n, 75

Carrasco, Bartolomé (*Dom Quixote*), 219

Carrasco, Sansón (*Dom Quixote*), 69n, 99, 121-2, 125-6, 128n, 129-30, 137-9, 152-3, 157-8, 162, 219-20, 225, 230, 262, 275-6, 279-280

casa soturna, A (Dickens), 23

Cavaleiro da Branca Lua (*Dom Quixote*), 125, 128n, 129, 158, 274-5; *ver também* Carrasco, Sansón

Cavaleiro da Triste Figura (*Dom Quixote*), 38, 47-8, 135n, 146, 162, 190, 234

Cavaleiro do Bosque (*Dom Quixote*), 229-30

Cavaleiro dos Espelhos (*Dom Quixote*), 100, 122, 125, 152, 229, 230

Cavaleiro dos Leões (*Dom Quixote*), 162, 234, 248

Cavaleiros das Serpentes (*Amadis de Gaula*), 289

Cavalo Voador (*Dom Quixote*), 106, 136, 138-9, 155

Cervantes Saavedra, Miguel de, 7-8, 12-9, 24, 27-9, 31-3, 35, 39, 43, 47-53, 56-8, 60, 66-8, 69n, 73-6, 78-9, 81, 86, 90-1, 93-5, 96n, 97, 102-5, 109-10, 111n, 112, 117-26, 135, 144, 146, 149, 159-60, 162-3, 166, 168, 171-2, 174-5, 177-9, 182, 184-5, 198-200, 203-5, 215-6, 219, 221, 225, 227n, 229, 232, 252, 256, 258, 267, 268-9nn, 281

Cervantes (Bell), 52n

Cervantes: Master Spirits of Literature Series (Schevill), 49n

Chaucer, Geoffrey, 17, 90n

Cide Hamete, *ver* Benengeli, Cide Hamete

Circe ("Canto I"), 19

Clara (*Dom Quixote*), 69-70, 72-3, 205-6

Clemencin, Diego, 159

Cohen, J. M., 8

Corchuelo, Lorenzo (*Dom Quixote*), 190-1

Cordélia (*Rei Lear*), 131

Cravijo, dom (*Dom Quixote*), 251-2, 254

Cravilenho (*Dom Quixote*), 76, 101n, 107

Curioso impertinente (Cervantes), 67, 69, 200

Dalí, Salvador, 15

Daudet, Alphonse, 20

Daumier, Honoré, 14

Davenport, Guy, 13

Decameron (Boccaccio), 59, 67

Diabo (*Dom Quixote*), 106, 248

Diana diabólica (*Dom Quixote*), 103-4

Dickens, Charles, 8, 23n

Dinarda, a donzela muda (*Amadis de Gaula*), 289-91

Dolorida, duenha (*Dom Quixote*), 106-8, 251-4

Don Quixote, His Critics and Commentators (Duffield), 32

Don Quixote: An Introductory Essay in Psychology (Madariaga), 50n, 75n

"Don Quixote: Some War-time Reflections on Its Character and Influence" (Grierson), 91n

donzela do lago (*Le Morte d'Arthur*), 283-4

Doré, Gustave, 14

Dorotea (*Dom Quixote*), 44, 69-72, 94, 149, 193-7, 200-1, 204-5, 209

Dostoiévski, Fiódor Mikhailovich, 8n, 20, 205

Duffield, Alexander James, 32, 43

Dulcineia (*Dom Quixote*), 17, 19, 37, 42, 47, 49-50, 76, 83, 87, 89, 96-102, 105-6, 110, 112-3, 117-8, 122, 124, 126-8, 130, 132, 137, 142, 149, 151, 157, 159, 165, 167, 173, 185, 189-92, 198-9, 209, 214-5, 225-7, 230, 237-9, 244, 246-8, 250-1, 253, 255-6, 259, 266-70, 272-5, 278-80

duque (*Dom Quixote*), 8, 86, 89, 100-6, 108-10, 113-4, 116, 124-5, 130, 156, 245-8, 250-2, 254-7, 261-6, 275-6

duquesa (*Dom Quixote*), 44, 86n, 89, 91, 101n, 102, 104-6, 108, 112-4, 116, 124, 130, 156, 245-7, 251-2, 255-7, 259, 261-6

Duquesa Diabólica (*Dom Quixote*), 44, 104

Durandarte (*Dom Quixote*), 238

El Toboso, Dulcineia d', *ver* Dulcineia

Elisabat (*Dom Quixote*), 188-9

Ellis, Havelock, 90n

Eneias (*Eneida*), 189

engenhoso fidalgo Dom Quixote de La Mancha, O (Cervantes), 33n

Ettarde (*Le morte d'Arthur*), 283-4
Eugênio (*Dom Quixote*), 214

Fanny (*Mansfield Park*), 55n
Ferdinando Buscapé (Al Capp), 74, 194
Fernando, dom (*Dom Quixote*), 69-73, 192-5, 201, 207-9
Fielding, Henry, 18, 20
Filipe II, 16, 33n, 91
Filipe III, 91
Finley Jr., John H., 7, 28n
Finnegans Wake (Joyce), 67
Fitzgerald, Edward, 228
Flaubert, Gustave, 8, 20, 23n, 34, 36, 73
Fletcher, John, 29
Florestan (*Amadis de Gaula*), 287-8
Fortimbrás (*Hamlet*), 49
Foxy Grandpa (Schultze), 74
Francesca de Rimini (*Divina comédia*), 82n
Frestão (*Dom Quixote*), 170-1
Freston (*Dom Quixote*), 142-3
Freud, Sigmund, 19

Gaifeiros, dom (*Dom Quixote*), 154, 242
Galaor, dom (*Amadis de Gaula*), 287-9
Galateia, A (Cervantes), 168
Galvão (*Le Morte d'Arthur*), 283
Gandalina (*Amadis de Gaula*), 287
Gandolin (*Amadis de Gaula*), 289
Ginevra (*Dom Quixote*), 80, 82, 239
Gloucester (*Rei Lear*), 49
Gógol, Nikolai Vassilievich, 8, 20, 24, 36, 44, 111, 235
Gold, Herbert, 13
Górki, Maksim, 8n
Gouvernail, sir (*Le morte d'Arthur*), 285
Gregorio, dom (*Dom Quixote*), 274, 275
Grierson, Herbert J. C., 91n
Grisóstomo (*Dom Quixote*), 144, 175, 177
Groussac, Paul, 27n, 56n, 57, 160n
Guinart, Roque (*Dom Quixote*), 115, 271
Guinevra, rainha (*Dom Quixote*), 235
Gutiérrez, Juana (*Dom Quixote*), 269n
Gutiérrez, Mari (*Dom Quixote*), 269

Hamlet (*Hamlet*), 14, 16, 41
Hamlet (Shakespeare), 29, 49
homem de La Mancha, O (musical), 16

Homero, 189, 281
Humbert Humbert (*Lolita*), 19

Irmãos Marx, 69
Iseult la Belle (*Le morte d'Arthur*), 82
Ivã, o Terrível, 30

James, Richard, 30
Jarndyce, John (*Casa Soturna*), 36
Jerónimo, dom (*Dom Quixote*), 268
Jonson, Ben, 29
Joyce, James, 8n, 19
Juan, dom (*Dom Quixote*), 268, 269, 270

Kafka, Franz, 8n
Khayyam, Omar, 228
Krutch, Joseph Wood, 14, 31, 86n, 90, 135

La Fontaine, Jean de, 30
Laerte (*Hamlet*), 49
Lançarote (*Le Morte d'Arthur*), 74, 80-3, 235, 239, 285
Leandra (*Dom Quixote*), 213, 214
Lear, rei (*Dom Quixote*), 31, 48, 49n
Lênin, Vladimir Ilitch, 35n
Levin, Harry, 7
Lewis, Sinclair, 35n
Lições de literatura (Nabokov), 8n, 55
Lições de literatura russa (Nabokov), 8n
Licurgo, 261
Liévin (*Anna Kariênina*), 36
Lisvarte (*Amadis de Gaula*), 290
Lobeira, Vasco, 81n, 286
Lolita (Nabokov), 18-9
Longfellow, Henry Wadsworth, 16
Lope de Vega, Félix, 28-9, 32, 123, 210
Lorenzo, Aldonza (*Dom Quixote*), 76, 96, 102, 126-8, 190, 269n
Lotario (*Dom Quixote*), 200
Lowell, James Russell, 16
Loyola, Inácio de, 33n, 77n
Luis, dom (*Dom Quixote*), 69-70, 72-3, 206-8
Luscinda (*Dom Quixote*), 69-73, 187-8, 192-4, 201, 204-5

Macbeth (Shakespeare), 29
Madame Bovary (Flaubert), 18, 23, 34, 36, 73

Madariaga, Salvador de, 49, 50n, 56, 75, 110, 160n

Madásima, rainha (*Dom Quixote*), 188-9

Magúncia, rainha (*Dom Quixote*), 252

Malambruno (*Dom Quixote*), 106, 108, 252-4

Malherbe, François de, 30

Malory, Thomas, 81n, 82

Mambrino (*Dom Quixote*), 15, 71, 136, 147, 184, 208

Mann, Thomas, 35n

Mansfield Park (Austen), 55n

Map of Virginia, A (Smith), 29

Marcela (*Dom Quixote*), 137, 144, 175, 177

Marhaus, sir (*Le morte d'Arthur*), 285-6

Mari Sancha (*Dom Quixote*), 62-3, 222

Marin, Rodríguez, 268n

Marini, Giovanni, 30

Maritornes (*Dom Quixote*), 70, 72, 92, 112, 117, 145, 150, 158, 178, 180n, 199, 206

Marsílio (*Dom Quixote*), 242

Melisendra (*Dom Quixote*), 154, 242

Memorial Hall, 13-4, 17

Merlim (*Dom Quixote*), 100-1, 108, 130, 238, 249, 251, 254, 270, 273

Michelet, Jules, 14, 18

Micomicona (*Dom Quixote*), 72

mil e uma noites, As, 107

Milton, John, 28-9

Minos (*Dom Quixote*), 116, 277

Miranda, Diego de, dom (*Dom Quixote*), 231, 233-4, 237

Molière [Jean-Baptiste Poquelin], 30, 162, 179

Molly Bloom (*Ulisses*), 18-9

Montaigne, Michel de, 29

Montalvão de, Reinaldo de (*Dom Quixote*), 168

Montalvo, Garciodonez de, 286

Montesinos (*Dom Quixote*), 100, 106, 238-9, 248

Morato, Hadji (*Dom Quixote*), 203

Moreno, Antonio, dom (*Dom Quixote*), 115-6, 129, 175, 271-2, 275

Morte d'Arthur, Le (Malory), 12, 81n, 82, 283

Motteux, Pierre-Antoine, 269n

Nicolau I, 35n

Norandel (*Amadis de Gaula*), 289

Odette (*Em busca do tempo perdido*), 19

Odisseia (Homero), 44, 69

Orlando Furioso (Ariosto), 142, 251

Orlando Innamorato (Boiardo), 147, 251

Ormsby, John, 68, 184, 229, 269n

Otelo (Shakespeare), 29

padre (*Dom Quixote*), 65, 69-72, 75, 77-8, 81, 83, 86, 94-5, 99, 130-1, 142, 148, 151, 168-9, 179, 191-2, 195, 197-201, 207, 209-10, 216-7, 221, 230, 236, 259, 261, 276, 279-81

Pandafilando da Fosca Vista (*Dom Quixote*), 197

Paolo (*Dom Quixote*), 82n

Paraíso perdido (Milton), 28

Pasamonte, Ginés de (*Dom Quixote*), 154, 185, 190, 243

Pedro, jovem camponês (*Dom Quixote*), 175

Pedro, mestre (*Dom Quixote*), 240-3

Pelleas, sir (*Le Morte d'Arthur*), 283-4

Perion, rei (*Amadis de Gaula*), 289

Picasso, Pablo, 14-5

Platão, 18, 211, 216

Platir (*Platir*), 119

Pocahontas, 29

Polo, Marco, 84

Polônio (*Hamlet*), 16

Pound, Ezra, 19

Proust, Marcel, 8n, 19

Ptomoleu, 84

Purganda (*Dom Quixote*), 168

Putnam, Samuel, 8, 11, 31, 68, 184, 206n, 219, 223n, 227n, 229, 232n, 268n, 269n

Quesada (*Dom Quixote*), 38, 76, 164

Quijada, Alonso (*Dom Quixote*), 38, 76, 164

Quijana (*Dom Quixote*), 162, 164

Quijano, Alonso, o Bom (*Dom Quixote*), 76, 132, 162, 280-1; *ver também* Quesada; Quijada, Alonso; Quijana

Quintañona (*Dom Quixote*), 80, 239

Quiteria (*Dom Quixote*), 234-7

Rabelais, François, 52n
Racine, Jean, 30, 52n
Radamanto (*Dom Quixote*), 116, 277
Radetzky, Josef, 45
rainha das fadas, A (Spenser), 18
Raisuli, Ahmed al-, 45
Ramsay, William, 45
Rasputin, Grigori, 45
Rei Lear (Shakespeare), 29, 88, 131
Richards, I. A., 7
Richardson, Ethel Florence Lindesay, *ver*
    Richardson, Henry Handel
Richardson, Henry Handel, 18, 45
Ricote (*Dom Quixote*), 263, 274
Rimbaud, Arthur, 45
Robinson Crusoé (*Robinson Crusoé*), 14
Rocinante (*Dom Quixote*), 41, 43, 76, 92,
    94, 98, 103, 115, 117, 129, 132, 147, 150,
    158, 164-5, 167-8, 172, 177, 186, 190, 206,
    214-5, 221, 227-8, 244, 265, 267, 275
Rodríguez, dona (*Dom Quixote*), 114,
    256-7, 259, 261, 263, 265, 266, 275
Rolland, Romain, 35n
Romains, Jules, 35n
Roman de la Charrette (Troyes), 83
Ronsard, Pierre de, 29
Roto da Má Figura. *Ver* Cardenio (*Dom
    Quixote*)
Rousseau, Jean-Jacques, 78
Rubaiyat (Khayyam), 228
Ruskin, John, 14, 19

Saavedra, *ver* Cervantes Saavedra,
    Miguel de
Safo, 18
Sainte-Beuve, Charles Augustin, 31-2
Sanchica (*Dom Quixote*), 63, 66, 259-60,
    262
Sanchico (*Dom Quixote*), 62, 222
Sansón, *ver* Carrasco, Sansón (*Dom
    Quixote*)
Santiago de Compostela, 87
são Jorge, 31, 87
são Martinho, 87, 273
são Paulo, 87
são Tiago, 87
Scarlet O'Hara (*...E o vento levou*), 18
Schevill, Rudolph, 49, 51

Scott, Walter, 14
*Segundo volume do engenhoso
    cavaleiro Dom Quixote de La Mancha*
    (Avellaneda), 96n
Shakespeare, William, 28-9, 31
Sherlock Holmes (*As aventuras de
    Sherlock Holmes*), 14
Sinclair, Upton, 35n
Smith, John, 29, 31, 286
Smollett, Tobias, 20
sobrinha (*Dom Quixote*), 131-2, 168-9,
    217-8, 223
Southey, Robert, 81n, 286
Spenser, Edmund, 18
Stálin, Josef, 35n
Stevenson, Robert Louis, 8n
Swinburne, Algernon, 19

Tablante de Ricamonte (?), 179
Tasso, Torquato, 30, 52n
Tchékhov, Anton, 8n
Teresa (*Dom Quixote*), 33, 61-6, 221-4, 241,
    259, 261, 269
Tinácrio, o Sabedor (*Dom Quixote*), 197
Tocho, Juan (*Dom Quixote*), 63
Tocho, Lope (*Dom Quixote*), 63
Tolstói, Liev, 8, 36, 44, 210
Tomillas, conde (?), 179
Torquemada, Tomás de, 33n
Tosilos (*Dom Quixote*), 156, 263, 265, 275
Trebizonda (*Dom Quixote*), 164
Trifraldi, condessa (*Dom Quixote*), 251,
    254
Trifraldin da Barba Branca (*Dom Quixote*),
    251
Tristão (*Divina comédia*), 82n
Tristão (*Dom Quixote*), 83, 285-6
Tristão (*Le morte d'Arthur*), 81n, 285-6
Troyes, Chrétien de, 83
True Relation, A (Smith), 29
Truffaldino (*Orlando Innamorato*), 251
Turguêniev, Ivan, 8n, 32
Twain, Mark, 14

Ulisses (*Odisseia*), 28, 44
Unamuno, Miguel de, 14
Universidade Cornell, 7, 8, 13
Universidade de Kentucky, 14

Universidade Harvard, 7-8, 13-4, 17
Urfé, Honoré d', 30
Urganda (*Dom Quixote*), 167
Urraca (*Dom Quixote*), 64

Vandália, Cacildeia de (*Dom Quixote*), 229
Velázquez, Diego, 32
Viedma, Pérez de (*Dom Quixote*), 70
Villahermosa, duque e duquesa de (*Dom Quixote*), 104

Violeta (*Ferdinando Buscapé*), 194
Virgílio, 28, 82, 189

Ware, William Robert, 14
Webster's New Collegiate Dictionary, 45
Wedekind, Benjamin Franklin, 19
Wilder, Thornton, 7

Zoraida (*Dom Quixote*), 69-70, 203-5

A marca FSC® é a garantia de que a madeira utilizada na fabricação do papel deste livro provém de florestas gerenciadas de maneira ambientalmente correta, socialmente justa e economicamente viável e de outras fontes de origem controlada.

Copyright © 1983 Espólio de Vladimir Nabokov
Copyright dos prefácios © 1983 Harcourt Brace Jovanovich Inc
Copyright da tradução © 2023 Editora Fósforo

Todos os direitos reservados. Nenhuma parte desta obra pode ser reproduzida, arquivada ou transmitida de nenhuma forma ou por nenhum meio sem a permissão expressa e por escrito da Editora Fósforo.

Todas as citações de *Dom Quixote* são da edição CERVANTES, Miguel de. *O engenhoso fidalgo D. Quixote de La Mancha*, primeiro e segundo livros. Trad. e notas Sérgio Molina. São Paulo: Editora 34, 2020-22, gentilmente cedidas.

Título original: *Lectures on Don Quixote*

EDITORA Juliana de A. Rodrigues
EDIÇÃO Mariana Correia Santos
PREPARAÇÃO Cacilda Guerra
REVISÃO Geuid Dib Jardim e Gabriela Rocha
ÍNDICE REMISSIVO Maria Claudia Carvalho Mattos
DIRETORA DE ARTE Julia Monteiro
CAPA Alles Blau
IMAGENS DO VERSO DA CAPA Robert Smirke (il.); Francis Engleheart (eng.). Londres: T. Cadell e W. Davies, 1818. (Domínio Público)
"Ilustração 6" para *Dom Quixote* de Miguel de Cervantes por Gustave Doré, 1863. (Domínio Público)
IMAGEM DO AUTOR The Vladimir Nabokov Literary Foundation
TRATAMENTO DE IMAGENS Julia Thompson
PROJETO GRÁFICO Alles Blau
EDITORAÇÃO ELETRÔNICA Página Viva

Dados Internacionais de Catalogação na Publicação (CIP)
(Câmara Brasileira do Livro, SP, Brasil)

Nabokov, Vladimir Vladimirovich, 1899-1977
  Lições sobre Dom Quixote / Vladimir Nabokov ; tradução Jorio Dauster. — 1. ed. — São Paulo : Fósforo, 2023.

  Título original: Lectures on Don Quixote
  ISBN: 978-65-84568-27-3

  1. Saavedra, Miguel de Cervantes, 1547-1616. Dom Quixote De la Mancha — Crítica e interpretação. I. Título.

23-145598   CDD – 863

Índice para catálogo sistemático:
1. Literatura espanhola : Crítica e interpretação   863

Aline Graziele Benitez — Bibliotecária — CRB-1/3129

Editora Fósforo
Rua 24 de Maio, 270/276, 10º andar, salas 1 e 2 — República
01041-001 — São Paulo, SP, Brasil — Tel: (11) 3224.2055
contato@fosforoeditora.com.br / www.fosforoeditora.com.br

Este livro foi composto em GT Alpina e
GT Flexa e impresso pela Ipsis em papel
Pólen Natural 80 g/m² da Suzano para a
Editora Fósforo em março de 2023.